예일대 의대 교수가 가르쳐주는 나이 듦의 철학
나이 든다는 것의 의미

The ART OF AGING: A Doctor's Prescription for Well-Being by Sherwin B. Nuland
Copyright © 2007 by Sherwin B. Nuland c/o Writers' Representatives LLC, New York, NY 10011, first published in the U.S. in English by Alfred A. Knopf. All rights reserved.

This Korean edition was published by Sangsang Academy in 2025 by arrangement with Sherwin B. Nuland c/o Writers' Representatives LLC, New York, NY 10011, first published in the U.S. in English by Alfred A. Knopf through KCC(Korea Copyright Center Inc.), Seoul.

이 책은 (주)한국저작권센터(KCC)를 통한 저작권자와의 독점계약으로 (주)상상아카데미에서 출간되었습니다. 저작권법에 의해 한국 내에서 보호를 받는 저작물이므로 무단전재와 복제를 금합니다.

예일대 의대 교수가 가르쳐주는 나이 듦의 철학
나이 든다는 것의 의미

1판 1쇄 펴냄 2025년 09월 20일
1판 2쇄 펴냄 2025년 11월 20일

지은이 셔윈 눌랜드
옮긴이 김미정
발행인 김병준·고세규
발행처 생각의힘
편집 박소연·정혜지 디자인 김경민 마케팅 김유정·신예은·최은규

등록 2011. 10. 27. 제406-2011-000127호
주소 서울시 마포구 독막로6길 11, 2, 3층
전화 편집 02)6925-4185, 영업 02)6925-4188 팩스 02)6925-4182
전자우편 tpbook1@tpbook.co.kr 홈페이지 www.tpbook.co.kr

* 책값은 뒤표지에 있습니다.
* 잘못된 책은 구입하신 서점에서 교환해 드립니다.

ISBN 979-11-94880-16-5 (03180)

예일대 의대 교수가 가르쳐주는 나이 듦의 철학
나이 든다는 것의 의미

The Art of Aging:
A Doctor's Prescription for Well-Being

셔윈 눌랜드 지음
김미정 옮김
임기영(아주대 의대 명예교수) 감수

생각의힘

일러두기

- 옮긴이 주는 각주로, 저자 주는 대괄호([ ])로 표기했다.
- 일부 단어들은 현대에 맞게 수정했다(치매 → 인지저하증, 폐경 → 완경 등).

지혜, 평정심, 사람을 가르쳐준
이매뉴얼 패퍼(1915~2002) 박사에게

시간이라는 아버지가 늘 매정하기만 한 것은 아니다.
시간은 그 누구도 기다려주지 않는다고 하지만,
자신을 잘 이용한 자녀들에게는 살포시 그의 손을 올려놓을 때도 있다.
- 찰스 디킨스, 《바나비 러지Barnaby Rudge》

차례

**1.
가능성**
나이는 새로운 가능성을 보여주는 지평선이다 _ 11

**2.
성숙**
지식과 경험의 나무는 계속 가지를 뻗는다 _ 31

**3.
태도**
오래 사는 것보다 중요한 건 어떻게 살 것인가다 _ 75

**4.
선택**
살아 있는 한 더 좋은 선택을 할 수 있다 _ 105

**5.
용기**
역경은 어떻게 우리를 강하게 하는가 _ 139

6.
관계
사랑하고 사랑받는 한 살아갈 이유가 있다 _ 173

7.
나이 듦
인생은 유한하기 때문에 가치 있다 _ 217

8.
변화
달라진 나를 사랑하는 몇 가지 방법 _ 257

9.
지혜
어떻게 지혜를 얻을 것인가 _ 293

10.
창의성
창의성은 인생의 새로운 정열이다 _ 321

감사의 말 _ 333

나이에 적응하는 것은 훨씬 더 많은 축복의 가능성을 열어주며,
새로운 빛을 내면서 인생의 오후를 밝혀준다.
이런 '조율'은 삶과 내가 일종의 조화를 이루는 것을 의미한다.

1.
가능성

나이는 새로운 가능성을 보여주는 지평선이다

5년쯤 전, 나는 스스로 혈기왕성하고 건강하다고 느끼는 것과 아직 젊다고 착각하는 것의 차이를 구별할 때 도움이 되는 작은 경험을 했다. 그날의 사건을 통해 나는 이제껏 나이 때문에 생활에 제약을 받은 적이 단 한 번도 없다고 해도 내 나이를 완전히 잊어서는 안 된다는 사실을 배웠다.

사건은 9월의 어느 날 오후에 일어났다. 내가 아내, 딸아이와 함께 타임스스퀘어역 지하철에 막 올라탔을 때였다. 러시아워였기 때문에 승객들이 정말로 많았다. 우리는 그 틈바구니에 열아홉 살짜리 딸아이 몰리를 가운데에 두고, 아내가 그 앞으로, 내가 그 뒤로 일렬종대로 끼어 있었다. 내 등과 문 사이에는 한 남자가 있었다. 곁눈질로 힐끗 보니 키가 훤칠하고 어깨가 떡 벌어진 30대 후반의 남자였다. 전동차가 움직이는 순간, 그 남자의 오른손이 나를 스치고 지나가더니 팔을 쭉 뻗어 노골적으로 딸의 엉덩이를 만지려고 했다. 나는 그 남자의 뻔뻔함에 깜짝 놀랐지만, 태연한 척하며 여느 아버지들이 했을 법한 행동을 했다. 나는 몸을 뒤로 단단히 뻗대며 남자를 문을 향해 짓눌러, 그가 아무리 손을 뻗어도 딸에게 닿지 못하도록 했다. '뉴욕식 묵시적 동의'라는 보이지 않는 형식에 따라, 그와 나는 아무 일도 없었던 듯 행동했고, 지하철은 계속 덜커덩거리며 철로를 달렸다.

그렇게 나는 이 사건이 끝났다고 생각했다. 그런데 30초도 채 되지 않아, 뭔가가 내 카키색 바지의 오른쪽 주머니 속으로 슬금슬금 기어들어 오는 것이 느껴졌다. 처음에는 내 착각일지도 모른다고 생각했으나, 이내 텅 빈 바지 주머니 속을 헤집고 돌아다니는 손가락을 분명히 느낄 수 있었다.

그 짧은 순간, 나는 내가 어떤 일을 순식간에 결정하면 그것이 초래할 결과까지 고려해야 한다는 사실을 전혀 생각하지 못했다. 사실 '결정'이란 말은 맞지 않다. 내가 그다음에 한 행동은 무의식적인 것이었으니까. 나는 바지 주머니 속에 손을 넣어 나보다 더 넓적한 손바닥과 더 굵은 손가락들을 가로로 감싼 후, 있는 힘껏 움켜쥐었다. 그러고는 이를 악문 채 죽기 살기로 그 손을 놓지 않았다. 그러다가 내 악력 때문에 뼈와 뼈가 맞부딪히면서 으스러지는 끔찍한 소리가 들린 것 같은 느낌(실제로 들리지는 않았다)과 함께 나지막한 신음 소리가 들리는 순간, 내 정신은 일흔한 살 먹은 자신으로 되돌아왔고, 그제야 내가 너무 지나쳤다는 사실을 깨달았다.

'내가 무슨 짓을 한 거지? 나한테 뻗은 팔을 슬쩍 치우기만 해도 충분하지 않았을까? 아니면 아무 짓도 하지 말 것을.' 복잡하고 위험한 장소에 갈 때면 늘 그렇듯이 내 주머니는 텅 비어 있었다. 하지만 동네 체육관에서 수백 시간 동안 바벨을 들어 올려 자신감이 넘쳤던 나는 저 극악무도한 손을 부숴버리고 말겠다는 무모한 충동에 무릎을 꿇고 말았다. 한껏 도취됐던 본능이 점점 희미해지자, 남자의 보복이 잇따를 것이라는 생각에 정신이 퍼뜩 들었다. 꽉 쥐고 있던 손을 푸니, 부상을 입은 손이 내 주머니에서 홱 빠져나가는 것이 느껴졌다.

그 후 남자가 보인 반응은 전혀 뜻밖이었다. 내 등과 문 사이에 여전히 몸이 낀 채로 그는 객실 안의 모든 사람이 듣도록 내가 자기 가방을 훔치려 했다고 비난을 하는 것이다. 잘못 들은 것이 틀림없다고 생각한 나는 그의 강력한 보복을 예상하며 그 좁은 객실 안에서 억지로 몸을 돌렸다. 그래야만 그의 공격에 좀 더 효과적으로 대응할 수 있을 테니까. 애써 몸을 튼 나는 고통으로 미간을 찌푸린, 그러나 동시에 분노에 가득 찬 덥수룩한 수염의 깡패같이 생긴 사내와 마주하게 됐다. 키가 나보다 10센티미터는 더 컸고, 어깨도 훨씬 넓었다. 그의 다친 오른팔이 두꺼운 몸통에 힘없이 붙어 흔들거리는 것을 보니 그나마 안심이 됐다. 그는 왼쪽 겨드랑이에 진녹색 플라스틱 서류 가방을 끼고 있었는데, 지퍼가 금방이라도 터져나갈 듯 불룩했다. 분명히 오늘 소매치기한 장물들을 담은 가방일 것이다. 우람하지만 이제는 무력해진 팔뚝에 기운 없이 매달려 있는 쓸모없는 손을 보자, 내 분별없고 무모한 용기가 또다시 고개를 들었다. 나를 노려보는 그의 핏발선 눈을 똑바로 쳐다보면서(내 얼굴에 뿜어대는 그의 입김에서 술 냄새까지 맡을 수 있었다), 나는 삼손이라도 된 것처럼 그에게 으르렁거리며 말했다. "당신이 내 주머니를 뒤졌

잖아!" 말끝에 "이 개자식아!"라고 덧붙이려다 나도 모르게 참았는데, 그것은 참으로 다행스러운 일이었다. 말을 끝내기도 전에 괜히 말했다는 후회가 밀려왔고, 다시금 공포에 휩싸여 나는 상대의 폭력적인 반응을 각오했다.

그러나 행운은 내 편이었다. 바로 그 순간 지하철이 다음 역에 도착했고, 문이 열리자마자 사내는 지하철에서 내려 출구 쪽 계단으로 쿵쿵거리며 전속력으로 뛰어갔다. 다음 칸에서 쏟아져 나온 인파에 파묻혀 그는 머리 꼭대기만 간간이 보였다. 나는 객실 안에 우두커니 서서 내가 죽음의 문턱까지 갔다 왔다는 걸 실감했다.

훗날 아내와 딸은 그 순간 내 얼굴이 핏기라곤 없이 하얗게 질려 있었다고 회상했다. 나는 마지막 순간에 집행정지로 목숨을 건진 사형수라도 된 듯한 기분이었다. 손은 떨렸고, 다리는 금방이라도 주저앉을 듯 후들거렸다. 지하철이 역 몇 개를 더 지난 후에야 나는 안정을 되찾았고, 그 후 "어쩌면 그렇게 바보 같냐"라는 두 여자의 구박을 그대로 견뎌야 했다. 아내와 딸은 그 짧았던 질풍노도의 순간 만원 지하철 속 어느 누구도 내 쪽에 눈길조차 주지 않았고, 무언가 범상치 않은 일이 벌어지고 있다는 걸 눈치챈 사람도 전혀 없었다고 말했다.

인생의 오후: 자신과 비로소 하나가 되는 시간

내가 이 이야기를 하는 이유는 내 마음속에서 벌어진 갈등을 묘사하기 위해서다. 이런 갈등은 50대 중반을 넘긴 사람이라면 누구에게나 생길 법하다. 우리는 세월의 영향력을 실감하면서 이제 나이가 들었다는 사실을 인정해야 할 뿐 아니라, 다가올 미래와 자신에 대한 생각도 점차 바꿔나가야 한다. 하지만 다른 한편으로는 여전히 자기애적 환상에 도취돼, 언제든지 영원히 마르지 않는 젊음의 샘물을 마실 수 있으니 스러져가는 자신의 모습을 무기력하게 수용할 필요가 전혀 없다고 강변하기도 한다.

인생의 후반전을 건강하게 보내기 위한 비법들(계속해서 지적 자극을 추구하고, 쉬지 않고 운동하며, 예전처럼 삶의 도전과 보상에 몰두하는 것)은, 때로는 우리가 10년 전, 아니 20년 전과 비교해도 별반 달라진 게 없다고(심지어 외모에서도) 믿는 비현실적 자신감을 부추긴다. 거의 본능적이라고 할 수 있는 이런 부정과 오판의 폭주 속에서 우리는 오랜 세월 키워온 마음의 평정을 잃고, 무모하고 어리석은 행동에 빠지게 된다. 마치 그런 행동이 우리가 부단한 노력을 통해 성공적으로 적응해 왔던 바로 그 과정, 즉 '나이 듦'을 피해갈 수 있는 부적이나 되는 것처럼.

이 둘 사이의 긴장감은 남성들의 경우에 더 강하지만, 그 형태가 조금 다를 뿐 여성들에게서도 흔하게 나타난다. 우리 마음속에서 벌어지는 이런 경쟁은 우리 안에 있는 젊음과의 경쟁을 의미한다. 그러나 이런 경쟁은 우리 안의 젊음과 나이 듦, 어느 쪽에도 도움이 되지 않는다. 젊은 시절의 자기 모습을 떠나보내는 것은, 설사 그것이 자신에게 있어 유일한 방책이라고 할지라도 대단히 어려운 일이다. 나이 든 이들을 상대하는 직업에 종사하는 사람들은 적응할 수 있는 능력, 즉 자기 자신의 한계를 깨닫고 받아들일 수 있는 능력이야말로 노인학 전문가들이 말하는 '성공적인 나이 듦'의 필수 조건이라는 사실을 잘 알고 있다.

'적응adapt'이란 단순한 체념이 아니다. 적응은 훨씬 더 많은 축복의 가능성을 열어주며, 젊을 때는 눈에 보이지 않던 새로운 빛을 내며 인생의 오후를 밝혀준다. 적응이라는 단어의 일상적인 의미로는 이 과정을 정확히 표현하기가 쉽지 않다. 아주 미세한 의미의 차이도 표현할 수 있는 영어로는 이 과정을 적응이라는 말보다 '조율attune'이라는 단어로 묘사하는 게 더 적절한 것 같다. '조율'은 좋든 싫든 새로운 자극을 수용하고, 이전에는 겪어보지 못한 다양한 경험을 하며, 삶의 현실적 상황과 내가 일종의 조화를 이루는 것을 의미한다.

이 책은 세월의 흐름을 조율하는 것에 관한 이야기다. 동시에 가까운 미래에 나타날 가능성들(이제 더는 젊지 않은 이들에게 밀물처럼 다가올 가능성들)을 새롭게 수용하는 법을 발견하려는 책이기도 하다.

또 이 책은 우리가 정신을 바짝 차리지 않으면 빠지게 되는 함정도 다루고 있다. 우리는 새롭게 정화된 목적의식을 세우고, 함정에서 빠져나오는 법을 배워야 한다. 'attune'이라는 단어는 '속죄atone'와 비슷하게 발음된다. 'atone'은 '하나로서at one'의 준말로, '조화를 이룬', 특히 '자기 자신과 조화를 이룬'이라는 의미다. 삶을 향한 발전적 관점을 조율한다는 것은 현재와 미래라는 시간과 내가 하나가 된다는 것이다. 그런 조율을 통해 우리는 이제까지 알지 못했던, 그리고 예상하지 못했던 새로운 형태의 평안을 얻게 된다. 이 과정은 인생의 오후가 다가오고 있다는 깨달음에서 시작된다. 그러나 인생의 오후는 예견 가능한 기회와 함께 온다. 우리는 다가오는 시간이 우리에게 제공할 수 있는 것들을 모두 이용해야만 한다. 지혜를 키워가는 것은 우리 몫이다.

삶의 유한함을 깨달을 때 인생이 더 소중해진다는 역설 ✒

나이 든다는 것은 너무도 점진적으로 이뤄지기 때문에, 어느 날 우리가 눈치를 챘을 때는 이미 나이 들어버린 후이기 십상이다. 인생에서 오후가 다가오고 있다는 걸 우리가 애써 부정하고 있는 동안에도, 나이는 그 특유의 느긋한 태도로 소리도 없이 꾸준히 우리 뒤를 바짝 다가오다 따라잡고는 우리 속으로 스며든다. 결국 우리 존재 가장 깊숙한 곳까지 녹아들어 존재의 본질 그 자체가 된다. 그제야 우리는 우리 안에 나이 듦이 존재한다는 걸 알게 되고, 한때 그곳에 살았고 여전히 그 자리를 탐내고 있는 혈기왕성한 젊음을 알고 있는 만큼, 나이 들어간다는 게 무엇인지 점차 알게 된다. 마침내 우리는 이제 우리가 인생의 오후에 접어든 한 사람이 됐다는, 피할 수 없는 현실을 받아들이게 된다.

이 바꿀 수 없는 현실에 얼마나 많은 우리의 꿈을 양보해야만 하는지 깨달으면서, 우리는 그저 자신의 지평선이 다가오는 걸 지켜보는 것을 넘어, 이 시기가 예정대로 오차 없이 우리에게 다가오게 품을 내줘야 한다. 지혜로운 사람이라면, 한계가 보일 때까지 지평선을 자신의 품으로 끌어당겨서 앞으로 새롭게 펼쳐지는 가능성들을 자신의 곁에 둘러싸야 한다. 지평선에 다가간다는 것은 좋은 일이 될 수 있다. 이런 접근, 역설적으로 앞으로의 기대를 적절히 제한하면서 우리는 과거 어느 때보다 인생의 앞날을 더 분명히, 더 확실히, 더 유한하게 볼 수 있게 된다. 나이 듦은 이제까지 한계를 별로 알지 못했던, 제한을 용납하지도 못했던 우리의 삶에 알맞은 경계선을 세워주는 선물일 수 있기 때문이다.

한계 속에 있는 모든 것은 과거 어느 때보다 귀중해진다. 사랑, 배움, 가족, 일, 건강, 이제 얼마 남지 않은 시간까지도. 우리는 이 귀한 것들을 더 잘 사용해야 한다는 간절함을 느끼며 이들을 더욱 소중히 여기게 된다. 새롭게 알게 된 한계들은 쓰임새가 아주 많다. 우리가 자신의 한계를 기꺼이 받아들일 수 있을 때 가치는 더해지고, 감사의 마음은 배가 되며, 삶을 음미하는 능력 또한 커진다. 그 결과 삶이 주는 즐거움이 늘어난다. 이제 선善이 무엇인지 더 잘 보이게 된다. 진심으로 자세히 살펴보기만 하면, 그것을 에워싸고 있는 걱정거리들로부터 잘 골라낼 수만 있다면, 인생에서 정말 가치 있는 것들은 우리가 만지고 가질 수 있을 만큼 가까워진다. 즐길 수 있는 시간이 유한하다는 바로 그 사실 때문에, 이들의 의미는 깊어지고 강도는 커진다. 따라서 이 시기에는 향유할 것들이 참으로 많다.

나이 듦은 마음을 집중시키는 힘뿐 아니라 에너지를 결집시키는 힘도 있다. 나이 들었다는 사실은 우리에게 이제 더는 모든 것이 마냥 가능하지는 않다는 사실을 깨닫게 해주는 동시에, 예전 같지 않지만 그래도 아직은 충분한 인생의 창고에서 삶의 풍요로움을 좀 더 많이 끄집어내야만 한다는 것을 새삼 일러주기 때문이다. 이제부터 우리는 최선을 다해 살아야 한다. 우리가 가진 힘 중 의미 있는 일부는 과거보다 그다지 약해지지 않았을지도 모른다. 인생의 오후에 접어든 우리는 어느 때보다 집중력을 발휘해야 하며, 그렇게 할 때 보다 응집된 힘을 발휘할 수 있다.

시간이 흐르면서 우리의 관절이 굳어지고 민첩함 또한 떨어졌더라도 기꺼이 손을 뻗어 잡으려만 한다면 이 시기에도 전보다 더 많고 더 좋은 것을 얻을 수 있다. 그 비밀은 우리의 자발성과 의지 속에 들어 있다. 이는 단순히 생을 연장해서 얻을 수 있는 것이 아니다. 우리는 삶을 잘 사용한 결과로 보상받을 수 있다. 나이 들어간다는 것은 일종의 기술이기 때문이다. 넌지시 찾아오는 나이 듦의 시작과 지상의 모든 것을 버리고 떠나야 하는 궁극의 시간 사이에는, 우리가 준비와 결의만 돼 있다면 얻을 수 있는 삶의 진정한 수확이 존재한다.

우리는 계속 성장할 수 있다

이 책은 인간의 나이 듦과 그에 따른 보상 및 불만족에 대한 이야기다. 또 나이 들어가면서 겪는 여러 변화, 그러니까 우리가 어쩔 수 없이 적응해야만 하고, 삶의 초점을 바꿔야만 하며, 인생의 목표와 방향을 현실적으로 평가해야만 하는 변화들(그중 어떤 것들은 생소하고, 어떤 것들은 기존의 궤도를 수정해야만 한다)에 어떻게 하면 최선의 대비를 할 수 있는지 가르쳐주려고 한다. 우리는 사춘기나 20대, 혹은 중년기 등 인생의 모든 단계에서 스스로 어떻게 조율해야 하는지 알아차리지 못한 채 이런 변화들을 겪어왔다. 60대, 70대가 되면 그런 변화가 좀 더 두드러지지만, 사실 이 모든 것은 우리가 이제까지 해왔던 것들의 연장 선상에 있다. 나이 들어간다는 것은, 그저 단순히 인생의 또 다른 발달 주기에 들어서는 것이기 때문이다. 이전의 단계에서 그랬던 것처럼, 이번에도 신체가 변화할 것이고, 이 시기만의 중요한 관심사가 생길 것이며, 희망을 품고 긍정적으로 살아야만 하는 충분한 이유가 있을 것이다. 다른 말로 하면, 이 시기에는 이 시기만의 배움과 상실이 있을 것이다. 여기서 기억해야 할 말은 '발달'이다. 다른 동물들과 달리 인간은 생식 능력을 상실한 뒤로도 아주 오래 살 수 있으며, 살아 있는 내내 계속 발달한다. 우리가 축복이라고 여기는 시기인 중년기를 보면 잘 알 수 있다. 그런데 중년기를 지나서도 수십 년간 계속 발달한다는 점을 깨달아야 하고, 이것을 축복으로 여길 줄 알아야 한다. 오래 산다는 것은 계속 발달할 수 있도록 허락받은 것이기 때문이다.

자신이 나이 들고 있다는 것을 인정하는 시기는 사람마다 다르다. 세상의 모든 사람은 나이 듦의 시작과 그 절정을 저마다 다른 시기에, 저마다 다른 이유로 깨닫게 된다. 고유한 인간으로서 우리는 나이 든다는 것을 자신만의 신체적 변화와, 인생에서 겪는 사건들을 통해 경험하게 된다. 영국의 시인 로버트 브라우닝Robert Browning은 나이 든다는 것이 삶의 보상과 함께 따라오는 것이라는 걸, 쉰두 살의 나이에도 이미 잘 이해하고 있었다. 자신이 동시대 사람들의 평균 수명을 넘어섰다는 걸 잘 알고 있었지만 그 후로도 27

년을 더 살아가리라는 걸 알지 못했던 그는, 자신의 시 〈랍비 벤 에즈라Rabbi Ben Ezra〉에서 에즈라의 입을 통해 다음과 같은 유명한 말을 남겼다.

> 나와 함께 나이 들어가세!
> 최고의 순간은 아직 지나지 않았고,
> 생의 마지막을 위해, 처음은 시작됐나니.

그리고 노년이란 시기를 다음과 같이 충고했다.

> 있는 힘을 다해
> 숨겨진 잘못까지 찾아내어 바로잡는

그러나 그 무엇보다 중요한 것은 바로 이 말일 것이다.

> 아래를 보지 말고, 위를 보게나!

소설 속 주인공인 폴리애나Pollyanna*나 팡글로스Pangloss**가 아닌 다음에야 나이 듦의 과정을 페인트칠하듯 덮어버린다는 것은 비현실적인 이야기다. 나이 듦의 축복은 나이 듦의 그림자와 함께 온

---

* 엘리너 H. 포터Eleanor H. Porter가 쓴 소설 《폴리애나》에 나오는 극단적인 낙천주의자.
** 볼테르Voltaire가 쓴 우화 〈캉디드〉에 나오는 낙천적인 박사.

다. 어떤 면에서 축복이란 그 그림자의 결과물들이기도 하다. 그 둘은 따로 존재할 수 없다. 득得과 함께 찾아오는 실失을 외면할 수는 없다. 인생의 오후에 찾아오는 신체적·정서적 현실을 덮어버린 채 이룰 수 있는 것은 아무것도 없다. 현실로부터 나 자신과 당신의 눈을 가린다면 그런 현실을 직면할 수 있는, 대비할 수 있는 방법을 알려주고 싶다는 내 목적을 달성할 수 없을 것이다. 내 목적은 나이 들어간다는 현실을 평화롭게 받아들일 수 있는 방법을 알려주는 것뿐 아니라, 나이의 거센 공격에 우리가 입을 수 있는 피해를 막거나 최소화하도록 돕는 것이다. 나아가 우리 스스로 정해놓은 목표를 달성하는 수단으로써, 그런 상실을 유용하게 사용할 수 있는 방법을 알려주는 것이다.

40년 가까이 외과의로 일해온 내게 가장 흔하지만 그만큼 어려웠던 도전은 중년기를 넘긴 환자들을 치료하는 일이었다. 신체적·정서적, 그리고 영혼의 위기에 처한 그들을 나는 매일 관찰할 수 있었다. 나는 그들의 강인함과 연약함, 회복력과 취약성을 모두 알게 됐다. 그들은 내가 초짜 의사일 때부터 내 환자이자 친구였으며, 스승이었다. 그리고 최근에 나 자신이 바로 그들 중 하나가 됐다. 이 책을 통해 나는 오랜 세월에 걸쳐 그들이 내게 줬던 지식과 이해의 선물들을 조금이나마 되돌려주고 싶다. 또 내가 배운 것을 다른 사람들과 나누고 싶다. 그러니까 이 모든 이야기를 한마디로 압축하면, 내가 하고 싶은 말은 바로 브라우닝이 한 말처럼 "나와 함께 나이 들어가세!"가 될 것이다. 이 문장을 쓰는 지금도 나는 나이 듦의 여정을 밟아가고 있다. 나는 나와 당신이 함께 위를 보며 걸어가길 원한다. 물론 가끔씩은 아래를 내려다보기도 해야겠지만.

그런데 왜 아래를 내려다봐야 하는가? 시인은 그러지 말라고 조언했고, 수많은 자기계발서 역시 우리가 몇 가지 간단한 원칙만 따른다면 영원한 젊음을 누릴 수 있다고 약속하지 않았는가? 하지만 나이 들지 않는 미래를 약속하는 책들은 모두 한 가지 명백한 사실을 간과하고 있는 듯하다. 그것은 낙관적이든 비관적이든 한 발 한 발 조심스럽게 나아가는 것이 가장 확실한 방법이라는 사실이다. 우리 발이 지금 어디에 있는지, 그것이 우리를 어디로 인도하는지, 우리는 잘 봐야만 한다. 변함없는 신체적·정신적 능력을 약속하는 유혹의 손짓도 올려다봐야 하지만, 동시에 현실감과 분별력, 주의력도 갖추고 있어야 한다. 나이 들어가는 육체가 꺼지지 않는 젊음의 정신이 꿈꾸고 시도하는 모든 일을 해낼 수는 없다. "나이에 맞게 행동하라"는 말은 인생의 모든 단계에 해당하지만, 이 말이 단순히 어리석은 행동을 하지 말라는 의미 이상을 갖게 되는 것은 인생의 오후에 접어든 지금부터다. 이런 것들은 나이가 들면서 우리가 배워야 할 교훈들이다. 불가능한 것을 갈망하는 젊은 날의 치기를 가라앉히는 신중한 현실 감각은 오히려 활기찬 삶의 비밀이다. 우리는 젊었을 때 누렸던 충동의 잔재들을 인식해야 하며, 이성을 사용해 그것들을 잘 제어해야만 한다. 이 책의 목표는 사실과 환상의 차이를 알려주는 것이며, 합리적인 욕구를 최대한 충족하는 방법을 일러주는 것이다.

우리는 모두 자기 인생의 철학자가 된다

인생을 10년 단위로 끊어 계산하는 것은 잔인한 일이다. '30대' '40대' '50대' 하는 식으로 10년 단위로 나아가는 것은 인위적 구분의 위험이 있다. 인생의 전환기가 30대가 됐든 70대가 됐든, 새로운 10년이 시작되는 시기 때문에 우리는 이제부터 과거와 무언가 다를 것이라며 자신이 어떤 방식으로든 모든 면에서 변화했다고 생각한다. 실제로는 감지할 수 없는 시간의 연속성을 무시한 채 특정 순간을 인위적으로 구분하며, 그 순간이 어떤 의미라도 있는 것처럼, 그러니까 마치 그 순간이 급작스러운 신체적·정신적 변형을 일으키는 촉매제인 것처럼 생각한다. 그러나 10년 단위의 구분은 단순한 이정표에 불과하다. 그런데도 우리는 이를 어떤 변화가 일어났다는, 혹은 일어나야 한다는 신호로 간주하는 경향이 있다. 10년 주기를 한 번 끝내고 다음 주기로 넘어갈 때마다 우리는 새로운 기대들과 대면하고, 또 자신에게 새로운 기대를 하게 된다.

그러나 우리 신체는 그런 변화를 감지하지 못한다. 생물학적인 관점에서 보면, 쉰아홉 살에 맞는 마지막 아침은 예순 살에 맞는 첫 번째 아침과 별반 다를 것이 없다. 그런데도 우리 마음은 벌써 새로운 생체 리듬에 맞춰져 있다. 우리는 자신이 좀 더 나이 들었다고 생각한다. 문화의 산물인 달력에 맞춰 새로 그려지는 자화상은 우리가 자신을 주관적으로 바라보는 것을 허락하지 않는다. 우리는 아무 생각 없이, 마치 이런 양상이 급격하게 전개되는 것이 어쩔 수 없는 일인 것처럼 새로운 자화상에 굴복하고 만다.

만일 우리에게 시간의 흐름을 측정할 수 있는 방법이 없다면, 인생은 어떻게 될까? 자신이 얼마나 나이 들었는지 가늠할 수 있는 수단이 없다면, 우리는 자신이 얼마나 나이가 들었다고 생각하게 될까? 만일 자신의 나이를 알지 못한다면, 나이에 맞게 행동하는 것도 불가능해질 것이다. 같은 흥미와 같은 능력이 있는 같은 집단 속에 자신을 분류하는 것도 더는 어려워질 것이다. 우리는 지금보다 훨씬 더 자신의 본연에 충실하게 될 것이다. 나이와 관계없이 무수한 개성을 품은 개인으로 살 것이다. 그리고 경직성으로부터 해방될 것이다.

지금 나는 시간의 흐름을 무시하라고 주장하는 것이 아니다. 또 내적·외적 현실에 무감각해지라고 권유하는 것도 아니다. 그저 단순한 생물학적 진실을 말하려는 것이다. 인간은 달력이 아닌, 신체의 생화학적 변화에 따라 살아가는 것이라는 진실 말이다. 우리는 생화학적 활동과 그 활동의 위대한 산물인 마음에서 일어나는 반응에 따라 살아가는 것이지, 각각의 주기적 변화를 부여받은 10년 단위의 시간 구분에 따라 살아가는 것이 아니다. 우리는 이전까지 우리가 경험한, 우리를 이 순간까지 오게 한 모든 것의 집합체로서, 신체적·정신적·영적·사회적 개인으로서 존재하는 것이다. 우리는 각각 그동안 마주하고 겪었던 모든 사건의 집합체이자 개인사의 산물이다. 우리가 자기 자신만으로 구성된 인구집단이다. 우리를 중년, 혹은 노년, 혹은 초고령으로 분류할 수 있는 숫자는 존재하지 않는다. 우리는 현재의 우리로서 정의될 수 있을 뿐이다. 우리가 나이 들었다는 걸 나타낼 만한 근거가 있다면, 그중 가장 첫 번째 근거는 우리 마음의 상태가 될 것이다.

하지만 이 모든 것에는 한 가지 경고가 붙는다. 다시 한번 말하지만, 나이가 들어도 종종 자신의 한계를 망각하고 부적절하게 젊을 때처럼 행동하려고 든다. 그런 행동은 특히 갑작스러운 스트레스를 받았을 때 잘 나타나는 것으로 알려져 있다. 나이가 숫자에 불과하다는 말은 나이를 완전히 무시하라는 의미가 아니다. 아무런 대책 없이 나설 때는 위험이 닥친다. 지하철에서 내가 겪은 일을 다시 생각해 보길 바란다.

우리가 몸과 마음을 최적의 상태로 작동하도록 유지하려고 애쓰는 데에는 여러 가지 이유가 있다. 이 책에서 이야기할 내용 중에는 로마의 풍자 시인 유베날리스Juvenalis의 오래된 경고도 포함돼 있다. 그의 경고는 여덟 살짜리 아이든 여든 살의 노인이든 관계없이 모두에게 적용되지만, 마흔을 넘긴 이들에게 특히 의미가 깊다. 유베날리스는 "Mens sana incorpore sano"라고 충고했다. 그로부터 1,500년 후, 철학자 존 로크John Locke는 청소년들의 교육에 관한 논문에서 이를 인용해 "건전한 신체에 건전한 정신"이라고 언급했다. 무엇이 가능하고 무엇이 불가능한지 제대로 깨닫지 못한다면 우리는 어리석은 실수를 저지르게 된다.

인생의 오후에는 일상생활을 하다가 예기치 못한 사건에 부딪혔을 때, 이에 대처하기 위한 힘이 비축돼 있어야 한다. 자기 자신의 능력을 망각할 때 초래할 수 있는 위험은 이런 힘을 비축해 놓지 못했을 때 커진다. 젊었을 때의 넘치는 활력은 이미 사라진 지 오래겠지만, 신체적 건강과 자신감을 잘 유지하고 있다면 이 시기에도 우리가 가진 자원들이 활짝 피어날 수 있다. 중년을 지나 인생의 오후에 접어들었다고 해도 나이 든 사람은 이래야 한다, 저래야 한다는 사회적 통념에 반드시 순응할 필요는 없다. 나 역시도 그런 순응자가 아니며, 그 점을 늘 감사하게 생각한다. 물론 내가 아래를 내려다보는 것을 잊고 지나친 욕심을 부리는, 앞서 소개했던 종류의 일도 몇 차례 겪긴 했지만 말이다.

나는 이 책을 통해 조금은 혼란스러울 수 있는 경고와 충고를 동시에 하고 싶다. 아래를 내려다보지 않아 일어날 수 있는 실수에 대한 경고, 갑작스럽게 위험에 처하거나 병이 들 때와 같이 드물긴 하지만 신체적·정신적 건강이 꼭 필요한 경우가 발생할 가능성에 대비해야 한다는 충고가 그것이다. 나는 아래를 내려다보는 것과 위를 올려다보는 것의 상대적 중요성을 말하거나, 그 둘 사이에서 느끼는 양가감정을 이야기하려는 것이 아니다. 그 둘은 똑같이 중요하기 때문이다. 내가 말하려는 것은 나이가 들어가면 우리는 모순뿐만 아니라 불확실성과도 함께 살아가는 법을 배워야 한다는 것이다. 활력을 유지하는 일과 기력이 상실돼 가는 현실과의 적응 사이에서 길을 찾기란 쉽지 않다. 시계는 매우 불투명하다. 우리 인생의 그 어느 때보다 불투명하다. 우리의 길은 불확실성으로 뒤덮여 있다. 우리는 이제까지 그랬던 것처럼 스스로 길을 찾아가야만 한다.

나이 들어가는 우리는 예전보다 더욱 조심스럽게 우리의 육체와 정신에 주의를 집중하며 불확실성을 헤쳐나가야 한다. 우리는 욕구와 능력 사이에서 예리한 관찰자가 돼야 한다. 그런 면에서 우리가 노년기라고 부르는 발달 단계는 이전의 그 어느 단계와도 같지 않다. 모든 것이 저절로 이뤄지던 시기는 지났다. 이제 그 어느 것도 당연한 것은 없다. 우리는 과거 어느 때보다 더 열심히 공부해야 하고, 더 세심히 자신을 돌봐야 하며, 때로는 생소하고 때로는 부담스러운 방식에 자신을 조율해야 하는 시기와 장소에 도달한 것이다. 이 시기에는 우리 자신뿐만 아니라 우리를 둘러싸고 있는 세계에 대해서도 집중력과 통찰력, 행동력이 필요하다. 나이 들어가는 사람들은 모두 철학자가 돼야만 한다.

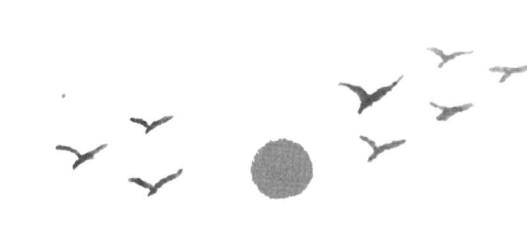

지식과 경험의 나무는 계속 가지를 뻗는다.
두뇌는 노화할지 모르지만 정신은 계속 성장한다.
나이 드는 두뇌는 예전보다 더욱 쓸모 있고 현명해진다.

2.
성숙

지식과 경험의 나무는 계속 가지를 뻗는다

'요양원' 하면 떠오르는 기운 없는 모습에 너무나 익숙해져 있기 때문에, 많은 이가 그런 모습을 우리 앞에 닥칠 미래의 전형 혹은 받아들여야 할 냉혹한 현실이라고 상상한다. 생기를 완전히 잃고 늘어져 있는 모습, 병적일 만큼 무기력한 모습, 인지저하증에 걸린 모습 말이다. 세상과 이별할 날을 세면서 모여 사는 사람들이 가득한 그곳을 방문하게 되면, 우리는 그들의 모습과 소리, 요실금과 배변에서 나는 좋지 않은 냄새에 신체적, 정신적으로 익숙해진다. 이런 모습은 우리가 서서히 꺼져가는 삶의 마지막 모습을 그릴 때 한결같이 칠해지는 색채들이다.

동시에 우리는 이런 나이 듦의 덫에서 나만은 어떻게든 벗어날 수 있을 것이라 믿고 싶어 한다. 운명처럼 찾아올 수밖에 없는 나이 앞에 주저앉고 만 지인과 친척, 때론 부모를 옆에 두고 있으면서도, 우리는 어떤 마법이나 혹은 하루가 다르게 발전하는 눈부신 항노화 의학의 힘으로, 자신만은 이 필연성을 빗겨갈 수 있으리라는 믿음을 소중히 간직한다. 우리는 현대의학의 발전과 늘어나는 예방 지식 덕택에 셰익스피어의 희곡 〈뜻대로 하세요 As You Like It〉에 나오는 제이크의 대사처럼 삶을 마무리할 가능성은 현저히 줄어들었다.

> 제2의 유년기 때문에는 망각만 있을 뿐,
> 이도 다 빠지고, 눈도 안 보이고, 미각도 잃고, 아무것도 없네.

하지만 이렇게 확신한다고 해도, 나이 듦이라는 그림자는 이따금씩 캄캄한 시간에 출몰하곤 한다. 낙관론자들조차도 때론 생명력을 찾기 어려운 우울한 길을, 깜빡거리는 불빛에 의지해 비틀거리며 걸어가는 자신의 모습을 상상하며 심란함을 느낀다. 우리는 알츠하이머병, 파킨슨병, 뇌졸중, 심장마비를 비롯한 여러 질병이 불러일으키는 두려움 때문에 인생의 마지막 단계에 고통을 느낄까 봐 걱정한다. 우리는 이런 질병을 앓고 있는 사람들을 흔히 만나게 된다. 그들의 모습이 우리가 두려워하는 미래로 들어오지 못하도록 하는 건 때때로 불가능하다.

몇몇 사람은 이런 생각에 그다지 휘둘리지 않지만, 다른 몇몇 사람은 완전히 사로잡혀 산다. 하지만 우리 중 요양원에 가게 되는 사람들이 비교적 소수에 불과하다는 사실을 알게 되면 이런 두려운 생각에서 벗어날 수 있다. 2000년 인구조사를 보면, 미국에서 65세 이상 인구의 4.5퍼센트만이 그곳에 기거하며, 이 수치는 점차 감소하고 있음을 알 수 있다(1982년에는 6.3퍼센트였다). 요양원 거주자의 숫자만 줄어든 것이 아니라 평균 연령 또한 높아지고 있다는 사실은, 사람들이 더 늦은 나이에 그런 시설로 들어간다는 것을 보여준다. 이런 시설에 머무는 사람들의 숫자가 감소한 까닭은 노년층 중에서도 따로 거주지가 불분명한 사람들만을 조사했기 때문이라고 생각할 수도 있다. 그러나 많은 이가 자신의 집이나 자녀의 집에서 요양원 거주자들만큼 연약한 상태로 지낸다고 치더라도, 그 의존도의 일반적 통계 추이는 하강 곡선을 그리고 있다. 이렇게 수치가 감소한 데에는 타당한 이유가 있다.

여러 요인이 질병 발생 빈도와 시설 수용 빈도가 감소(독립적인 생활 방식과 공동체 주거 서비스가 혼합된 원호 생활 시설과 주간보호소의 이용 증가 등)하는 데 영향을 끼쳤을 것이다. 하지만 노화의 필연성에 대한 우리의 변화된 태도가 무엇보다 중요한 역할을 했다. 생리학적 손실이 이전에 알고 있던 것보다 더 많이 노년에 발생하는 비활동성 위축atrophy of disuse 때문에 발생한다는 사실이 밝혀졌다. 이는 미국의 의학자 올리버 웬들 홈스Oliver Wendell Holmes가 무려 150년 전에 언급했던 개념이다. "인간은 나이 들어서 놀이를 그만두는 것이 아니라, 놀이를 그만두기 때문에 나이 드는 것이다." 홈스의 시각은 최근의 임상 연구로 증명됐다. 우리는 우리의 기계가 관절, 근육, 장기, 혹은 뇌세포와 상호 교류하며 원활하게 돌아가려면 지속적인 심신 운동이 중요하다는 사실을 알고 있다.

17세기 및 18세기에 존재한 주요 의학 사상 중 하나를 옹호한 사람들은 그리스어로 '치료'를 뜻하는 'iatros'라는 단어를 차용해 스스로 의공학자iatromechanist라고 불렀다. 그들은 인간의 육체를 셀 수 없이 많은 부품으로 이뤄진 거대한 기계로 봤다. 그들의 철학은 이탈리아 의학자 조르조 바글리비Giorgio Baglivi가 1704년에 쓴 저서 《의학전서-해부학 실습Operaomnia medico-Practica et anatomica》에 잘 드러나 있다.

> 인간의 몸을 면밀히 검사한 자라면 누구나 다음의 것들을 반드시 발견할 것이다. 턱과 치아의 협공, 위胃에 있는 용기, 정맥·동맥·기타 혈관에 있는 급수관, 심장에 있는 피스톤, 창자 속에 있는 체나 필터, 폐 혹은 허파, 근육 속에 있는 지레의 힘, 눈의 구석에 있는 도르래 등등……. 이 모든 경이로운 현상들을 쐐기의 원리나 평행의 원리, 지렛대의 원리, 스프링의 원리 등 기계적 원리로 봐야 한다는 사실에는 의심의 여지가 없다. 간단히 말해서, 자연에 적용되는 실험적이고도 수학적인 원리를 통해 살아 있는 육체의 생리작용을 쉽고 분명하게 설명하는 것 외에는 달리 방법이 없다.

이렇게 육체의 기능을 단순하게 보는 시각은 수세기 후에 생화학적 복잡성과 세포동력학이 부상하면서 대체됐다. 그러나 여기에는 과학자들과 교사들에게 지속해서 영감을 준 어떤 은유적 진실이 담겨 있다. 내가 의대를 다니던 1950년대에 인간의 신체 구조와 기능에 관한 서적 중 가장 인기 있던 책은 《인체기계공학The Machinery of the Body》이었다. 이 책을 쓴 생리학자 안톤 칼슨Anton Carlson과 빅터 존슨Victor Johnson은 우리 몸 안에서 지속해서 벌어지고 있는 다양한 신체 활동을 총체적으로 아우르는 느낌을 가장 명확하게 전달하려고 이런 제목을 붙였다. 1930년에 초판이 발간된 이후, 이 책은 개정 5판을 거쳐 1961년 최종판을 찍었다. 오늘날도 인체기계공학이라는 제목으로 인터넷 검색을 해보면, 웹사이트 한 개에서 중고 책, 새 책, 절판본, 저가본까지 모두 합쳐 4,000만 권이 검색된다. 그러니까 이 은유는 현재까지 유용한 셈이다.

특히 원활한 작동과 관련해서라면, 기계로 비유되는 육체의 이미지는 언제나 적용 가능하다. 노화와 관련해 그 유사점은 더욱 적절해 보인다. 시간이 켜켜이 쌓인 부품은 정비할 때 주의를 기울여야 작동이 더 잘된다. 이들은 새것보다 더 많은 관심이 필요하다. 잘 관리해야 하는 것은 물론이거니와, 잘 돌아간다고 해도 지속해서 작동해 줘야 한다.

기계와의 유사점이 딱 들어맞는 건 아니지만, 이런 은유는 우리의 몸을 심도 있게 이해할 틀이 된다. 기계와 마찬가지로 일부 인간의 육체는 선천적으로 다른 사람의 육체보다 좀 더 오래 지속하도록 만들어졌는데, 이는 개별 부위뿐만 아니라 전체 골격까지 그렇다. 이와 상당히 유사하게도, 타고난 DNA는 장기의 수명은 물론 전체적인 수명에까지 영향을 끼친다. 그러나 적절한 정비와 적당한 사용은 그 기능을 넘어 평균 수명까지 최대화해 줄 것이다.

세상의 모든 사람은 저마다의 속도로 나이가 들며 이 속도의 차이는 선천적으로 결정된 체질에 의존한다. 예를 들어, 90대까지 사는 가족이 많은 가문의 출신은 오래 살 가능성이 높다. 하지만 반드시 그런 건 아니다. 그 반대의 경우도 있다. DNA는 다소 아무렇게나 뒤섞이는 방식을 취하고 있으며, 유전자도 각종 내적·외적 영향에 따라 각기 다르게 발현되기 때문에, 때론 단명하거나 평균 수명을 누린다고 알려진 집안의 일원들 사이에서 오래 사는 성향이 나타나기도 한다. 안타깝지만 그 반대의 경우도 일어날 수 있다.

나이가 든다는 것은 상태이지 결과가 아니다

기계의 경우, 완전히 고장 난 부품과 그저 오래 사용한 물리적 흔적이 보이는 부품은 반드시 구별해야 한다. 노화와 질병을 확실히 구별해야 한다. 어떤 면에서는 의사들에게도 그리 간단한 문제가 아니다. 그렇지만 또 어떤 면에서는, 앞서 지적한 것처럼 그 차이가 쉽게 인식된다. 나이가 들면 특정 질병에 대한 취약성이 높아지지만 그렇다고 그런 질병이 벗어날 수 없는 부수물인 것은 아니다. 나이가 든다는 것은 질병이 아니라, 많은 질병에 대한 위험 인자일 뿐이다. 나이 든 우리는 질병이 다가오는 것을 막아낼 힘을 키우기가 점점 힘들어지지만, 그렇다고 나이 든다는 것 그 자체가 건강 이상을 의미하는 것은 아니다.

노화와 질병의 관계를 다르게 보는 또 다른 관점으로는, 인생의 후반전을 뇌졸중, 당뇨병, 심장 질환 등의 질병을 하나 혹은 다수 앓으면서 삶의 막바지를 향해 가는 길고 긴 연속체로 상상하는 것이다. 그러나 이런 질병이 개입하는 시점은 비교적 정상이라 해도 이는 또한 다소 변모된 범주에 속한다.

이를테면 뇌졸중은 병리적 상태이지, 정상적인 나이 듦의 결과가 아니다. 뇌졸중은 정상적인 나이 듦의 과정을 거친 혈관 때문에 발병하기 쉽지만, 엄밀히 말하면 이것은 질병이다. 80대, 90대라고 해서 모두가 뇌졸중의 희생자가 되는 건 아니다. 그러나 나이가 들면 그럴 가능성이 커진다는 사실을 인지하고 있으면 뇌졸중을 막거나 그 여파를 줄이도록 조치할 수 있다. 알츠하이머병, 파킨슨병, 관상동맥 질환, 암, 게실염*, 골다공증성 골절 등의 질환과 수많은 질병은 나이 든 사람이 젊은 사람보다 훨씬 쉽게 걸리는 병리적 상태지만, 이런 병들을 정상적인 노화의 결과인 것은 아니다.

많은 사람이 병에 걸리지 않고 나이가 든다. 더 명확하게 설명하면, 대부분의 사람은 그들의 기계가 예전의 효율성을 약간 잃기는 해도, 심각한 장애 없이 나이가 든다. 우리를 세상과 이별하게 하는 질병은 우리 뒤를 밟다가 비교적 짧은 기간 동안 발병한다.

자동차를 가진 사람이라면 누구나 정비의 중요성을 알고 있다. 하지만 인간의 육체를 정비하는 일은 지난 세대에 이르러 인식되기 시작했다. 우리 자신을 대입하는 모든 분야에서 마찬가지겠지만, 여기에서도 유전은 필연적인 운명이 아니다. 비만 체질을 예로 들어보자. 최근 연구 조사에 따르면, 비만은 대개 DNA에 의해 결정된다고 한다. 하지만 라이프 스타일을 변화시켜서 유전에 의해 선천적으로 결정된 결과를 상당 부분 바꿀 수 있다는 사실은 잘 알려져 있다.

물론, 아주 꼼꼼히 정비한다고 해서 내구성이 갖춰지지 않은 자동차 부품의 수명이 한 시간 더 늘어나는 것은 아니다. 그러나 그 반대의 경우에는 그럴 가능성이 높다. 부품을 잘 관리하는 일은 그 부

◇◇◇◇◇◇
* 결장에 염증이 생겨 장 기능에 장애가 생기는 현상.

품의 유용성은 물론 기계 전체의 유용성을 연장한다. 이제 우리는 이런 사실이 우리 인간에게도 적용된다는 것을 알고 있다. 최근에 예순 살이 된 사람들이 약 50년 전에 예순 살이 된 사람들보다 더 잘 보고, 더 잘 느끼고, 더 젊게 행동하는 이유 중 하나는 이들이 육체를 건강하게 유지하려고 더 많은 관심을 쏟기 때문이다.

육체를 건강하게 유지하고, 보수하는 모든 요인 중에 발전된 의료 치료법은 누군가에게는 덜 중요한 요인처럼 보일 수도 있다. 몸이 갑자기 약해지거나 응급 상황이 발생했을 때 어떻게 대처할지는 그런 일을 예방하고 평소에 자기 관리에 관심을 쏟는 것보다 훨씬 효과가 떨어지기 때문이다. 그러므로 예방과 자기 관리가 건강하게 오래 사는 비법으로 점차 인정받고 있다. 시간은 우리의 세포, 조직, 장기에 무자비하게 침입해 오지만, 육체가 젊었을 때 스스로 해내던 각종 정비에 주기적으로 적절한 관심을 쏟는다면, 노화의 영향은 줄어들고, 늦춰지기도 하며, 때론 역전될 수도 있다. 살다 보면 고장난 세포를 수리하고 생화학적 균형을 유지할 때 더는 타고난 기질적 효율성에만 의지할 수 없는 시기가 온다. 이런 신뢰 관계는 중년과 그 이후를 거치면서 더욱 줄어들기 때문에, 우리는 점차 이런 업무를 인계받아야 한다.

18세기와 19세기에 가장 흔한 자기계발서는 '가정 의료 지침서'라 불리는 책들이었다. 많은 가정에서는 어쩌다가 한 번 들춰보는 가족 성경 옆에 이런 책을 꽂아뒀다. 이런 가정용 치료책 중에 가장 유명하고, 가장 오랫동안 전해져 내려오는 것으로는 윌리엄 버컨William Buchan의 《가정 치료Domestic Medicine》를 들 수 있다. 이 책은 1769년 영국 에든버러에서 처음 출간된 이후, 영국과 미국에서 여러 번 재간행됐다. 하지만 이 분야의 책 중에서 내가 가장 좋아하는 책은 1734년에 타이드워터 지역의 내과의사 존 테넌트John Tennant가 쓴 《스스로가 의사인 모든 이Every Man his own Doctor》이다. 제목도 그렇고, 가정 의료 지침서로서는 미국에서 처음 쓰였다는 역사적 사실 또한 내 마음을 끈다. 이 소책자의 부제에서는 이 책의 목적을 다음과 같이 말하고 있다. "모든 이가 스스로 치료할 수 있도록 질병과 날씨에 따른 대부분의 변화에 맞춰 쉽게 처방할 수 있게 한 책. 치료에 거의 돈이 들지 않으며, 주로 이 나라에서 나고 자란 약초로 처방함." 만약 스스로 육체를 정비할 생각이라면, 이 책의 제목에서 영감을 얻을 수 있을 것이다. 타고난 효율성이 둔해지는 시기인 60대, 70대가 다가오면 자기 육체를 책임질 정비사가 된다는 의미에서, 우리는 자신의 의사가 될 수 있다. 삶의 양적·질적 차이를 만드는 다양한 습관과 행동은 상당 부분 '스스로 처치 가능하며, 질병과 날씨에 따른 대부분의 변화에 맞춰 쉽게 처방할 수 있으며, 거의 돈이 들지 않는다'라는 규칙을 따르기 때문이다.

나이 드는 정도와 속도에 영향을 줄지도 모르는, 사람마다 각기 다른 행동을 생각해 보면, 육체란 일종의 기계로, 시간이 흐르면서 기계의 개별 부품이 어느 정도 시간의 영향을 받는다는 걸 이해할 수 있을 것이다. 정상적으로 나이 드는 것 자체가 질병이 아니라는 사실을 아무리 강조해도, 나이 드는 것이란 결국 죽음을 우리 삶에 초대하는 하나의 긴 연속체로 봐야 한다. 이상적인 라이프 스타일의 목표는, 질병이 문턱을 넘어 찾아오는 점진적인 변화 과정을 최대한 지연하는 것이다.

　모든 보편적인 단어가 그렇듯이, 나이 든다는 것 또한 한마디로 정의 내리기가 어렵다. 하지만 이것을 연구하는 학자들은 모두 이 과정을 다음과 같이 설명하는 것이 가장 유용하다는 의견에 동의할 것이다. 노화란, 종種을 막론하고 건강한 한 개체가 연약한 상태로 접어들면서 신체적인 수용력과 예비 능력이 지속해서 감소해, 결국 질병과 죽음에 취약해지는 과정을 말한다. 이런 유전적인 설명의 논조가 꽤 비관적으로 들린다고 해도, 나이 드는 과정이 실제로 꼭 그렇게 가혹한 것은 아니다. 사실 노화에 영향을 끼치는 총체적 요인이 무엇인지 거의 알려진 것이 없기 때문에 (장기나 조직, 몸 전체뿐만 아니라, 세포 및 분자 단위에서도 그렇다) 나이 든다는 것이 보편적인 설명처럼 냉혹한지 아닌지는 전적으로 불분명하다. 실생활을 둘러봐도 그렇다. 수많은 사람을 관찰한 결과에 따르면, 인간의 노화 과정은 여러 영향에 민감하게 반응하는데, 그중 몇몇은 우리가 통제할 수 있는 범위에 있다.

　인간의 노화를 예측하는 것이 불가능한 한 가지 이유를 꼽자면, 노화에 대한 선천적 기여도와 환경적 기여도 사이의 상호작용이 알려진 것이 거의 없기 때문이다. 또 시간이 흐르면서 생긴 태도나 반응의 결과 또한 연구된 것이 없다. 이 말은 이 사회가 전통적으로 예순이 넘은 이들에게 신체적·정신적으로 낮은 기대감을 품고 있다는 것을 의미한다. 이렇게 낮은 기대감이 만연한 분위기 속에서는, 몸을 움직이지 않고 앉아만 있는 것이 노년의 표준이 된다. 따라서 몸이 연약해지는 것과 질병이 찾아오는 시기를 늦추려고 할 때 반드시 필요한 장기 시스템을 우리 대부분이 사용하지 않고 방치하기 때문에 우리 몸의 활력은 하향 곡선을 그리게 되는 것이다. 그 결과 비만, 골다공증, 고혈압 등과 같은 약물 요법이 필요한 고질적인 질병에 빠지게 된다. 역설적이게도, 약해지지 않으려고 사용했던 약물의 부작용 때문에 더 심각하게 쇠약해질 수 있다. 이 네 가지 요소, 즉 유전적 영향, 질병, 환경적 영향, 몸과 마음의 비활동을 야기하는 낮은 기대감의 상호의존성은 너무나 복잡해서 각각이 어느 정도로 독자적 변수로 작용하는지 파악하기가 힘들다. 성별에 무관하게, 어떤 사람에게는 특정 한두 가지 요소가 다른 요소를 압도하기도 한다. 하지만 활발하게 움직이는 것이 장수와 깊은 상관관계가 있다는 것은 다양한 연구로 널리 알려진 사실이다.

겉으로 보기에 노화라는 퇴보 과정은 불가피해 보이지만(그리고 유전적으로 결정된 듯해 보이지만), 자세히 살펴보면 완전히 불가피한 것은 아닌 듯도 하다. 어찌 보면 이런 변화는 우리의 일상생활 속에서 일어나는 변형에 영향을 받기 쉬운데, 그 변형은 다음과 같다.

유전자 기능의 규칙에서 오류의 축적은 철저히 유전적 노화 과정에서 일어나는 오류를 근간으로 한다. 이런 오류 중 일부는 선천적 조절 메커니즘에 의해 미리 결정돼 발생한다. 이런 메커니즘을 '유전자 테이프genetic tape'라고 부르는데, 이것은 착상하는 순간 바로 작동하기 시작해 우리가 죽는 순간에 멈춘다. 다른 오류는 세포를 둘러싼 내·외부 환경의 마모 인자 및 온몸을 둘러싼 내·외부 환경(이를테면, 다이어트, 자외선, 복사열, 대기 오염원, 니코틴처럼 흡입된 독성 물질, 절대로 빠질 수 없는 스트레스)에서 기인한다. 물론 시간도 타격을 준다. 시간이 흐르면서 세포 자체의 신진대사 때문에 발생한 세포내 독성 물질을 효과적으로 제거하는 기능이 점점 떨어진다. 그 악명 높은 유리기free radical(유해 산소의 작용으로 산화된 손상이 축적된다. 단백질 분자들은 서로 교차 결합해 활동이 둔해진다. 지방갈색소 lipofuscin라고 불리는 누런 갈색을 띄는 색소가 세포내에 점점 침착된다) 단백질은 세포외액 속에서 아밀로이드와 같은 덩어리로 점차 뭉친다. 다른 인자들도 있다. 이런 마모 효과는 유전자뿐만 아니라 단백질 분자, 생화학 상호작용, 일반 세포와 육체적 기능에도 영향을 준다. 다소 정도의 차이는 있지만, 우리는 그들을 조절할 능력을 갖추고 있다.

대략 세포 75조 개로 이뤄진 우리의 신체 속에서 메커니즘은, 가차 없이 돌아가는 유전자 테이프 때문에 야기된 오류든, 마모 때문에 생긴 오류든, 오류가 발생하면 이를 바로잡으려고 한다. 개개인의 수명은 유전적 기능에 악영향을 끼치는 시간의 흐름에 대응하려는 세포 교정 메커니즘의 능력에 의해 대부분 결정된다. 그러나 이런 메커니즘은 나이가 들면서 쇠퇴한다. 앞서 언급한 것처럼 우리 중 일부는 선천적으로 다른 이들보다 오래 사는 더 좋은 인자를 타고났다. 그 방법을 알기만 하면 누구나 선천적인 기질을 키울 수도 있다. 우리는 이런 방법들 가운데 일부를 가지고 있다. 이 방법이란, 진행 중인 노화를 막으려고 세포의 유전적 투쟁을 최대화하는 라이프 스타일과 환경 요인을 말한다. 이 말은 즉, 원초적인 유전자 수준에서도 우리가 약간의 조절 능력이 있다는 뜻이다.

우리 신체의 각종 기관 시스템의 노화를 다룬 놀라운 연구 결과

중 하나는, 개인들 간의 변화의 차이가 매우 크다는 것이다. 예를 들어, 동갑내기 두 사람을 비교했을 때, 두 사람의 뇌, 간, 면역 체계는 종종 굉장히 다르며, 이에 따라 한 사람이 다른 한 사람보다 훨씬 나이 들어 보인다는 것이다. 질병과 죽음을 향해 가는 연속체를 따라가다 보면 그 차이는 더 벌어진다. 이런 차이의 대부분은 다양한 방식으로 축적된 손상을 온전한 상태로 회복시키는 유전적 능력 때문이다. 하지만 몇몇은 개개인이 삶을 살아온 방식, 몸담아온 환경, 그리고 건강한 라이프 스타일에 쏟는 관심 등 마모를 관리하는 정도에 따라 달라진다. 세포와 유전적 영역에서 우리는 건강한 장수를 향한 길을 점점 더 많이 발견해 내고 있다. 그러나 이 두 영역은 우리가 일상생활에서 만나는 요인, 즉 식단, 운동, 유해 물질에 대한 노출, 약물 등에 영향을 받는다.

노화에 반응하는 개개인의 거대한 차이의 한 가지 예는 면역 체계에서 찾아볼 수 있다. 인간의 복잡한 메커니즘은 감염을 예방하고 류머티즘 관절염이나 특정 장 질환과 같은 질병에 자가 면역 반응을 보일 뿐 아니라 암을 유발하는 다양한 인자에도 반응하는 중요한 역할까지 하고 있다. 고령자의 대부분은 청년층이나 중년층보다 약 30퍼센트에서 50퍼센트 정도 면역력이 떨어지지만, 일부 고령자는 젊은 사람들이 반응하는 것과 비슷한 정도로 면역 반응을 보인다. 이런 반응이 풍성한지 부족한지는 개인의 전반적인 건강 상태와 관련이 있는데, 개인의 건강 상태에는 영양 상태, 흡연과 음주 여부, 환경 오염원에 대한 노출 등이 포함된다. 병발질환 intercurrent disease(의사들은 동반이환comorbidity이라고도 부른다)의

출현도 하나의 인자가 되는데, 이는 그것을 치료하려고 사용하는 약과 기타 약물치료도 마찬가지다. 면역 체계에 대한 공습에 반응하는 능력은 개인의 전반적인 건강 상태의 좋은 지표가 된다. 건강할수록, 노인학자들이 '면역 노화immunosenescence'라고 부르는 상태가 될 경향이 적다. 여기서 'sen'의 어원은 라틴어로 '노인'을 뜻하는 'senex'에서 파생된 것이다. 자신의 면역 체계가 노년의 상태가 되게 내버려둘 사람은 아무도 없을 것이다.

지식과 경험의 나무는 계속 새로운 가지를 뻗는다

우리 신체의 모든 기관 중에, 이런 결정에 관여하는 가장 중요한 기관은 단연 두뇌다. 신경과학의 새로운 연구는 노화에 영향을 끼치는 인간 두뇌의 놀라운 능력을 보여주고 있다. 이런 견해는 처음에는 믿을 수 없는 것으로 여겨졌지만, 인지행동 연구는 물론, 신경세포, 시냅스, 중추신경계에서 멀리 떨어져 있는 장기들 간의 빈번한 의사소통의 구조와 기능을 밝히는 연구들이 활발해지면서 이를 뒷받침하는 증거가 속속 등장하고 있다. 그뿐 아니라 철학자들이 심사숙고하는 영역으로 오랫동안 남겨져 있는 정신이라는 개념 또한 명민한 과학자들의 연구실에서 상세히 검토할 연구 대상으로 떠오르고 있다. 정신을 오로지 두뇌의 기능으로 인식하는 것으로는 더는 충분하지 않다. 정신은, 육체와 우리가 속한 환경에 대한 인식에 영향을 준다고 여겨져 온 바로 그 인자들의 영향을 받는다. 다시 말하면, 뇌와 육체, 그리고 우리가 처한 일명 생태적 지위econiche

간의 상호 의사소통은 온전한 정신 속으로 진입하는 다양한 인상과 반응을 결정짓는다.

우리가 성숙해지면서 생태적 지위와의 상호 의사소통은 점차 세련돼지고, 지식과 경험의 나무는 계속 가지를 뻗는다. 그래서 새로 유입되는 자료가 자리 잡을 수 있는 기준점이 늘어나는 방대한 구조를 띠게 된다. 나이 든 두뇌는 방대하고 광범위한 정보 저장소다. 시간이 흐르고 무언가를 계속 배우면서 진입점은 점점 늘어나게 되며, 추가 정보는 폭넓게 입력된다. 이런 식으로 정신은 시간이 흐르며 소실되는 장기의 용량을 메우면서 정보를 인식, 학습, 통합하고 사용한다. 두뇌는 노화할지 몰라도 정신은 계속 성장한다. 잘만 사용하면 나이 든 두뇌는 예전보다 더 쓸모 있어지고, 때론 더욱 현명해지기도 한다.

노화 때문에 일부 장기의 용량이 실제로 줄어드는 것은 확실하지만, 이런 소실은 오랫동안 추측해 왔던 것만큼 그 정도가 심해 보이지 않는다(신경 질환이나 다른 동반 질환이 없다고 가정할 경우). 마흔이 지나면 10년 단위로 뇌의 무게와 용량이 약 5퍼센트씩 감소한다는 사실은 분명하다. 그러나 몇몇 부위는 조직이 비교적 덜 손상되며, 무게와 용량 손실의 상당 부분 또한 세포 그 자체보다 지지조직과 신경섬유 주위의 절연조직에서 이뤄진다. 사실 5퍼센트라는 수치의 의미는 불분명하다. 실제로 중요한 건 조직적 측면에서의 물질의 소실이 아니라, 기능적 측면에서의 물질의 소실이다. 이런 이유로, 다음에 나오는 논의는 용적면에서 두뇌의 어떤 부분이 변화하느냐가 아니라, 나이 드는 두뇌가 어떻게 작동하느냐에 중점을 두려고 한다.

신경세포('뉴런'이라고 불린다)의 수를 세는 현대적 방식은, 최소한의 노화성 손실이 있다는 것 말고는 노화에 어떤 영향을 끼치는지 확실한 증거를 제시하지 못한다. 단, 해마(감정 표현, 학습, 기억을 담당하는 부위)와 대뇌피질(전전두 및 측두 연합 영역)의 선택 위치는 예외인데, 이들 중에서도 일부 특정 부위에서만 손실이 나타난다. 다시 설명하면, 건강한 고령층은 뇌세포의 총수가 약간 감소하는 것일 뿐이다. 그러나 그 수가 영향을 주는 만큼 그 질도 뇌세포의 효율성에 영향을 준다. 다른 세포들처럼, 노화하는 뇌세포도 긴 인생의 여정을 거치면서 단백질과 신진대사 과정에 손상을 입히는 것은 물론, 뇌혈류 저하에도 영향을 끼친다. 뇌혈류 감소는 뇌에 막대한 에너지 요구량을 공급하는 산소와 포도당의 신진대사 저하를 야기한다. 인지적 기능의 소실은 뉴런 수의 감소보다 화학적 신경전달물질의 결핍 때문인 것으로 보인다.

이런 결과가 누적되면, 기능은 감소하게 된다. 그러나 감소하는 정도는 아주 경미한 수준부터 임상적으로 심각한 수준에 이르기까지 개인의 차가 크다. 왜 누구에게는 경미한 반면, 누구에게는 심각한 결과를 낳는지와 관련해서는 여러 가지 이유가 있다. 뇌 속에는 기타 두뇌 조직이 상당히 많기 때문에 그중 일부를 소실해도 그 일을 담당할 다른 신경세포와 섬유세포가 충분하며, 따라서 기능이나 지적 능력에 영향을 주지 않는다. 이에 더해 동일한 메시지가 다수의 개별 신경 경로를 통해 전달되기 때문에, 그들 중 하나가 손실됐다고 해도 추후 다른 경로를 이용할 수 있다.

시냅스는 신경세포체에서 뻗어 나온 신경섬유(축삭axon과 수

상돌기dendrite)의 연접 부위를 말한다. 메시지는 신경전달물질neurotransmitter이라고 불리는 화학물질에 의해 시냅스를 거쳐 한 뉴런에서 또 다른 뉴런으로 전달된다. 우리의 사고를 담당하는 두뇌의 뒤엉킨 외피층인 피질은 신경세포 300억 개와 시냅스 1,000조 개를 담고 있으며, 이 신경세포들은 서로 복잡하게 연결돼 있다. 두뇌가 노화하면 특정 부위의 시냅스의 수가 감소할 수도 있지만, 이것은 두뇌의 가소성plasticity 같은 요인들에 의해 보충된다. 가소성이란, 필요할 때 신경 활동에 의해 증가하며, 크기가 커지고, 사용 패턴의 변화에 따라 외형을 바꾸기도 하는 시냅스의 능력을 말하는데, 이는 강해질수록 효율적이다. 특정 부위에서 시냅스가 손실되면, 다른 영역에서는 시냅스의 수가 증가한다. 이렇게 다양한 방법으로, 뇌는 늘 변화한다.

이런 방식으로 변화하는 능력은 신경세포 표면에 들러붙은 신경전달물질과 수용체에서도 볼 수 있다. 일부 신경전달물질과 수용체가 노화 때문에 감소하는 동안에도 여타 신경전달물질은 증가하기도 한다. 그 결과 이런 뇌의 특정 기능은 감소할 수도, 증가할 수도, 혹은 전혀 영향을 받지 않을 수도 있다. 지난 10년 동안 유일하게 밝혀진 사실은, 세포 손실은 새로운 세포가 만들어지면서 일부라도 보충된다는 것이다. 이런 사실이 밝혀지기 이전에는, 중추신경계 내에서 그런 과정이 불가능하다고 여겨졌다.

이런 손실과 증가에 따른 영향력을 견줘보면 개개인의 뇌가 얼마나 효율적으로 기능하는지 나타낼 수 있다. 이제 건강한, 표준적인 노화 과정에서 무슨 일이 벌어지는지 전반적으로 요약할 것이다.

그 전에 알아둬야 할 것은 노화는 변이성이 상당하기 때문에, 적지 않은 고령층이 뇌 능력에 최소한의 손실을 입거나, 심지어 손실을 전혀 입지 않은 채로 최고령으로 진입한다는 것이다.

시간이 흐를수록 학습의 속도가 느려지고, 같은 노력을 들이거나 노출이 돼도 학습하는 양 또한 전과 달리 줄어들게 된다. 그러나 정보를 자신의 것으로 흡수하거나 경험에서 터득해 내는 능력은 눈에 띄게 변하지 않는다. 새로운 지식을 습득하는 것 못지않게 중요한, 주의력도 손상을 입지 않는다. 언어 능력은 줄지 않지만, 창의적 사고와 문제 해결 능력은 점점 떨어진다. 이 말은 지적 민첩함과 즉각적인 추론이 저하된다는 뜻이다. 심리적 유연성은 젊은이들의 영역이다. 철학자 프랜시스 베이컨은 뇌 단층촬영이 대두되기 무려 300년 전에 다음과 같이 언급했다. "젊은이들은 판단하는 것보다 창조하는 일이 더 잘 어울리고, 상담을 받는 것보다 실행에 옮기는 것이 더 잘 어울리며, 안정된 사업을 하는 것보다 새로운 과제를 수행하는 것이 더 잘 어울린다."

지적 민첩함이 노화 때문에 손상을 입는 만큼, 우리의 반응 시간도 더뎌진다. 노화는 반응속도를 더디게 하는데, 이는 말초 운동 신경세포가 자극에 더디게 반응하면서 인지 과정, 즉 정보를 인식하고 즉각적으로 진행하는 일도 다소 더뎌지기 때문이다. 원래 이런 변화는 '신속성'이라는 조건에서만 감지되는데, 현대의 삶에서는 어디를 가나 신속함을 추구하기 때문에 이런 '느려짐'이 더욱 느껴지기 쉽다. 폭풍우가 몰아치는 밤에 자동차를 시속 110킬로미터로 운전할 때는 특히 그렇게 느껴진다. 운전자들이 일흔 살이나 그 이상이 되면, 더욱 세심한 주의를 기울여 운전 시간과 조건을 선택해야만 한다.

나이 든 사람들에 대한 불평이나, 혹은 그들이 내뱉는 자신에 대한 불평 중 가장 빈번한 것은 기억력 손실이다. 장기 기억(그리고 후각, 미각, 청각과 같은 감각 기억)은 별로 방해받지 않는다. 어휘는 물론, 문화와 교육을 근간으로 하는 일반적인 정보의 저장도 그다지 방해받지 않는다. 그러나 단기 기억은 건강하게 노화가 진행되는 생리학적 조건에서도 문제가 될 가능성이 크다. 그렇지만 일부 90대들은 젊은이의 기억력에 견줄 만큼 손상되지 않은 기억력을 유지한다. 이런 상황은 높은 수준으로 유지해 온 뇌 기능의 일반적 상태가 반영된 것이다.

나는 앞서 뇌의 노화에 영향을 주는 뇌의 기능이 있다고 언급했다. 이에 대한 증거는 다양한 자료에서 찾아볼 수 있다. 한 가지 증거는 알츠하이머병과 기타 인지저하증 발생 빈도가 지적인 삶을 활발하게 추구했던 이들에게는 조금 낮게 관찰된다는 사실을 들 수 있다. 또 다른 증거로는 뇌 속의 성인 줄기세포에서 새 뉴런의 생산을 촉진하는 것은 물론, 뉴런이 손상이나 파괴되지 않도록 보호하는 능력을 지닌 각종 단백질 물질이 발견됐다는 사실이다. 이런 단백질 물질, 일명 신경성장인자 neurotrophic factor의 생산과 효능이 인근 신경 회로 안에서 일어나는 활동량에 의해 결정된다는 사실은 세포 배양과 설치류 실험을 통해 증명됐다. 신경 회로를 더 많이 사용할수록, 신경성장인자가 더 많이 생성된다. 이 말은, 소실되거나 손상돼 제 역할을 못하는 신경세포가 대체될 수 있다는 것은 물론, 새로운 신경세포의 개체 수의 증가가 뇌의 특정 위치에서 일어날 수 있다는 것을 의미한다. 이제 두뇌를 사용하면 뉴런의 수와 효능이 증가함을 입증할 수 있는 생화학적 근거(다양한 신경성장인자의 증가는 두뇌 활동이 늘어난 결과다)가 존재한다는 사실이 분명해졌다. 이런 사실들은 지적인 도전을 지속해 온 사람들이 그 능력을 유지할 가능성이 크다는 일상적인 관찰을 잘 입증해 주고 있다.

이런 단백질 물질, 일명 BDNFbrain-derived neurotrophic factor(뇌 유래 신경 성장인자) 중 하나는 두뇌 활동뿐만 아니라 유산소 운동으로도 증가한다(이 부분은 275쪽에서 다시 설명하겠다). 이쯤이면 거리에서 마주치는 러너들이 그저 칼로리를 소모하고 심혈관 기능을 키우는 일만 하는 게 아니라고 말해도 좋을 것이다. 그들은 아리스토텔레스의 책을 읽듯 마음까지 키우고 있다. 러너, 독서가, 사색가는 뇌를 사용해 지속해서 변화를 주고, 심지어 그 가능성을 확대하는 능력을 이용해서 노화 과정과 두뇌에 건강한 영향을 주고 있다.

물론 러너들은 심혈관 체계의 능력을 키우고 싶어서 달리는 게 대부분일 것이다. 심장과 혈관을 덮치려 하는 노화가 불러오는 변화를 늦추려고 헉헉거리며 달리는 동안 그들은 자신들이 얼마나 똑똑해지는지는 아마 깨닫지 못하고 있을 것이다. 심혈관 체계의 변화는 뇌가 똑똑해지려고 애쓰는 변화보다 훨씬 간단하다. 동맥경화와 고혈압의 발생 빈도는 일반적으로 고령층에서 높지만, 많은 이는 심장이나 혈관 질환이 거의 없거나 전혀 없는 상태로 80대, 90대에 도달한다. 신체의 다른 모든 부위처럼 개개인의 심장과 혈관이 노화에 영향을 받는 정도 또한 거의 영향을 받지 않는 정도부터 심각하게 해가 되는 정도까지 상당히 다양하다. 다음에 나오는 설명은 우리 대부분이 예상할 수 있는 것과 크게 다르지 않다.

뇌 이외의 대부분의 기관에도 해당하겠지만, 평생의 습관은 특히 개인의 심장과 혈관의 상태를 판가름 짓는 중요한 결정 요인이다. 쉽게 예상할 수 있듯이, 가장 강력한 영향은 잘 알려진 인자들, 즉 다이어트, 비만, 흡연, 신체 활동, 콜레스테롤 수치, 성격 등에서 기인한다. 고질적인 질환, 그중에서 고혈압과 당뇨 같은 질병 또한 중요하고도 결정적인 역할을 한다.

심각한 동반 질환이 없다면 심장과 혈관은 나이가 들어도 놀라울 정도로 잘 버텨나간다. 이 기관들은 평범한 상황에서 세월을 거치면서 발생하는 정상적인 해부학·생리학상 변화를 효과적으로 보완할 수 있으며, 휴식을 취할 때나 스트레스를 받지 않는 활동에 참여할 때는 심박 이상이나 심박출량의 감소도 전혀 나타나지 않는다. 정상적인 노화의 변화를 거치면서 주요 혈관, 특히 심장에서 직접 출력하는 큰 혈관인 대동맥의 탄력은 점차 감소하게 된다. 교차 결합된 단백질 덩어리의 공격으로 대부분 유발되는 이런 탄력 감소 때문에 대동맥은 넓어지고 약간 늘어나게 된다. 그 결과 대동맥의 부피가 커지면서 심장은 더 커진 용적을 통해 피를 뿜어내려고 더욱 열심히 일해야만 한다. 심장은 피를 출력할 때 필요한 작업량이 늘어나도 혈압을 올리지 않고 잘 보완해 나갈 수 있지만, 60세 정도가 되면 변하기 시작한다. 이 시기가 되면 심장은 서서히 비대해지고, 평균수축기압은 건강한 70세의 정상 수치인 약 120에서 140의 수준으로 슬금슬금 오르기 시작한다.

이 정도 수치면 병리학적 범위에 넣을 수 있다. 백인의 15퍼센트와 흑인의 25퍼센트는 65세 정도가 되면 고혈압을 겪는다. 65세가 넘으면, 그 수치는 백인의 경우 4명 중 1명, 흑인의 경우 3명 중 1명 꼴이 된다. 일부 조사는 이보다 높은 수치를 제시하기도 한다. 혈압 상승이 위험한 데에는 여러 가지 이유가 있지만, 그중 하나는 뇌의 미세 혈관을 손상시켜 인지 결함, 뇌졸중, 인지저하증과 같은 문제를 유발한다는 것이다.

정상적으로 노화하는 심장에서는, 섬유조직의 수가 늘어나 점차 심장근육 사이에서 보이기 시작한다. 심장근육의 수는 점차 감소해 70세가 되면 심장근육세포의 3분의 1이 소실된다. 동시에, 심장 신경조직과 교차 결합한 섬유조직의 수도 감소하게 돼 심장박동을 작동하는 전기신호의 전송 효율이 점점 떨어지게 된다. 이에 따라 심장은 점차 더디게 움직이게 되고, 해가 갈수록 피를 적게 내보내게 된다.

이런 손실에도 불구하고, 심장 메커니즘은 스트레스를 받지 않는 한 계속 작동한다. 기차를 타려고 내달린다거나, 걱정이나 화가 순식간에 치솟는 경우처럼 격한 상황이 벌어지지 않는 한, 젊고 정상인 심장과 나이 든 심장은 그 차이가 그다지 두드러지지 않는다. 그러나 앞서 언급한 상황에서라면, 이야기가 다르다. 노화하는 심실은 효율적으로 피를 수용할 능력이 없다. 이를테면, 나이 든 사람들은 젊은 시절 그랬던 것처럼 심박수를 상황에 따라 변화시킬 수 없다. 따라서 심박수는 운동을 열심히 했을 때처럼 가파르게 상승하지 못한다. 또 일단 심박수가 빨라지면 기준 수준으로 돌아오기까지 시간이 오래 걸린다(220에서 자기 나이를 빼면 열심히 운동해서 얻을 수 있는 최대 심박수가 어림잡아 나온다). 이 말은 즉, 심장 출력이 심장에 가해지는 급작스러운 요구에 예전보다 덜 효과적으로 반응한다는 뜻이다.

이런 이유들 때문에 지속해서 높은 수준의 활동을 하는 일이 매우 중요하다. 스트레스를 받는 상황에서 심장의 효율성은 운동으로 눈에 띄게 향상될 수 있다. 꾸준한 계획에 따라 왕성한 운동을 하면 심장은 힘차고 빠르게 박동치는 능력을 더하는 것은 물론, 근육세포가 필요한 산소를 피에서 추가로 공급받게 되면서, 수십 년 전의 젊은 심장처럼 스트레스에 효과적으로 반응할 수 있다. 흉벽 운동도 이런 역할에 도움이 된다. 흉벽은 나이가 들면 점점 뻣뻣해지고 근육도 쇠약해지면서 일반적인 호흡 기능이 저하된다. 그러나 이런 변화는 스트레스를 받는 심장에 필요한 산소를 추가로 공급해 주는 활동적인 유산소 운동을 하면 대부분 감소할 수 있다.

운동은 심혈계에도 혜택을 준다. 운동은 늘어난 혈관이 늘어난 혈류량에 적응할 수 있는 능력을 향상해 주고, 동맥 혈관벽 내부의 혈압 감시 구조인 '압력수용체baroreceptor'의 민감성을 높여준다. 이것이 중요한 이유는, 노화가 1. 심장이나 간과 마찬가지로, 두꺼워지고 탄성이 떨어진 중형 동맥을 통과하는 혈류를 감소시키고, 2. 온몸의 모세혈관의 수를 줄이고, 3. 주요 혈관의 지름을 좁히며, 4. 심장판막의 판막엽 내에 칼슘을 일부 침전시키는 것은 물론, 심장판막을 두텁게 해서 탄성을 저하시키기 때문이다. 동맥이 단단해지는 동맥경화증은 감지할 수 없지만, 매일같이 늘어난다. 혈압 및 혈류에 대한 생물학적 자기 감시가 개선되면 스트레스가 발생할 때 이런 시스템 내 민감성 또한 개선된다. 노화를 늦추려고 계획적으로 활력 넘치는 운동을 하는 것은 이 세상에 존재하는 모든 영약이나 크림, 로션, 묘약, 성형수술보다 훨씬 효과적이다.

앞서 이야기한 다양한 심장 및 혈관의 변화는 심각한 동맥경화증이나 고혈압 증상이 없는 상태에서도 일어난다. 그런데 여기에 이런 질환이 더해지면 그 질환이 진행되면서 심혈관 기능 악화로 바로 이어지게 된다. 그러나 이런 질환을 앓더라도, 스트레스에 대한 반응은 철저한 단계별 운동 프로그램으로 향상될 수 있다. 심장 질환을 앓은 적이 있는 사람들이 신체 활동을 할 때는 반드시 의사의 철저한 감독이 있어야 한다. 과도한 스트레스는 상태를 위험하게 할 뿐만 아니라, 노화된 관상동맥은 폐색된 곁맥관collateral vessel을 대체할 새 곁맥관을 생성하는 일부 기능을 상실하게 되기 때문이다. 이런 새 혈관에 대한 정보를 혈관신생angiogenesis이라고 한다.

심혈관계가 노화에 반응할 때 보이는 가장 놀라운 특징은 앞서 언급한 두 가지로, 신체의 다른 장기나 조직도 이런 특징을 공유하고 있다. 그러니까 사람에 따라 극심한 차이를 보인다는 점과, 주요 질병에는 효과적으로 작동하지 못하더라도 정상적인 상태에서는 역할을 완벽하게 수행하는 지속력을 지니고 있다는 점 말이다.

이와 비슷한 예는 신체의 호르몬과 호르몬 분비 기관인 내분비샘

endocrine glands의 기능에서도 찾아볼 수 있다. 누구나 노화 때문에 변화가 일어나지만, 그로 인한 변화의 정도는 일정치 않다. 내분비샘의 노화는 칼슘을 흡수하는 장의 능력이 저하된다는 사실을 포함하는데, 그 때문에 혈중 무기질의 양이 줄어들기 쉽다. 적정 수준을 유지하려고 칼슘의 신진대사를 조절하는 갑상선 내부 깊이 묻혀 있는 부갑상선은 뼈에서 칼슘을 뽑아내 혈류 속으로 방출하는 호르몬(부갑상선 호르몬)parathyroid hormone, PTH의 분비를 늘린다. 뼛속 칼슘의 농도가 낮아지면 골다골증이 악화되는데, 이때 골다골증은 1. 조골세포내의 노화에 따른 특정 변화와 2. 조골세포수의 급격한 소실이 원인이 돼 이미 진행 중이기 십상이다. 이 두 가지 요인의 결과인 골밀도 저하는 저하가 진행되지 않는 한 증상이 거의, 혹은 전혀 나타나지 않는다. 기본적으로 여성보다 남성의 골밀도가 더 높고, 여성은 완경기에 에스트로겐 부족으로 뼈 손실(발병 이유는 불분명하다)이 발생하기 때문에, 골다골증은 여성에게 좀 더 가혹한 경향이 있다.

  물론 남성도 골다골증에서 완전히 자유로운 것은 아니며, 때로는 심각한 상태에 이르기도 한다. 진단 기준에 따라 다르지만, 75세 이상 남성의 약 3분의 1이 골다공증을 앓는 것으로 밝혀졌다. 그러나 골다골증은 그정도는 물론, 발생 빈도 역시 여성에게 두드러져, 4대 1의 비율로 여성이 더 높은 것으로 추정된다. 기타 여러 가지 신체의 노화 메커니즘에서와 마찬가지로, 골다공증 또한 개인별로 이런 조건에 어느 정도로 영향을 받는지에 따라 폭넓은 스펙트럼을 보인다. 스펙트럼 안에서 한 사람이 위치하는 지점은 신체적 활동성에 영향을 받는다. 뼈에 달라붙은 근육의 힘 때문에 뼈에 압박이 더 많이 가해질수록, 뼈세포는 혈류에서 칼슘의 흡수를 높이는 뼈의 힘과 골질량을 유지하거나 높이려고 온갖 행동을 하면서 더 많은 반응을 보이게 된다. 정적인 생활이 뼈의 손실을 부추기듯, 활동적인 생활은 골밀도를 증가시킨다.

혈관계 질환처럼, 골밀도 손실도 다양한 종류의 운동으로 관리가 가능하다. 운동의 종류는 골밀도를 손상시키는 원인이 무엇이냐에 따라 달라진다. 칼슘의 섭취와 장 내 칼슘의 흡수를 높이는 비타민 D는 50대 초반부터 기초 식단의 일부로 포함해야 한다. 비타민 D는 나이가 들수록 더욱 중요해지는데, 이는 비타민 D가 노화에 따른 체내 비타민 감소를 중화해 주기 때문이다.

노화로 인한 골밀도 감소는 종국에는 새로운 뼈를 만드는 뼈세포의 능력에 따른 복잡한 결과물이기 때문에, 앞서 언급한 방법을 이용해 손실을 예방하려고 싸우는 것이 중요하다. 또 특별한 사용 금지 사유가 없는 한 여성들은 에스트로겐 대체 요법을 추가하는 것도 좋다. 치료가 필요할 만큼 골다공증이 심각해지면 다른 약물치료도 병행할 수 있는데, 여기에는 에스트로겐 활성에 영향을 주는 치료가 포함된다.

모든 신체 시스템은 시간이 흐르면서 기능적 요소를 잃는다. 그러나 주요 문제가 빈번히 발생하는 곳은 근육과 뼛속으로, 이런 문제는 피부에서 확연하게 드러나는 것만큼이나 장기 속에서도 그 진행이 명백하게 드러난다. 가장 명백한 변화로는 근육이 감소하고 지방이 느는 것을 들 수 있다. 근골격계 부조화는 나이 든 사람들이 약해지게 되는 가장 흔한 원인이다. 나이가 들면 우리 몸에 필요한 단백질을 만들어내는 기능이 저하되면서 근육량이 감소하는데, 이런 과정은 50세 이후 급격히 진행된다. 그러나 수축력은 그런 변화에 비례해 감소하지 않는다. 이는 신경 신호 전달과 근육 섬유의 조화가 변화돼 나타난 결과물이라 추정된다. 65세에서 70세 정도가 되면, 근력의 약 3분의 1이 상실되는데, 시간이 갈수록 상실의 속도는 점점 빨라진다. 이것은 얼마 남지 않은 근육 섬유의 수, 줄어든 개별 섬유의 크기, 조화로운 기능을 하는 근육 섬유의 능력 저하 등의 복합적인 원인에서 기인한다. 추후 논의하겠지만, 근력은 웨이트 트레이닝으로 눈에 띄게 향상될 수 있으며, 단단히 결심만 한다면 노령의 남녀라도 젊은 사람 못지않은 근력을 가질 수 있다.

나이가 들수록 낙상은 중요한 장애 요인이 된다. 낙상은 근육의 힘과 조화력의 감소, 관절 동작의 가동 영역 축소, 반응 시간의 일반적인 속도 저하 때문에 일어난다. 이런 인자들은 때로 걷기를 상당히 위험하게 하는 신경학적 결함 때문에 두드러진다. 조화력과 근력, 반응 시간이 향상되면 낙상의 빈도가 줄어드는 동시에, 낙상을 통제할 수 있기 때문에 골절 및 탈골의 가능성이 낮아지는 덤까지 얻게 된다.

이쯤에서 음주에 대한 이야기를 꺼내는 것이 적당할 듯하다. 알코올, 특히 레드 와인을 적당량 마시면 뇌졸중, 관상동맥 심장 질환, 담석, 감염, 심지어 감기와 같은 질환을 막아주는 효과가 있다는 강력한 증거가 존재한다. 그러나 이를 적정량 이상의 술을 마시는 근거로 해석해서는 안 된다. 나이 든 사람들일수록 극소량이라도 술

기운이 있으면 낙상과 골절의 빈도가 눈에 띄게 치솟는데, 이 말은 즉, 술을 마실 때마다 움직일 때 세심한 주의와 신중함을 기울여야 한다는 뜻이다. 그뿐 아니라, 약간의 취기도 운전할 때 나이 든 사람들에게 필요한 판단력을 흐리게 한다. 나이 든 운전자는 비슷한 종류의 자동차 사고를 겪었을 때 젊은 운전자보다 훨씬 심각하게 부상을 당할 위험이 크다는 경고 또한 고려해야 한다. 당연히 회복 가능성 역시 더 적다. 게다가 특정 연령을 넘긴 사람들이 복용하고 있을 확률이 높은 약물과의 유해한 상호작용의 가능성까지도 생각해봐야 한다. 판단은 술을 마시기 전, 너무 늦기 전에 해야 한다.

내가 나를 젊게 생각할수록 더 건강해진다

근육과 뼈를 보존하거나 재건하는 일이 비교적 간단한 조치로 이뤄지듯, 그 반대 경우인 골밀도와 근력 상실도 자기 예측으로 결정된다. 만약 누군가가 자신의 나이 든 모습을 상상할 때 무기력하고 정적인 모습을 떠올린다면, 그 사람은 그 대가로 근육과 뼈에 부적절한 손실이 일어나 결국 더욱 생기를 잃을 것이다. 만약 누군가가 나이 든 모습을 상상할 때, 여기저기서 열심히 활력이 넘치게 참여하는 모습을 떠올린다면, 그 사람은 상상 이상으로 근육과 뼈에 힘이 생겨 더욱 활기 넘치게 될 것이다. 이렇게 노화 과정에 대한 가정은 자기충족적 예언이 된다.

완경기 여성의 골다공증과 기타 질환의 원인이 되는 에스트로겐 수치의 감소는 비교적 빨리 나타난다. 반면 남성은 고환의 기능을 서서히 잃는데, 그 속도가 상당히 점진적이기 때문에 일부 남성들은 눈에 띄는 결함을 끝까지 보이지는 않는다. 일부 80대와 90대는 혈액 내 테스토스테론 수치를 젊은 남성만큼 유지한다. 그러나 유감스럽게도, 이 말이 언제나 리비도와 성교 능력을 지닌다고 해석되는 것은 아니다.

리비도와 성교 능력. 나이 들면서 이들의 감퇴를 생각해 보지 않은 남성이 있을까? 또 자신의 리비도가 나이에 비해 정상인지 아닌지 궁금해 하지 않은 여성이 있을까? 노화를 말할 때 자주 인용되는 책 《노년에 관해de Senectute》에서, 철학자 키케로Cicero는 나이 든 사람들은 성적 쾌락을 위한 욕구가 제거돼 있다고 단언하며 다음과 같이 말했다. "성적 쾌락은 이성의 적이며, 마음의 눈을 멀게 한다." 그는 예순세 살에 이런 욕구에서 벗어나서 행복하다고 느꼈다. "성적 쾌락을 그다지 바라지 않는 건 노년에 비난받을 일이 아니라 오히려 칭찬받을 일이다." 사실 요즘 이런 로마 현자의 말에 동의하는 사람은 거의 없으며, 도리어 그가 틀렸다고 항의하는 사람들이 더 많을 것이다. 나이 든 이들이 성욕은 과거의 일이라고 치부해도, 또 다른 많은 이는 키케로가 '치명적인 저주'라고 불렀던 것과 함께할 수 있도록 상황이 허락되기를 여전히 바라며, 일부는 계속해서 왕성하게 성생활을 누리기도 한다.

노년층의 성적 행동에 관한 통계는 구하기도 힘들고, 믿을 만하지도 못하다. 여기에는 수많은 이유가 있지만, 아직도 성욕이 있으며 성행위를 한다는 발언이든, 혹은 관심이 줄어들거나 약간의 만족감이라도 달성할 수 있는 능력이 부족해서 성행위를 하지 않는다는 발언이든 간에 그 누구의 의견도 부정돼서는 안 된다는 사실을 밝혀둬야겠다. 사실 설문 조사와 추정을 토대로 발표된 논문은 신뢰할 수 없는데, 노인학과 노인사회학 분야에서 가장 뛰어난 전문가들이라도 성에 대한 글을 쓸 때면 크게 흥분해 방향을 잃는 경향이 있기 때문이다. 이런 예는 유명 편집자 다섯 명과 권위 있는 기고가 207명이 편찬한 흠 잡을 데 없이 완벽한 1,648쪽 분량의 노인학 및 관련 연구를 전문적으로 다룬 책에서도 찾아볼 수 있다. 임상적·과학적 관점에서 이런 주제를 다룬 책 중에서 《노인의학과 노인학의 원칙Principles of Geriatric Medicine & Gerontology》보다 더 유용하고 신뢰 가는 것은 없다는 말에 동의하지 않을 사람이 있을까. 그런데 이 책은 '성욕과 노화'라는 장에서 다음과 같이 분명히 말하고 있다. "노화 그 자체가 성적인 문제를 야기하지 않는다는 사실을 알게 돼 안심이다." 이 장을 집필한 두 저자는 (그중 한 명은 노화 분야에서 세계적으로 저명한 선도자로 꼽기 때문에 부족함이 없는 인물이다) 많은 이가 젊은 시절에 터득했을 성 기능의 온갖 장애물을 그들의 글쓰기의 특징이라고 할 수 있는 명료하고도 지혜로운 문제로 기술해 나간다.

그러나 관련 의학 서적의 주요 부분을 읽어봐도 그렇고, 개개인의 경험을 들어봐도 그렇고, 70세의 성관계는 확실히 35세의 성관계, 심지어 60세의 성관계와도 상당히 다르다는 사실을 알 수 있다. 그 차이에 대한 생리학적 이유도 다양한데, 가장 명백한 이유는 남성의 체내 남성호르몬 수치와 여성의 체내 여성호르몬 수치가 감소하는 것과 관련 있다. 앞서 언급한 것처럼 일부 노년의 남성은 30세와 동일한 테스토스테론 수치가 있기도 하지만, 이는 지극히 드문 경우며, 얼마나 의미가 있는지도 불확실하다. 에스트로겐의 경우, 완경기 이후 가파르게 감소한다. 노화에 대한 다양한 생리학적 징후는 성욕과 성행위 자체에 상당히 중요한 영향을 끼친다. 이런 것들을 문제라고 부르지 않는다면, 그것들이 성관계에 끼치는 막대한 영향력을 부정하는 일이 될 것이다.

여성의 경우, 질 벽이 어느 정도 얇아지는 것은 피할 수 없다. 또 질의 길이와 너비의 변화, 탄력이 상실되고 성관계 중 질액도 줄어들게 된다. 이런 변화 때문에 성교 행위는 어렵고 불편해진다. 성관계를 할 때 국부적인 상처 때문에 출혈이 생기지 않아도 고통스러울 수 있다. 음순은 나이가 들면서 탄력을 잃고, 치골 위의 지방층 부위(고전적인 말로 음부陰部, mons veneris를 사랑의 언덕mound of love이라고 부르기도 한다)는 납작해지고, 음모는 듬성듬성해진다. 성과 관련한 여성의 전체적인 모습은 변화한다.

남성의 경우, 발기가 천천히 시작되며 완전히 발기될 때까지도 예전보다 오랜 시간이 걸린다. 예전에는 바로 발기가 가능했지만, 점차 더 많은 시간이 필요해진다. 하염없는 기다림이나 손으로 자극을 주는 것이 전혀 효과가 없다면, 상당수의 남성은 발기하기까지 무한대의 시간이 걸릴지도 모른다. 발기 불능은 귀두를 숙이게 한다. 발기했을 때에도 노화한 성기는 예전만큼 딱딱해지지도 않으며, 그 상태가 오래 지속되지도 않는다. 오르가슴을 느낄 경우에도 예전보다 덜 격정적이며, 거기에 도달하기까지 시간도 더 오래 걸린다. 또다시 느끼기까지 훨씬 오랜 시간이 걸리는데 때론 며칠,

몇 주씩 걸리기도 한다. 생식력을 말하면, 몇몇 남성은 90대에도 아버지가 되기도 하지만, 대부분의 남성은 75세 정도가 되면 불임이 된다.

책에서 저자들은 민망했는지 노화하는 남성 성기의 모습을 거의 언급하지 않았다. 하지만 그 모습을 확인하려고 수술실에 들어가서 수천 번 신체를 조사할 필요는 없을 것이다. 체육관의 탈의실에 아주 잠깐만 있어도 노화한 성기가 젊은 성기에 비해 약간 아래로 처지고 크기도 더 작다는 사실을 확인할 수 있다. 같이 붙어 있는 고환은 음낭 피부 근육의 탄력 감소로 수년 전보다 아래로 처지며, 음모도 성겨지고 곱슬기도 조금 사라진다. 전반적으로, 노화한 남성의 성기는 한때 폭발할 듯했던 정력을 상징하는 모습을 풍기지 않는다.

성욕과 성행위(일부 성 관련 서적에서 유감스럽게도 '공연'이라고 부르는)는 남녀 모두 생리적·감각적·감정적 인자가 복합적으로 뒤섞인 결과로 나타나기 때문에, 만족을 얻고 싶다면 섬세하게 조율된 협조 속에서 이뤄져야 한다. 신경, 혈관, 호르몬은 물론 기타 신체적인 면모가 나이 들면서 다소 감퇴한다는 사실은 누가 봐도 분명하다. 원하는 결과를 얻으려면 완벽한 타이밍에 모든 것이 제 기능을 하도록 조화로움이 필수다. 이런 상황에서, 특정한 동물적 자동 반사가 심리적 요인을 극복하는 데 도움이 되는 경우, 그렇게 하는 것은 젊은 시절만큼 상당히 중요할 것이다.

나이 든 여성들은 처진 살이나 주름살 때문에 자신이 예전과 다르게 아름답지 않을까 봐 걱정한다. 그리고 성욕 감퇴나 불감증의 가능성도 걱정한다. 나이 든 남성들은 리비도 부족이나 발기 불능에 대한 공포심에 괴로워하기 십상이다. 양쪽 파트너 모두 평생 해오던 태도로만 성생활을 하면, 이런 문제는 성관계에 접근하는 방식에 영향을 끼치게 된다. 두 사람이 부부이거나 오래 사귄 사이라면 이런 문제가 편안해질 수 있지만, 언제나 그런 것은 아니다. 남자든 여자든, 이성애자든 동성애자든, 충만감에 훼방을 놓는 다양한 요인 때문에 종종 새로운 종류의 성관계를 꺼려 한다. 일반적으로, 노년의 성관계에는 수십 년 동안 해온 패턴이 반영되기 마련이다.

인생의 어느 시점에서도 무엇이 성적으로 '정상'인지 알 방도는 없다. 노년은 그 어느 시기보다 정상이라는 말의 정의에 반기를 든다. 노화가 몸의 기타 기능과 체계에 영향을 미치는 것 이상으로, 노화에 따른 성행위 및 성적 능력, 성적 만족의 변이성은 굉장하다. 젊을 때만큼 활발히 성생활을 하는 이들은 사실 별로 없다. 그러나 많은 이는 현재 가능한 범위 내에서 상당히 만족해 하며, 성교의 아쉬움을 메우려고 포옹이나 상호 자위 등 여러 방법을 사용하기도 한다. 노화에 취하는 특정 태도, 적절한 파트너의 부재, 성욕 감퇴, 각종 의학적 문제나 사회적 제약 때문에 선택한 것이든 기타 요인 때문에 어쩔 수 없던 것이든 어떤 이들은 노년기에 전혀 성생활을 하지 않는다. 그러므로 노년의 성에 대한 궁극적 질문은 그들이 현재 상태에 만족하느냐가 될 것이다. 저자들은 문제의 존재 자체를 부정했지만 나는 그들이 내가 제시한 것보다 더 많은 관심을 쏟아야 마땅하다고 생각한다. 보는 사람의 생각에 따라 달라지겠지만, 상당수의 노년층은 분명 그런 문제를 겪고 있고, 그중 일부

만이 쓸만한 해결책을 갖고 있기 때문이다. 노년층의 성생활이라는 스펙트럼 전체에 적절한 대답을 찾으려면 셰익스피어에게로 고개를 돌려야 할지도 모른다. 그는 햄릿의 대사를 통해 다음과 같이 말했다. "원래 좋은 것도, 나쁜 것도 없는 법. 하지만 생각이 그렇게 만든다."

성생활을 하는 사람들이 자신의 성생활에 만족하지 못하는 경우, 그 문제가 반드시 그 양이나 질 때문은 아니다. 특히 노화하는 개인의 성생활과 관련된 진짜 문제는 대부분 신체적인 것이기 때문에 (예전에 생각했던 것처럼 감정적인 것이 아니라) 이런 어려움을 겪고 있는 사람은 반드시 의학적인 도움을 받아야 한다. 많은 문제에서 치료의 성공률이 점점 높아지고 있기 때문이다.

성생활과 신체적 요인이 관련된 상황처럼 심장, 부갑상선, 난소, 고환은 물론, 다른 분비 기관과 장기들도 노화하면서 기능적인 요소를 상실하는데, 그 형태는 실로 다양하다. 예를 들어, 갑상선은 신진대사율의 조절 기능을 떨어뜨리는 경향이 있지만 아주 심한 정도는 아니다. 노년층의 갑상선 활동이 심각한 수준으로 낮아지는 경우는 10퍼센트 이하다. 반면, 췌장의 인슐린 분비 세포는 문제를 일으키기 쉽다. 합성 당뇨병은 종종 노년층에서는 잘 식별되지도 않고, 진단해 낼 수도 없기 때문에 치료도 이뤄지지 않는다.

주요 감각기관인 눈과 귀의 능력도 마찬가지로 상당한 개인차를 보인다. 우리가 알고 있다시피, 나이가 들면 눈의 수정체의 탄력성이 저하돼 근거리 초점 능력이 떨어지게 되는데, 45세 정도부터는 이중 초점 안경을 쓰는 사람이 많다. 나이가 들면 어두운 곳에 적응하는 일이 힘들고 밝은 불빛에 민감해지는 증상까지 더해지기 때문에, 나이가 들수록 야간 운전을 꺼린다. 밝은 불빛이 문제를 일으키기 때문에 나이 든 사람들은 실내에서도 선글라스를 자주 쓴다. 어둠에 적응하는 능력이 조금만 저하돼도 발이 걸려 넘어질 확률은 매우 올라간다. 백내장이 생긴 이들에게서 흔히 보이는 수정체 혼탁이 심각해지면, 발을 헛딛거나 넘어질 확률이 현저하게 올라간다. 백내장이 노년에 가장 흔히 발생하는 시각장애이긴 하지만, 노년층은 녹내장, 황반변성, 당뇨병성 망막증 등이 나타날 가능성 또한 상당히 크다.

　백내장으로 발전하는 경향은 흡연자, 당뇨병 환자, 과거 직사광선에 길게 노출된 경력이 있는 사람, 코르티손*류의 화합물을 장기간 투약해 온 사람들에게서 찾아볼 수 있다. 단백질섬유 덩어리가 교차 결합하는 일반적인 과정 말고는, 백내장이 진행되는 생화학적 이유는 알려진 것이 거의 없다. 백내장 교정 수술은 노인 의료보험으로 도움받을 수 있는 주요 수술 중에 가장 흔한 수술이다.

　우리는 나이 든 남성과 대화할 때 목소리를 높여본 경험이 있을 것이다. 65세 이상의 남성이 앓는 고질적인 질환 중 가장 흔한 것이 바로 난청이다. 여성에게 별로 흔하지는 않지만, 사실 난청이 나이 든 남성에게만 국한되는 것은 아니다. 평생 소음에 노출된 청신경과 달팽이관은 손상을 받으면 청각이 약화된다. 그러나 사람들이 생활하고 일하는 장소의 데시벨 차가 상당하기 때문에, 여기에서도

---

* 부신피질 호르몬의 일종.

상당히 큰 개인차를 보인다. 말이 나온 김에, 금연해야 하는 또 다른 이유로는 흡연자들 중 난청을 앓는 사람들이 증가하고 있다는 점을 들 수 있다.

이번 장에서 흡연의 위험을 계속해서 경고했기 때문에 어쩌면 좀 지겹게 들릴지도 모르겠다. 하지만 또 다른 이유를 들을 준비를 하는 것이 좋겠다. 나는 내 환자들이 금연할 수 있도록 하는 데 가장 효과적이었던 방법 하나를 이야기할 것이다. 내가 막 외과의로 일할 때, 나는 진료실에서 환자와 인사하는 순간 그 사람이 골초라는 사실을 증명할 수 있는 확실한 증거를 발견해 냈다. 이 증거는 그 사람의 얼굴에서 코를 찾는 것만큼이나 쉬웠다. 나는 이런 현상을 설명하기 위해 '남성' 대신 '여성' 환자를 골랐다. 그 이유는, 이 특별한 증거가 여성들에게서 더욱 두드러지기 때문이다.

나는 금연하지 못하고 사는 이들의 얼굴에 미세한 잔주름이 어떻게 깊게 자리 잡게 되는지 그 특별한 패턴과 분포를 여기에서 언급하려고 한다. 먼저 머리칼만큼 가느다란 주름이 입 주위 피부에 나타나기 시작한다. 그러다가 시간이 갈수록 콧구멍 아래와 양 볼 옆으로 퍼지고, 눈꼬리에도 일명 '까마귀의 발'이라는 잔주름이 생긴다. 특정 부위의 피부가 유달리 연약하다면 그 부위에 주름이 더 많이 생긴다. 30대 후반이나 40대 초반 같은 젊은 시절에는 거의 눈에 띄지 않지만, 이런 주름은 약 10년을 거치며 늘어나게 되는데, 일단 자리 잡고 나면 못 보고 지나치기가 불가능하다. 이런 주름은 일상적인 미묘한 노화의 변화와는 상당히 달라서, 30대에서 40대에 모습을 조금씩 드러내기 시작하다가 시간이 흐르면서 점점 뚜렷해진다. 50대가 되면 경증 흡연자와 중증 흡연자 얼굴의 피부에는 주름이 확실히 패게 되는데, 이 때문에 또래의 비흡연자에 비해 더 거칠고, 더 나이 들어 보이게 된다. 간단히 말해서, 흡연하는 중년의 얼굴은 비흡연자인 또래의 얼굴보다 나이 들어 보인다.

노련한 의사들은 암이나 폐 공기증을 비롯한 흡연자들이 앓는 기타 중증 질환에 대한 두려움이 소수의 젊은 층에게 금연할 마음을 심어준다는 사실을 알고 있다. 나는 처음 오는 환자에게 반기는 미소를 보내며 인사를 한 후, 다음과 같이 짧은 질문을 던지는 것이 습관이 됐다. "왜 그렇게 담배를 많이 피우나요?" 내 의심이 맞는 것으로 증명되는 순간(물론 대부분의 경우 맞다), 대개 깜짝 놀라서 "어떻게 아셨어요?"라는 요지의 말을 갖가지 형태로 쏟아낸다. 통계를 낸 건 아니지만, 나는 내가 많은 흡연자에게(특히 여성 흡연자에게) 질병의 두려움을 불러일으키는 대신, 이렇게 외모를 언급하면서 그들을 금연의 길로 인도했다고 확신할 수 있다.

이런 관찰을 시작하고서 몇 년 동안, 나는 흡연이 주름을 생기게 하는 이유를 연구한 보고서를 의학 논문 속에서 찾아 헤맸다. 이에 따르면, 얼굴 피부에 산소를 공급하는 작은 동맥은 니코틴의 특정 영향에 특히 민감해서, 담배를 피울 때마다 경련을 일으키게 된다. 계속해서 고질적으로 동맥 내벽에 방해 물질이 쌓이면 결국 동맥을 완전히 막아버리게 된다. 그리하여 60세가 된 흡연자의 얼굴은 70세가 된 비흡연자의 얼굴과 비슷해지는 것이다.

흡연은 우리의 피부를 악화시키지만, 이는 조절할 수 있다. 그러나 우리 몸의 가장 큰 장기라 할 수 있는 피부에 생기는 기타 노화로 인한 변화는 우리 스스로 조절하기가 힘들다. 한 가지 예외는 태양 자외선 투사인데, 이것은 우리가 상당 부분 통제할 수 있다. 생리적 노화chronological aging와 달리 일광 노화photo aging는 피부의 착색과 노출의 정도와 깊은 관련을 맺는다. 또 일광 노화로 생긴 외모와, 생리적 노화로 생긴 외모는 상당히 다르다. 생리적 노화로 생긴 외모는 피부가 창백하고, 부드러우며, 잔주름이 지는 경향이 있는 반면, 일광 노화로 생긴 외모는 주름이 굵게 지고, 안색이 어둡고, 종종 거미줄 같은 피부 모세혈관과 검버섯이 생긴다. 때론 피부가 두꺼워져서 그중 일부는 전암성병터premalignant lesion가 되기도 한다. 양쪽 모두 기본적인 분자의 변화에 있어 특정한 특질을 공유한다고 알려져 있기 때문에, 우리는(특히 밝은 피부색의 사람들은) 되도록 직사광선을 피하고, 효과가 높은 자외선 차단제를 적절하게 발라야 한다.

피부는 우리가 살아온 세월을 보여주는 쇼윈도다. 나이가 들면서 피부에 주름이 생기고 늘어지고 탄력이 줄어들면 우리는 낙담하며 피부를 들여다보게 된다. 주름이 생기는 이유는 탄력을 유지하는 단백질섬유인 콜라겐이 점차 감소하기 때문이다. 유연성은 물론, 탄력을 책임지는 단백질인 엘라스틴도 마찬가지다. 글리코사미노글리칸glycosaminoglycan이라는 어려운 이름을 지닌 기타 합성물은 수분과 결합해 피부를 촉촉하고 부드럽게 유지해 준다. 이 모든 물질은 시간이 흐르면서 줄어들기 때문에 피부는 건조해지고, 얇아지고, 탄력이 떨어진다. 쿠션 효과로 피부를 보호하는 역할을 하는 피하지방층도 마찬가지다. 피부는 예전의 탄력을 잃고, 주위 단백질 세포와 교차결합하는 과정을 통해 더 빨리 늘어지게 된다. 이 단백질 세포는 눈에서 백내장을 형성하고 혈관의 탄력을 감소시킨다.

신경종말 및 땀샘, 미세한 영양 혈관, 색소세포의 수가 감소하면서 피부는 상처가 나기 쉽고 회복도 더디게 되며, 이에 따라 나이가 들수록 피부에 종기, 궤양, 감염 등이 발생하기 쉬워진다. 이런 현상들은 표피가 가장 얇은 신체 부위, 이를테면 얼굴, 손, 발목, 발등에서 가장 두드러진다. 얇아진 지방층, 혈액 순환 저하, 땀샘 수의 감소 등은 체온을 안정시키는 피부의 기능을 손상하기 때문에, 노년층은 특히 일사병이나 감기, 부적당한 온도에 따른 여러 증상 등이 발생하기 쉽다. 건강한 사람들이더라도 60세 이상이 되면 이런 문제를 파악해 자신의 쇼윈도를 잘 보살피도록 해야 한다. 어떤 경고는 젊은 시절이 지나간 사람들이라면 누구에게나 유효하다. 담배와 직사광선은 운이 나쁜 특정한 사람들에게 암을 유발하지만, 기본적으로 누구에게나 영향을 미친다. 담배와 직사광선은 피부를 빨리 노화하게 하기 때문에 젊어 보이려는 우리의 노력을 망치는 것은 물론, 실제보다 더 나이 들어 보이게 한다.

피부 같은 기관과 달리, 신장에서 일어나는 노화 때문에 생기는 변화는 그 변화를 줄이거나 가속화하려는 노력과는 비교적 별개로 진행된다. 신장은 사람들이 과도하게 시험하지 않는 한 대체로 문제없이 잘 돌아가는 기관 중 하나다. 그러나 예비 능력reserve capacity이 상실된 징후 중에는 과도한 염분과 수분 섭취량에 대한 저항력이 줄어드는 증상도 포함된다. 대략 노년층의 20퍼센트가 상당한 수준의 신장 손상을 입지만, 그중에서도 4분의 1에서 2분의 1 정도만이(전체 노년층 인구의 5퍼센트에서 10퍼센트) 눈여겨봐야 하는 사례에 속한다. 보통 사람들에게서 관찰되는 노화에 따른 변화(신장 무게의 감소, 여과기 부분의 상처, 젊은 시절에 비해 약 절반 수준으로 떨어진 혈류 속도)는 고혈압, 당뇨, 기타 고질병 및 중증의 질환이 현재 진행 중인 경우를 제외하고, 신장의 정상 기능에 거의 영향을 주지 않는다. 그러나 이런 질병들은 신장 기능을 저하시키기 때문에 치료하려면 의약품을 사용해야 한다.

물론 다수는 아니지만, 몇몇 사람들을 낙심하게 하는 요로의 임무 중에는 소변을 조절하고 내보내는 기능이 있다. 노화된 방광은 다소 팽창력을 상실해 보관 용량이 줄어들기 때문에 요의를 더욱 자주 느끼게 된다. 이런 상황은 소변을 밀어내는 방광 근육과, 소변을 가두는 정교하게 조율된 셔터 메커니즘 사이의 부조화라는 공습 때문에 발생한다. 잔뇨를 깨끗이 방출하려면 셔터가 정확한 순간에 긴장을 풀어야만 한다. 이를 방해하는 복잡한 요인은 방광의 배출을 돕는 골반저 근육과 섬유 체계에서 비롯된다. 이들은 노화 때문에 쇠약해지는데, 특히 다산한 여성의 경우 그 정도가 심해진다. 이 때문에 복압성 요실금stress incontinence이라고 불리는 신경 쓰이는 일이 생기는데, 자녀를 셋 정도 둔 40대 여성이 가장 전형적인 예다. 그런 여성이 농담을 듣고 계속 웃다 보니 밑이 약간 축축해졌다는 풍문을 들어봤을 것이다. 근육과 섬유가 약해지면 특정 노년층, 특히 몸이 건강하지 않은 노인들에게 요실금이라는 중대한 문제를 야기한다. 요실금과 폐뇨는 감염을 일으키는데, 감염이 일어나면 이

두 가지 증상은 더욱 악화된다. 이는 이 두 가지 증상이 의식을 혼미하게 하고 특정 약물치료를 어렵게 하거나, 전립선 비대를 악화시키는 과정과 비슷하다.

전립선 비대는 성호르몬과, 전립선의 세포질, 섬유의 구성 요소 사이의 복잡한 관계가 노화에 영향을 받아 변화하면서 발생한다. 이 경우 요도 주위에서 세포가 증식해, 소변의 흐름이 방해를 받게 된다. 남성의 약 30퍼센트가 겪는 이런 증상은 이따금씩 곤란을 겪는 상황부터 요도가 완전히 막혀버리는 폐쇄에 이르는 정도까지 다양한데, 후자의 경우에는 의학적 개입이 필요하다.

신장과 달리 노화하는 위장 기관은 다양한 증상의 원인이 되기 쉽다. 물론 여기에서도 개인의 차가 크다. 위산 역류, 변비, 게실염, 담석, 삼킴장애, 세균성 위장염에 대한 취약성, 괄약근 기능 부진, 치질 등은 젊은 층보다 노년층을 훨씬 더 많이 괴롭힌다. 그러나 엄밀히 말하면, 이런 변화 중 일부는 나이 때문에 생기는 것이 아니다. 그보다는 나이 든 사람들이 빠지기 쉬운 무기력이나 비활동적인 상태 때문에 발생하거나 강화된다. 나이가 들면 많은 이가 예전보다 훨씬 몸을 덜 쓰고 방치하기 때문에 그 결과로 액체와 식이성 섬유를 소화하지 못하고 약물치료를 받게 된다. 그럴수록 위장의 문제는 더욱 악화한다. 물론, 나이 든 사람들이 합병증에 걸릴 확률이 높은 것도 이런 경향을 심화시킨다. 이런 문제에 관한 부분적 해결책은, 스스로 인생의 절정기가 지났다고 여기지 않고 활발히 활동하는 것이다.

운동하며 생성되는 에너지는 체온을 높이는 인자가 된다. 나이

든 사람들의 체온이 중년기와 비교해서 낮아지게 되는 것은 활동이 줄어들기 때문이다. 19세기에는 젊은이들의 평균 체온을 37도로 잡았지만, 정확하게는 36.7도로 낮춰야 한다는 걸 현대의 연구들은 보여주고 있다. 그런데 노년기의 체온은 그보다 더 낮다. 독립적으로 생활하는 80세 사람의 평균 체온을 정오에 측정하면 대략 36.5도 전후이나, 모든 연령대의 사람이 그러하듯, 정상적인 하루를 보내는 동안 체온은 요동치게 마련이다. 따라서 실제로 75세 이상의 체온을 측정할 때에는 36.5도에서 0.5도 정도 내외의 차이를 감안해야 한다. 또 스트레스 때문에 나타나는 몸의 다른 반응들처럼, 염증과 감염 때문에 생기는 체온의 반응도 나이가 들면 감소할 수 있다는 사실을 고려해야 한다. 몸이 심각하게 아프다고 해도 나이 든 사람의 체온이 그다지 오르지 않는 현상은 드문 일이 아니다.

　근본적으로 과학자들은 노화의 생물학을 아직은 원하는 만큼 알지 못한다. 여러 면에서 인생이 그 자체로 거대한 미스터리이듯, 노화도 거대한 미스터리로 남아 있다. 그러나 지식을 갖추고 삶을 살아야 하는 것처럼, 우리는 지식을 갖추고 '나이 든다'라는 사실과 대면해야 한다. 이 모든 불확실성에도 불구하고, 우리가 이미 잘 이해하고 있는 내용들 또한 존재한다. 그중 하나는 '관리의 원칙'이다. 이 원칙은 존 테넌트가 1734년에 쓴 자기계발 매뉴얼인 《간단하고 쉬운 방법Plain and Easy Means》에서 밝힌 내용이다. 몸이 우리의 힘으로는 도저히 통제할 수 없는 질병과 노화에 너무나 취약하다고 해도, 우리는 발견된 사실보다 훨씬 더 많이, 다양한 측면에서 이런 과정에 영향을 끼치고 있다. 그러므로 우리보다 먼저 산 이들의 삶을 훼손하고 단축해 버린 나이라는 부당한 복종에 무릎 꿇지 말아야 할 것이다. 우리는 우리를 약하게 하는 노쇠, 질병, 죽음을 불러오는 것들의 영향에 휘둘리지 말아야 할 것이다.

자, 그럼 일어나 일하라.
어떠한 운명에 대해서도 용기를 가지고,
꿋꿋이 성취하고, 꿋꿋이 추구하며,
일하고 기다리는 법을 배우라.

3.
태도

오래 사는 것보다 중요한 건 어떻게 살 것인가다

몇몇 소수의 사람은 평균 연령보다 오래 살 뿐만 아니라, 경이로울 만큼 자신의 여생을 잘 활용하기도 한다. 이들은 아흔 살, 아니 백 살이 돼서도 50대, 60대에 보여준 열정과 생산성을 유지하며 활기차게 산다. 사람들은 모두 그들과 같은 삶을 살기 원하지만, 자연과 현실은 우리 중 극히 일부에게만 이런 희망을 이뤄준다. 이런 절실한 소망은, 타고난 건강과 훌륭한 양육, 그리고 행운이 절묘하게 결합하는 매우 예외적인 경우에만 이뤄진다. 우리는 그런 사람들을 '아웃라이어outlier', 즉 '예외자'라고 부른다.

그들은 특별한 재능과 행운을 부여받은 사람들이다. 우리처럼 평범한 사람들은 그들이 매일 성취해 내는 일들조차 평생 흉내도 못 낼 가능성이 아주 높다. 하지만 그들의 업적을 삶의 지표로 삼는다면, 우리는 많은 것을 배울 수 있을 것이다. 우리는 개인적 철학이 타고난 신체적 장점을 어디까지 극대화할 수 있는지 생각해 볼 수 있을 것이다. 또 몸과 마음을 동시에 단련하게 되면 인간이 얼마나 엄청난 능력을 발휘할 수 있는지 짚어볼 수 있을 것이다. 비록 그들과 똑같이는 될 수 없더라도 그들의 삶을 통해 우리는 유용한 교훈을 얻을 수 있을 것이다. 사실 누가 알겠는가? 우리 중 누가 훗날 자신의 삶을 뒤돌아보면서 인생의 마지막 시기를 참으로 충만하게 살았다고 말할 수 있게 될지 말이다.

마이클 드베이키Michael DeBakey 박사는 그런 예의 전형이다. 드베이키 박사가 90대 후반에 이룩한 일들을 제대로 알려면 그가 일생을 어떻게 살아왔는지 이해해야 한다. 그의 현재는 이런 생애의 자연스러운 연장이기 때문이다. 이 책에서 소개할 내용은 그의 업적 중 일부에 불과하다. 그가 의사로서 펼친 이력은 사실상 '21세기 의학사에 남을 위대한 기여'라고 불러도 무방하다.

툴레인의과대학교 학생이던 1931년, 스물두 살의 드베이키는 유연한 튜브를 사용해서 혈액을 순환시키는 펌프 장치를 개발해 냈다. 이 기구는 그의 스승이 진행하던 순환기 연구에 사용할 목적으로 개발됐지만, 20년 후 심장 수술의 필수 장비인 심폐기의 개발을 가능하게 한 핵심 부품이 됐다.

제2차 세계대전 중에는 의무사령관실 외과분야 책임자가 돼 진료와 의학 교육 영역에서 몇 가지 중요한 기여를 했다. 그중에는 육군이동외과병원MASH의 창설과 국립의학도서관National Library of Medicine 설립도 있다. 그는 또한 보훈병원 시스템의 모체가 된 조직을 만드는 데도 참여했다. 1948년에 모교에서 교수가 돼 연구와 진료를 막 시작하려는 와중에 그는 베일러대학교의 외과 과장으로 임명됐다. 그는 부속병원도, 레지던트 수련 프로그램도 없던 이 옹색

한 신생 의과대학교를 세계적인 혁신적 진료 센터로 발전시키는 작업을 시작했다. 그 후 5년간 그가 남긴 업적 중에는 손상된 혈관의 재건을 위해 최초로 데이크론Dacron* 인공 동맥을 사용한 것도 포함돼 있다. 그는 흉부와 복부의 동맥류 수술은 물론 뇌졸중의 흔한 원인 중 하나인 경동맥 폐색 치료의 선구자였다. 전 세계적으로 매일 수천 건이 집행되고 있는 관상동맥 우회술도, 드베이키 박사가 1964년에 세계 최초로 성공한 수술이다. 그가 심혈관 수술의 발전에 기여한 정도는 실로 엄청나며, 그의 업적을 기술한 논문만 해도 약 1,600편이 넘는다(지금 이 순간에도 그 수는 점점 늘어나고 있다). 이런 업적들 때문에 드베이키 박사는 지난 40여 년간 심혈관 수술의 선구자로 인정받아왔다.

이런 기술적 성취와 더불어 그는 미국과 다른 여러 나라에서 주요 건강 정책에 대한 컨설턴트로 여러 차례 초청을 받았다. 세계 각국 지도자들의 수술과 수술 후 치료에 대한 자문을 해주기도 했던 그는 거의 서른 번이나 구소련을 방문했다. 〈미국심장학회지〉는 그를 "20세기의 가장 영향력 있는 의학 지도자"라 칭송했으며, 외국 정부와 해외 학회에서 받은 상패와 직함은 몇 쪽에 걸쳐 적어도 모자랄 정도다.

드베이키 박사는 정말 엄청난 수의 수술을 집도하기도 했다. 그가 집도한 환자는 6만 명에 육박하는데, 그중 95퍼센트를 장기 추적 연구를 진행했다. 뛰어난 수술 실력과 판단력을 소유한 외과의라는

---

* 신축성 있는 인조 재료.

명성 덕분에 그의 낡은 수술실 복도는 정부 주요 인사, 유명 영화배우, 연예인부터 휴스턴의 무료 진료소에서 의뢰한 환자들에 이르기까지 온갖 계층의 환자들로 늘 붐볐다.

베일러대학병원을 세계적 명성의 의료기관으로 키우는 과정에서 드베이키 박사는 외과 과장을 거쳐 1969년부터 1979년까지 학장, 그리고 1979년부터 1996년까지는 총장직을 수행하며 확고한 지도력을 발휘했다. 그 후에도 학교는 중요한 일이 있을 때마다 그의 자문을 구했다. 2005년 6월에 내가 휴스턴을 방문했을 때도 대학교 총장은 그에게 어려운 행정상의 문제를 상의하고 있었다. 그는 베일러대학교에서 없어서는 안 될 존재였다.

드베이키 박사는 베일러대학병원의 가장 유명한 교수이자 의사, 행정가였을 뿐 아니라 정신적 지주였고, 동시에 기금 모금자(그 자신도 수억 달러에 이르는 막대한 금액을 기부했다)였다. 이 기관의 모든 지적·물리적 체계(역동적인 활력은 물론이고)는 모두 그의 리더십의 결과였다. 6만 명의 의료진과 직원이 근무하는 이 광대하고 초현대적이며 세계적인 의료원이야말로 드베이키 박사가 이룬 업적의 심장부다.

그는 아흔 살까지 수술을 집도했는데, 말년의 몇 년간은 제자였던 조지 눈George Noon 박사와 함께 일했다. 마침내 수술을 그만두게 되었을 때, 그는 내게 "해야 할 다른 일이 너무 많아서 그만뒀다"라고 술회했다. 환자 평가와 수술 후 치료는 많은 시간과 책임감이 필요했다. 장기 추적 연구와 심장 보조기 발명에 관한 연구, 여러 기관과 각국 정부로부터 온 자문에 응하려고 수시로 이뤄지는 장거리 여행 등을 수행하려면 귀중한 시간과 에너지를 보다 효율적으로 사용해야 했다.

드베이키 박사와 나는 1998년에 뉴욕에서 열린 의학 관련 기자간담회에 참석하기에 앞서 아침 식사를 함께하면서 친해졌다. 그 후 우리는 편지를 교환하고 서로의 논문을 보내면서 교류를 계속 이어갔다. 나이가 들면서 부딪히게 되는 장애물과 가능성을 점점 더 많이 생각하면서, 나는 이따금 드베이키 박사를 떠올렸다. 그리고 그때마다 그가 계속해서 성취해 나가고 있는 것들을 놀라워했다. 마침내 나는 마이클 드베이키라는 사람을 외과의사의 방식대로 접근해 보기로 마음먹었다. 그러니까 직접 대면하는 것 말이다.

2005년 봄, 나는 당시 아흔다섯 살이던 드베이키 박사에게 편지를 써서 그가 있는 휴스턴을 방문하고 싶다고 했다. 그는 언제나처럼 기꺼이 내 청을 들어주었고, 그로부터 몇 주 후 화창한 일요일 저녁에 나는 베일리의과대학교 단지 안에 있는 호텔 입구에서 그가 나를 데리러 오기를 기다렸다.

그를 기다리면서, 나는 텍사스 메디컬 센터를 이루고 있는 이 광활한 건물들을 쭉 훑어봤다. 내가 일하는 뉴헤이번 메디컬 센터보다 최소 세 배는 커보였는데, 그곳의 모든 것은 드베이키 박사가 이끈 리더십의 산물이었다. 그의 이름은 말 그대로 도처에 새겨져 있었다. 그곳에 서서 나는 런던의 위대한 건축가이자 의사였던 크리스토퍼 렌Christopher Wren의 아들이 했던 말을 떠올렸다. 1723년 그의 아버지가 아흔한 살의 나이로 세상을 떠난 직후, 사람들은 그에게 어디에 아버지의 기념비를 세울 것인지 물었다. 그는 런던 전체를 껴

안듯이 양팔을 크게 벌리고는 말했다. "여러분은 그저 주변을 돌아보기만 하면 됩니다." 이 말을 라틴어로 번역한 'Simonumentum requiris, circumspice'라는 문구는 그 후 렌이 세운 가장 유명한 건축물인 성 바오로 대성당 입구에 각인됐다. 그런데 이 이야기는 베일러대학교와 드베이키 박사의 경우에도 해당할 듯하다.

호텔을 출발한 우리는 드베이키의 집으로 질주했다(여기에서 '질주'란 국제적인 명성을 얻은 백만장자 심장외과의가 모는 소형 포르쉐 자동차를 일요일에 온 방문객이 탈 때만 사용할 수 있는 단어다). 드베이키 박사의 집은 병원에서 10분 거리에 있었는데, 그는 이곳에서 50년을 살았다고 했다. 드베이키 박사의 첫 번째 아내인 다이애나는 50대 초반에 심장마비로 갑작스럽게 세상을 떠났다. 그 후 그는 독일의 유명 배우 카트린 펠하버와 재혼해 30년을 함께 살아왔다. 그는 카트린 펠하버를 프랭크 시나트라의 자택에서 열린 코미디언 잭 베니의 팔순 생일 파티에서 처음 만났다고 한다. 당시 드베이키 박사는 업무차 캘리포니아를 방문해 프랭크 시나트라의 집에 잠시 묵고 있었다.

내가 드베이키 박사의 유명인과 관련한 인맥을 자세히 언급하는 이유는, 이 비범한 남자의 모험으로 가득 찬 삶이 다채로운 색채와 명암, 경험으로 채워졌다는 사실을 전달하고픈 욕심 때문이다. 그는 예순 살이 넘어서도 최고 수준의 의료 기관에서 쉴 틈 없이 이어지는 임상 진료와 연구, 행정 업무에 그의 모든 에너지를 쏟는 한편, 저명인사, 영화배우, 정치적 지도자들과의 주기적인 만남을 통해 그의 삶에 또 다른 활력을 불어넣었다.

50대 중반의 드베이키 부인은 언제나 활기가 넘치며, 시간이 갈수록 아름다움이 더해가는 스타일의 금발 여성이었다. 그날 저녁 식사에 초대된 손님은 레바논 출신의 심장 전문의와 그의 부인이었는데, 이들의 대화는 다양한 주제를 넘나들었다. 드베이키 박사는 그 모든 주제를 해박한 지식과 권위로 대화를 이끌어나갔다. 나는 이렇듯 다양한 관심사가 있는 외과의를 좀처럼 만나본 적이 없었다. 특히 아흔여섯 살에도 전문가로서 활동을 왕성하게 지속하는 그의 생활을 고려하면 더욱 그랬다. 나는 그가 이토록 폭넓은 주제에 깊은 지식이 있다는 사실에 저녁 식사 내내(사실 그와 함께한 일정 내내) 경탄을 금할 수 없었다. 그는 다양한 문학 작품들과 시들을 알고 있었고, 이슬람교와 기독교의 태동과 그 신학적 이론, 종교개혁과 르네상스, 산업혁명의 역사에도 조예가 깊었다. 또 과학의 역사와 18세기 미국 민주주의의 형성 과정 등에도 해박한 지식을 과시했다. 그날 저녁에 언급된 여러 주제 중 기억에 남는 몇 가지를 소개한 것이 이 정도이니, 그의 지식은 정말로 다방면에 걸쳐 있는 셈이었다.

저녁 식사를 다 마친 우리는 떠나기가 아쉬워서 문가에 서서 이런저런 이야기를 이어갔다. 그 와중에 드베이키 부인이 내가 궁금해 하던 드베이키 박사의 놀라운 활력에 대한 해답을 줬다. 나는 박사의 활력이 선천적인 체력(여기서는 유전적 요소라고 해석해도 좋을 것이다)에 더해 내가 '그밖의 무엇'이라 부르는 것과 연관 있을 것이라고 말하며 그게 무엇인지 휴스턴에 머무는 동안 찾아내고 싶다고 말했다. 그러나 드베이키 부인에게 '그 밖의 무엇'은 결코 미스터리가 아니었다. "그것은 사랑이에요." 마치 이 세상에서 가장 분명한 사실이라는 듯 부인은 말했다. "우리는 사랑과 함께 살고 있어요. 남편은 환자들의 사랑에 둘러싸여 살고 있어요."

인생의 비밀: 먹고 일하고 사랑하라

그것은 내가 예상했던 답변이 아니었다. 내가 아는 그는 1950년 대와 1960년대에 직업적으로 크게 성장한 외과의였다. 의료계에 혜성처럼 나타나 수직 상승하는 눈부신 궤적을 그려온 마이클 드베이키 박사가 사랑으로 성장해 왔다는 것은 쉽게 상상하기 힘든 일이었다. 사실 이는 내가 그동안 들은 것과는 정반대였다. 우리 시대의 가장 저명한 이 외과의사는 오로지 수술적 진보라는 외길에만 헌신했으며, 인간적인 감정은 저만치 치워놓았다고 알려져 있었다. 그는 주위의 동료 의사들에게 냉정하고, 거리를 두며, 까다로운 사람이라고 소문이 나 있었다. 그는 폭풍우처럼 몰아치는 업무의 한가운데에 서서 마지막 남은 힘까지 모두 자신의 일 속에 던져 넣는 사람이었고, 주변 사람들은 그의 추진력에 입을 다물지 못했다. 그런 이미지의 어디에서 사랑이 연상될 수 있겠는가? 어떻게 사랑이 그가 오래 사는 비밀인 '그 밖의 무엇'이 될 수 있는가? 다른 이로부터 받는 사랑이라는 것은 그 사랑의 수혜자에게도 반향을 일으킬 때만 의미가 있다. 따라서 사랑은 쌍방통행이다. 만일 어느 한쪽이 막히면, 서로 소통은 불가능하다.

일견 사랑과 드베이키 박사가 일생을 헌신한 그의 끝없는 업적은 서로 대척점에 있는 듯해 보인다. 그러나 선대의 두 사람은 이 둘을 서로 연결해 생각했다. 사실 극단적인 양극은 서로 밀접한 관련이 있다는 사실이 종종 발견되곤 한다. "leben und arbeiten"은 지그문트 프로이트의 좌우명이었다. "사랑하고 또 일하라"는 뜻의 이 유명한 말은 그가 볼 때 인생에 의미를 부여해 주는 두 가지 핵심이었다. 일도 사랑의 일종이다. 드베이키 박사와 마찬가지로 레바논 출신의 미국인이며, 철학자이자 시인이었던 칼릴 지브란Kahlil Gibran은 "일은 사랑이 가시화된 것"이라고 말했다. 그는 또한 사랑하는 마음으로 일을 한다면 일은 가장 고귀한 보상이 될 것이라고 말했다.

어쨌든 이런 내 회의적인 생각에도 불구하고, 그 후 하루하고도 반나절 간 이어진 드베이키 박사와의 대화 중 상당 부분은 겉으로 드러나지는 않았어도 사실상 사랑이 주제였다는 점을 말해야겠다. 일과의 관계에서의 사랑, 주고받는 선물로서의 사랑, 사랑의 형태와 드러남 등등이다. 드베이키 박사가 자신의 일에 최선을 다한 것처럼, 환자 한 사람 한 사람에게도 최선을 다했음이 점차 명확해졌다. 그의 헌신은 단순히 일 그 자체를 위한 추상적 헌신이 아니었다. 그의 노동은 다른 이들에 대한 헌신과 엮어져 있었다.

예를 들어 드베이키 박사의 연구는 감정이 제거된 기초과학 실험실에서 벌이는 것이 아니었다. 그가 해온 연구의 바탕과 동기는 임상적인 것이었다. '임상clinica'이란 말의 근원은 그가 추구하는 것의 근원이 무엇인지를 말해주는데, 이는 그 자체가 사랑의 일종이라는 것을 드러내고 있다. 임상이라는 단어는 그리스어인 kline, 즉 '침대'에서 유래한 말로, '누워 있는 환자'를 의미한다. 다시 말해 추상적인 대상이 아니라는 뜻이다. 환자의 복지가 연구의 촉진제였다는 사실만으로도 그의 작업이 '그가 반드시 해야 하는 것'의 의미를 지녔다는 것을 알 수 있다. 휴스턴의 수술실과 진료실, 그리고 그 외의 어느 곳에서든 드베이키 박사의 연구와 노력은 그가 책임진 특별한 사람들을 위한 것이었다. 다른 의사들은 그의 연구 성과들을 응용해 수십만 명을 구해냈지만, 마이클 드베이키 박사가 연구를 추진하는 의욕은 올곧이 그에게 찾아온 한 사람의 환자를 돌보려고 하는 욕구에서 나온 것이었다. 헌신적인 의사로서 그들 한 사람, 한 사람을 열성을 다해 돌보는 과정에서 드베이키 박사는 그의 아내가 말하는 사랑에 둘러싸이게 된 것이다. 드베이키 박사의 생애라는 천에서 사랑은 씨실이, 일은 날실이 됐다. 우리가 토론하는 동안, 그가 오래 사는 이유가 이런 짜임이 빚은 무늬라는 것이 분명해졌다.

드베이키 박사는 일을 단순하게 일이 아니라, 아주 강력한 목적의식 아래 그를 앞으로 나아가게 끌어주는 무엇이라 생각한다. 그런 목적의식 때문에 그는 어떤 일이 가능하고, 어떤 일이 불가능한지 아는 현실감각을 발전시키게 됐다. 특히 나이가 든 자신의 한계에 합리적인 감각을 갖는다는 것은, 그 자체로서 마음의 평정이 필요한 목표와 우선순위, 변화의 능력, 달라진 자아 인식에 대한 지혜를 발견하는 것이다. 예상했던 대로 마음의 평온 역시 드베이키 박사의 장수의 주제로 등장했다. 그는 자신만의 비구조화된 종교적 믿음을 통해 평온을 추구했으며, 이런 신앙은 그에게 마음의 평온은 물론, 휴머니티가 기반이 된 모든 인간관계에 어떤 확신을 줬다.

내 질문에 드베이키 부인이 답한 '그 밖의 무엇'은 내가 예상했던 것과는 전혀 다른 것이었지만, 이틀간 드베이키 박사의 사무실에 딸린 회의실에서 그와 긴 탁자의 한쪽 끝에 마주 앉아 대화하며 나는 부인의 말에 담긴 의미를 점차 명확히 이해할 수 있었다. 그의 장수의 비결이 무엇인지 이야기를 나누면서, 또 이야기 사이사이 행간의 흐름을 통해서, 나는 그의 모든 임상적, 학문적, 행정적 성취에서 중요한 한 가지 사실을 알게 됐다. 이 특별한 감수성의 소유자가 쌓아온 커리어에서 가장 의미 있는 요소는 무엇보다도 그가 돌봐왔던 수만 명의 환자 개개인에게 희망을 심어주는 그의 능력이었다. 다음 날 아침 일찍 그는 내게 말했다. "일에 대한 만족감은 제가 올바른 일을 해냈다는 느낌에서 옵니다. 어쨌든 생명이란 우리가 가지고 있는 가장 위대한 것이니까요. 의사는 그런 생명을 유지하고, 구해내고, 탄생시키는 아주 독특한 위치에 있는 사람들입니다."

준다고 생각했지만 더 많은 것을 받는 게 인생이다

이 말을 통해 드베이키 박사는 그가 의도한 것보다 훨씬 더 많은 이야기를 한 셈이었다. 실제로 의사들은 이런 종류의 만족을 얻을 수 있는 독특한 위치에 있다. 하지만 나는 그가 언급한 내용에는 신체적 건강이나 생명을 유지하는 것 이상의 그 무엇, 그러니까 더 광범위한 의미가 내포돼 있다고 생각했다. 우리가 계속 이야기 나누면서 나는 그가 말하는 것이 개개인들이 다른 사람들과의 관계에서 무언가 도움을 주고 있다는 느낌(그것은 생명을 이어주는 의학적 진료일 수도 있고, 위안을 주거나 지지해 주거나, 아니면 젊은이를 응원하는 정서적인 것일 수도 있다)을 좀 더 포괄적으로 이야기하고 있다는 결론에 도달하게 됐다. 여기서 중요한 것은 '준다'라는 것이다. 자신의 능력을 준다는 것은, 궁극적으로는 자신의 일부를 남에게 주는 것이다. 간단히 말해, 이 모든 것은 다른 사람들의 삶을 편하게 해주려는 데에서 비롯된 것이다.

무언가 가치 있는 것을 위해 헌신했다고 자각하면서 우리는 이런 삶에 보상을 받는다. 우리의 행동이 촉발한 선을 자각하면서 우리는 이런 삶에 보상을 받는다. 우리가 이 세상에 존재하는 동안 도움을 받은 사람들을 자각하면서 우리는 이런 삶에 보상을 받는다. 이 모든 것은 사랑의 한 형태이며, 그것이야말로 모든 것 중 가장 위대한 보상인 것이다.

'건강을 준다'라는 것을 글자 그대로 해석한다면, 실체의 일면만을 보게 될 수 있다. 그러나 '건강'이라는 것을 신체적, 정서적, 혹은 영혼이 안녕한 상태로 정의한다면, 이는 우리가 다른 사람을 위해 제공할 수 있는 최고의 영역과 능력을 의미하게 된다. 다른 이에게 생명을 준다는 것은 그들에게는 물론 우리 자신에게도 최고의 선물이 된다. 그런 선물을 주려고 반드시 의사가 돼야 할 필요는 없다. "그런 만족감은 사람들을 위해 무언가를 했다는 느낌에서 비롯되는 것이죠."

우리 대부분은 이미 이런 이야기를 많이 들었을 것이다. 이런 이야기들은 교회 목사님의 설교나 교훈적 내용으로 가득 차 있는 자기계발서들, 자만심에 가득 차서 이것저것 가르치려 들기 좋아하는 사람들의 입에서 자주 나오는 말들이어서 그 의미가 퇴색된 감이 있다. 이런 생각은 어떤 상황에서, 어떤 이의 입을 통해 표현되는지와 관계없이 인간 모두가 태어나면서부터 가지게 되는 본성이지만 스스로 현자인 체하는 사람들이 으레 사용하기 때문에 무시하거나, 잊어버리거나, 묻어버리거나, 흘려듣게 되는 것이다.

하지만 그것이 드베이키 박사처럼 폭넓은 경험과 철학적 엄숙함을 지닌 사람의 생활 방식으로 설명될 때, 그리고 장수와 가치 있는 삶의 비결로 제시될 때, 다른 사람에게 도움이 되는 삶을 살라는 가르침은 이제까지 알려진 과장된 교훈주의를 뛰어넘어 커다란 힘으로 우리를 감화시킨다. 다른 사람들에게 베푸는 삶은 모든 이의 인생사에서 찾아볼 수 있다. 하지만 나는 여기서 내가 목격한 사건 하나를 소개하려고 한다.

약 40년 전, 당시 예일대학교 총장이었던 윌리엄 슬로언 코핀 William Sloane Coffin 목사는 오랜 투병 생활 끝에 목숨을 위협한 질병에서 회복했다. 그는 의사와 환자와의 관계에 대한 내 인식(그것이 치유에 관한 것이든 혹은 다른 어떤 형태의 것이든, 나는 이 관계가 진실로 주는 이와 받아야만 하는 이의 관계라고 믿었다)을 바꿔놓는 말을 했다. 환자로 넘쳐나는 대학병원의 급성 환자 병동에서 몇 주를 보내고 퇴원하기 직전에 코핀 목사는 그가 관찰한 것을 이렇게 말했던 것이다. "우리 환자들은, 우리를 위해 당신들 의사들이 해주는 것보다 더 많은 일을 당신들을 위해 해주고 있어요." 그러면서 그는 다른 이를 도울 수 있다는 것을 통해 얻는 만족이 사실은 대단한 보상이라는 메시지를 전달했다. 비록 우리가 치료하는 과정에 이를 계산에 넣지 않고, 또 우리 스스로도 어떤 형태로든 보상받고 있다고 생각하지 않지만, 다른 사람을 돕는 일에 종사하는 사람들은 누구나 자신감과 동기를 북돋는 '감사'라는 자양이 풍부한 환경에 둘러싸여 살아가는 것이다. 성경의 〈사도행전〉에도 남에게 베푸는 것이 받는 것보다 더 축복받은 일이라고 쓰여 있고, 옛 격언 중에도 이와 유사한 말은 수없이 많다. 의사들을 비롯해 다른 사람에게 도움을 주는 사람들은 모두, 스스로 의식하지는 못해도 자신들의 베푸는 행위를 통해 도움을 입는 사람들의 축복을 받는 셈이다.

자신 덕분에 건강과 생명을 되찾은 사람들이 자신을 바라보는 감사의 눈동자에 비친 스스로를 볼 수 있다는 것은 정말로 아름다운 일이다. 이것이야말로 진정한 의미의 '선물'로, 이는 정서적으로나 생리학적으로나 좋은 선물이다. 타인에 대한 봉사를 장려하는 말이 종종 허세 가득한 문구로 표현된다고 해도, 봉사가 지니는 가치 자체는 축소될 수 없으며, 봉사가 장수 및 충만한 삶과 연결돼 갖는 가치도 절대로 폄하될 수 없다. 장수하기 위해 성직자와 같은 삶을 살라거나, 도덕적인 올바름이 인생의 오후를 활기차게 보내는 강장제라는 말을 하려는 것이 아니다. 나는 그저 우리가 인생의 최종 단계를 가장 가치 있게, 오랫동안 보낼 수 있는 방법을 이야기하고 싶은 것이다.

봉사하는 삶을 살 때 시간의 한계란 없다. 젊은 시절 무언가를 결정할 때 가장 중요한 원동력이 되는, 돈을 벌고, 쓰고, 치열하게 경쟁하고, 자신이 맞다고 스스로에게 증명하려 애쓰는 등의 '성공하기 위한' 실제적 욕구들은 중년기를 넘어서 나이가 들어갈수록 점차 약화하고, 그 영향력 또한 점차 잃어간다. '원숙함'은 이런 때에 필요하다. 50대 초반 무렵부터 나타나기 시작하는 정서적 변화로 우리가 얻을 수 있는 혜택들 중에서 원숙함이야말로 우리 자신이나 주변 사람들에게 가장 중요한 혜택일 것이다. 우리 중 일부는 원숙함에 도달하기까지 많은 시간이 걸리고, 일부는 영영 원숙함에 이르지 못하기도 한다. 또 원숙함이 꽃필 수 있다는 사실을 깨달으려면 많은 의식적인 노력이 필요하다. 우리 중 일부는 이런 성장 단계에서 남들보다 느리며, 몇몇은 절대로 원숙함을 얻지 못한다. 그러나 원숙함이 무르익어 가는 동안, 우리는 혼자서 아등바등 애쓰던 출세주의에서 벗어나게 되고, 젊어서는 얻지 못했던 자기만의 시각을 갖게 된다. 제대로만 하면, 원숙함은 중년의 삶에서부터 가장 제대로 느껴볼 수 있는 것이다.

  서로 득을 보는 상호 관계에 대한 개념은 드베이키 박사와의 대화에서 여러 차례 직접 언급되기도 했고, 은연중에 드러나기도 했다. 드베이키 박사는 자신이 상당한 수준(나이에 따라 예상되는 수준의 기능을 훌쩍 뛰어넘는 높은 수준)으로 지속해서 몸과 마음이 기능하도록 하는 '그 밖의 무엇'을 깊고도 넓게 사색했다. 하지만 '그 밖의 무엇'이 기능하려면 우선 필요한 또 다른 요소를 살펴봐야 한다. 아주 많은 정서적 보상을 받을 수 있더라도 우리의 육체가 허락하지 않는다면 오래 살기는 힘들다. 그리고 그런 육체적 건강은 유전되는 것이다. 행운의 별이 우리를 지켜주지 않는다면 이는 이뤄질 수 없다. 이 세상의 모든 '그 밖의 무엇'은 주어진 조건이 받쳐주는 만큼만 얻을 수 있으며, 여기서 주어진 조건이란 유전된 것일 수도 있고 운이 좋아서 얻게 되거나, 삶의 경험을 통해 얻게 되는 것일 수도 있다. 드베이키 박사는 '그 밖의 무엇'의 기본이 되는 훌륭한 DNA, 근면성, 행운이라는 삼박자를 갖추고 삶이라는 경주에 뛰어들었다. 그의 아버지는 아흔 살에 세상을 떠났고, 어머니는 거의 여든 살이 다 돼서 암으로 숨을 거뒀다. 네 남매 중 세 명은 아흔 살이 넘었지만 모두 아직 살아 있고, 누나는 여든 살에 암으로 세상과 이별했다. 그는 큰 병을 앓은 적도, 사고를 당한 적도 없다. 첫 번째 부인이 비교적 젊은 나이로 사망한 것 외에는 그의 인생에 별다른 비극은 없었으며, 어쩔 수 없는 외부적 환경에서 오는 불행도 겪지 않았다.

드베이키 박사의 남매들이 장수하고 있다는 사실은 '뉴잉글랜드 100세 노인 연구'의 결과에 비춰보면 아주 흥미롭다. 이 연구에 따르면, 100세 노인의 경우 90세 이상의 형제자매가 있을 확률이 일반인들보다 4배 높았다. 이는 어쩌면 당연한 결과인지도 모른다. 그러나 이것마저도 드베이키 박사의 장수가 유전적 우수성에 힘입은 것이라는 것을 증명할 명백한 증거가 되지는 못한다. 이 연구를 수행했던 학자들이 지적한 것처럼, 같은 가족들끼리는 DNA 이상의 것을 공유한다. 그들은 비슷한 가치관을 가지며, 식습관과 운동에 대한 태도, 지적 자극과 같은 특징들을 공유하는 경향이 있다.

드베이키 박사의 식습관에도 무엇인가 있었다. 그를 방문했을 때 우리는 점심 두 번, 저녁 두 번, 모두 네 번의 식사를 같이했다. 드베이키 박사는 아주 적게 먹었는데, 박사 자신도 자신의 장수 비결로 소식을 꼽았다. 그는 매우 적은 칼로리로 식이를 한 동물들이 더 오래 살았다는 여러 동물실험 연구 결과를 보고 소식을 하기 시작했다고 한다. 그는 내 식사량의 반 정도밖에 먹지 않았다. 둘째 날 저녁에 그는 파스타를 주문했는데 3분의 1 정도만 먹었다. 평소 먹는 양이 그 정도라고 했다.

그런 식으로 드베이키 박사는 태생적으로, 환경적으로 그리고 자신의 선택을 통해 17세기 의사이자 철학자였던 토머스 브라운 Tomas Browne이 그의 책 《옹기장Hydriotaphia》에서 언급했던 '장수하는 습관'을 완벽하게 갖췄던 것이다. 아흔여섯 살의 드베이키 박사는 어느 모로 보나 70대로밖에 보이지 않았다. 젊었을 때부터 지금까지 헬스장 근처에도 가보지 않았다는데, 178센티미터의 키에 68킬로그램의 날씬한 몸매를 유지하고 있었다. 한번은 그가 가운 소매를 걷어 올리고 알통을 보여주었는데, 테니스공만한 크기에 젊은이 못지않게 단단했다.

드베이키 박사가 운명의 축복을 받았으며, 우리 대부분보다 운이 좋았다는 사실은 분명하다. 하지만 그것만으로는 90대 후반에 접어든 현재의 모습을 설명하기 어렵다. 그 외에 수많은 무엇인가가 있어야 하고, 그 무엇인가는 우리에게도 유용한 장수의 비밀을 확실히 밝혀줄 수 있어야 한다. '그 밖의 무엇'의 나머지 부분은 무엇으로 구성돼 있는 것일까?

우리는 계속 호기심을 반짝이고 내일을 기대해야 한다

여기 드베이키 박사가 내게 설명해 준 내용을 그대로 옮겨본다.

아마도 내게 이렇게 구체적으로 말해주면서 드베이키 박사는 스스로에게도 설명을 하고 있는 것 같다.

"지적 탐구심, 그러니까 좀 더 직접적으로 말하면 호기심이 한 요소라고 생각합니다. 호기심과 지적 추구는 아주 중요한 삶의 원동력이죠. 우리 내면과 밀접한 것이라고 말할 수 있을지도 모릅니다. 그것은 우리의 지적인 부분과 생리적인 부분 모두를 이끌어가는 특성이 있습니다. 우리의 뇌는 우리가 알지 못하는 방식으로 우리의 몸에 영향을 주니까요."

여기서 드베이키 박사는 지식을 추구할 때 창조되는 추진력을 언급하고 있다. 드베이키 박사의 말을 나 혼자 곰곰이 되새기며, 나는 이 이야기 속에 그의 지속적인 생산성의 핵심 열쇠일 뿐 아니라, 그의 직업적 성공의 비결이 있다고 확신하게 됐다. 한번은 그가 자신은 매일 밤 오늘 할 수 없었던 일을 내일은 할 수 있을 것이라는 기대를 안고 잠자리에 든다는 말을 했다. 이 말에는 그가 생각하는 추진력이 잘 표현돼 있었다. 할 일들, 만들 계획들, 갈 곳들, 배울 것들. 매번 새로운 도전이 그를 기다리고 있었다. 이 모든 것을 한마디로 표현하라면, 나는 '흥미로운 기대'라고 말할 것이다.

'기대'라는 말이 아마도 가장 정확한 용어일 것이다. 그것은 그 맛을 이미 느낄 수 있을 정도로 예정된 지적 자극을 간절히 기다린다는 의미를 함축하고 있기 때문이다. 기대할 때 느껴지는 기분 좋은 긴박감이야말로 드베이키 박사가 말하고 있는 어떤 것의 본질이 아닐까.

'이끌어간다'라고 한 박사의 표현은 기대의 힘과 강도를 정확히 표현하는 것이다. 그는 앞으로 닥쳐올 희열의 맛에 이끌려간다. 그는 일생에 걸쳐 이를 맛봐왔기 때문에 그 희열의 향취를 일찍 감지한다. 미셸 몽테뉴가 말했듯이 말이다. "인간에게 알려진 모든 희열은 그 희열을 추구하는 자체로 희열을 준다. 우리의 시야에 들어와 있는 목표물에서 느낄 수 있는 가치의 향기, 그것이 희열의 많은 부분을 차지한다. 이 자체가 희열의 한 부분인 것이다."

사람들이 바라는 내적 희열이라는 개념은 환경에 따라 달라진다. 세상에는 각기 다른 수많은 사람이 있기 때문이다. 선행과 마찬가지로 이 희열은 누구나 누릴 수 있다. 또 우리가 이를 지닐 수 있으며, 습득할 수도 있다. 사람들은 이런 희열을 시간과 기회가 좀 더 많아지는(혹은 승진이나 출세를 위해 투자되던 에너지가 배움이나 창조성 같은 곳으로 이동하는) 중년 이후에 주로 추구한다. 드베이키 박사의 경우, 희열은 새로운 지식을 미리 맛보는 것이며, 모양은 다를지언정 계속해서 과업을 추구하는 것이다.

다른 이들에게 그것은 꽃피는 정원에서 일하는 것이나 도자기나 나무 조각으로 예술품을 만드는 것, 골프 실력을 키우는 것, 오랜 친구들을 만나는 것, 새로운 곳으로 여행을 가고 악기 연주법을 배우거나 외국어를 공부하는 것, 손주들을 통해 즐거움을 얻는 것, 혹은 이런 모든 것을 수행하려 계획할 때 얻어지는 것이다. 이런 기대라는 마을 안에는 많은 집이 있고, 그 안에는 각자에게 맞는 기대를 찾는 사람들이 저마다 다른 삶을 살고 있다. 어떤 사람들은 박사처럼 오랫동안 쌓아온 커리어와 관심사라는 체계 속에서 삶의 즐거움을 추구한다. 또 어떤 사람들은 완전히 새로운 발견을 추구한다. 그것이 무엇이든 간에 이런 추구는 앞으로 다가올 즐거움을 약속해 주며, 삶의 활력이자 원동력이 된다. 드베이키 박사가 말하는 '우리를 이끌어 가는 것'이 바로 이것이다. 이렇게 다양함을 추구하는 것은 창의력을 발휘할 수 있는 한 형태로, 우리가 나이가 들기 훨씬 전부터 찾아낼 수 있으며 동시에 찾아내야만 하는 것이다.

그러나 노년기를 이끌어갈 수 있는 추진력에는 우리가 조심스럽게 살펴봐야 할 문제점들도 있다. 1장에서 내가 그랬던 것처럼 드베이키 박사 또한 위만 쳐다볼 것이 아니라 아래도 내려다봐야 한다고 충고했다.

> "우리가 해야만 하는 어떤 일이 있다면, 우리 나이가 아흔여섯 살이든, 쉰여섯 살이든 상관없이 우리는 그 일을 해야만 합니다. 나이는 숫자에 불과한 것이죠. 하지만 나이가 들면서 생겨나는 얼마간의 제약이 있다는 걸 인식하는 것은 중요하다고 생각합니다. 우리가 그 한계를 인식하게 된다면 그 한계 내에서 어느 정도의 융통성을 가질 수 있으니까요."

즉 자신의 한계를 알고 그 한계 내에서 행동하는 법을 배우는 것은 자신이 감당할 수 없는 일을 피할 수 있도록 해준다는 것이다. 그렇게 하면 자신이 선택한 목표를 달성하려고 가장 효과적으로 일할 수 있게 되고, 더는 가능하지 않은 일에는 쓸데없이 힘을 쓰지 않게 된다. 그래서 만일의 경우 필연적으로 뒤따르게 되는 좌절감, 실망감을 느낄 필요가 없게 된다. 앞 장에서 나는 우리의 한계를 눈앞까지 끌어들이고, 삶의 계획을 보다 현실적으로 정해야 한다고 말했다.

"자신의 한계를 깨닫게 되면, 그 한계 내에서 일하는 법을 알게 됩니다. 그렇게 해서 그 한계가 자신이 원하는 일을 방해하지 않도록 조처할 수 있습니다. 한계는 자신의 지적인 능력을 어떤 식으로도 제약하지 못합니다.

마침내 우리는 좌절을 피할 수 있게 되죠. 이것은 매우 중요한 개념입니다. 우리의 삶과 우리가 앞으로 하려는 일들에 영향을 미칠 수 있는 마음의 평안을 유지할 수 있게 되기 때문이죠. 좌절은 우리 인생의 적입니다. 우리의 건강은 물론 우리의 인생에서 제일 해로운 요소라 할 수 있죠. 우리는 이를 조절할 수 있어야 합니다. 그렇지 않으면 우리에게 큰 해를 끼칠 것이고 때로는 마음에 악영향을 줄 것입니다. 오랜 시간 좌절에 빠져 있는 것은 무척 해롭죠. 저는 과거의 경험을 통해 좌절이나 분노를 다루는 여러 가지 방법을 배웠습니다. 분노도 마찬가지입니다.

분노는 어떤 면에서 좌절의 일종입니다. 우리는 이런 것들을 다루는 방법들을 배워야만 하며, 이는 나이가 들수록 더욱 중요해집니다. 나이가 들면 젊은 시절에 비해 융통성이 줄기 때문이죠. 젊음의 가장 큰 장점 중 하나는 정신적, 신체적 유연성입니다. 나이가 들면 이것을 대신할 만한 다른 무엇을 가져야 합니다. 그것이 바로 지혜입니다."

드베이키 박사는 지적·육체적 활력을 유지하기 위한 태도를 말했다. 그러나 그것 못지않게 중요한 것은 우리의 활력을 줄어들게 하는 비생산적이고 유해한 생각의 습관을 피하는 것이라고 그는 덧붙였다.

"노화의 문제는 몸보다 마음이 앞선다는 것입니다. 나는 주변에서 내 동료들을 포함한 몇몇 사람들이 스스로 나이 들었다고 인식했기 때문에 육체가 무너지도록 방치하는 것을 본 적이 있습니다. 그들은 자신이 최근 몇 년 사이에 나이 들었다는 사실을 너무 심각하게 생각하는 바람에 정말 나이 든 것처럼 행동했던 것이죠. 나는 지금 진정한 신체적 악화라는 의미에서 '나이 들었다'라는 말을 사용하는 겁니다. 물론 나이와 함께 생기는 일들이 분명히 있습니다. 지적 열정과 에너지를 유지해야 하는 본능을 타고난 사람들은 그들이 더는 제어할 수 없는 신체적 제약과, 말하자면 화해를 해야 합니다."

드베이키 박사는 우리가 자신의 한계를 이해하고 이를 받아들인다면, 그 한계 내에서 기능하는 법 또한 배울 수 있다고 다시 한번 힘줘 말했다. 이것이 그가 말하는 지혜의 모양이다. 그에게 지혜란 좌절과 분노에 대처할 수 있는 마음의 평안을 가져다주는 것이다. 이 모든 것은 분명히 순환적이다. 각 요소들이 서로에게 영양분을 공급하고, 서로에게서 힘을 얻는 동시에 힘을 불어넣는다.

우리가 이런 문제를 토론할 때 나는 거의 말을 하지 않았다. 사실 그럴 필요가 없었다. 나는 주어진 질문에 대한 단순한 대답이 아니라, 오랜 세월에 걸쳐 깊은 사색을 한 사람이 자신의 신념을 표현하는 것을 듣고 있었기 때문이다. 그의 말은 오랜 기간에 걸쳐 진화한 확신의 표현이었으므로, 내가 별다른 노력을 하지 않아도 술술 풀어져 나왔다.

나는 드베이키 박사의 사상에 신에 대한 믿음이 어떤 역할을 했는지 알고 싶었다. 단지 그의 행운에 믿음이 어떤 영향을 미쳤는지뿐만이 아니라, 그가 그토록 강조하는 평안에 믿음이 어느 정도 영향을 미쳤는지 알고 싶었다.

드베이키 박사는 레바논 이민자였던 그의 부모가 다니던 그리스정교회의 '종교적인 분위기' 속에서 성장했다. 그러나 그는 다른 신앙들도 경험했고, 다양한 종교 형태와 신앙에 대한 지식 또한 있었다. 현재 그의 믿음은 특정 종교의 틀에 구속돼 있지 않다. 그는 다른 사람들도 자신과 비슷한 믿음을 가지고 있으리라 말하지만, 사실 그의 믿음은 그만의 고유한 것이다.

"나는 내가 신과 관계를 맺고 있으며, 신이 나를 돌봐주신다는 확고한 믿음이 있습니다. 어린 시절 부모님의 신앙 속에서 내가 경험했던 것들은 이제 좀 더 성숙한 형태로 변화했습니다. 나는 더는 아이 때처럼 신앙을 생각하지 않습니다. 하지만 나는 아직도 어린 시절 경험했던 신과의 영적인 관계를 유지하고 있습니다. 그렇게 하는 것이 내게 안정감을 주기 때문이죠. 나는 규칙적으로 교회를 가는 사람은 아니지만, 그것 역시 내가 말하는 성숙함의 영역에 속하는 것이기도 합니다. 나는 교회에 나가야 한다고 생각하지는 않습니다. 사람들은 내게 어느 교회를 다니는지 묻곤 하는데, 그때마다 나는 '지금 이 순간, 교회에 있습니다'라고 이야기합니다. 어디에 있든 간에 나는 교회에 있는 것과 마찬가지입니다. 나는 집에서도 신과 만날 수 있고, 여기에서도 신과 만날 수 있습니다. 그러니까, 신과 내 관계는 좀 더 개인적입니다."

그의 대답들은 사후 세계의 믿음에 관한 질문으로 이어졌다.

"나는 우리가 세상을 떠난 이후의 세계는 알지 못하고, 관심도 없습니다. 지금 이 순간 나는 삶을 살고 있으니까요. 나는 현재 신과의 관계 속에서 안전하다고 느끼며, 내가 죽은 이후를 걱정할 필요가 없다고 생각합니다. 내게 무슨 일이 일어날 것인지 불안할 필요가 없습니다. 다시 한번 말씀드리지만 이런 생각은 제가 성숙해 가는 것과 관련이 있죠."

성숙함에 관한 대화는 드베이키 박사가 본래 말하려고 했던 것보다 한발 더 나아간 것 같았다. 나는 그 무엇보다도 자기 자신을 신뢰하는 이 남자가 실제로 신에게서 무엇을 기대하는지 고민해야만 했다. 여기에 어울리는 대답은 내가 그를 방문하기 4개월 전에 그가 〈외과저널〉에 발표한 '운명인가, 노력인가?'라는 짤막한 에세이에서 찾을 수 있을지도 모른다. 그 글은 저명한 외과의들에게 자신의 삶이나 수술적 지식에 대해 짧은 글을 써달라는 요청을 받고 쓰인 듯했다. 글 속에서 드베이키 박사는 1938년에 외과전문의 시험장에서 구두시험을 보았던 일을 회상하고 있었다. 맹장 수술을 한 지 10일이 지난 40세 남자가 고열과 우측 복부 통증이 있고 백혈구 수치가 증가한 경우를 진단하라는 질문이었다. 젊은 수험생이었던 박사는 횡격막 하부 농양을 정확하게 진단했다. 그는 사실 이 주제에 관한 논문을 발표한 적이 있었는데, 그날 입회한 시험관 두 명 중 한 명이었던 프레드 랭킨 박사가 이 논문을 읽어봤다는 것도 그에게는 행운이었다(오늘날까지도 이 논문은 이 연구 분야의 고전으로 꼽힌다). 몇 년이 지나 진주만 폭격 후 군의관으로 복무하던 랭킨 박사는 드베이키 박사가 육군에 자원했다는 소식을 듣게 됐고, 곧바로 자신이 책임자로 있던 의무감실의 외과자문단에 드베이키 박사를 배속했다. 바로 이곳에서 드베이키 박사는 앞서 언급한 육군이동외과병원MASH과 국립의학도서관, 보훈병원의 체계를 수립하는 데 기여했다. 훗날 드베이키 박사는 랭킨 박사의 뒤를 이어 외과자문단의 책임자로 임명됐다.

'운명인가, 노력인가?'라는 글의 마지막에서 드베이키 박사는 자신의 성공적 삶이 운명이었는지 아니면 그 자신이 노력한 결과였는지 말하고 있다. "고전문학에서 운명이라는 것은 피할 수 없이 정해져 있는 것으로 정의돼 왔다"라고 말하면서 그는 고대 페르시아 시집인 《루바이야트Rubaiyat》에 나오는 '신의 손으로 쓰인 운명의 불변성'에 대한 시 구절을 인용했다. 하지만 글의 말미로 가면서, 이 아흔여섯 살의 저자는 성실성에 좀 더 무게를 두는 듯했고, 결국 H.

W. 롱펠로H. W. Longfellow의 〈삶의 찬가A Psalm of Life〉의 한 구절을 인용하면서 글을 끝마쳤다.

> 자, 그럼 일어나 일하라.
> 어떠한 운명에도 용기를 가지고,
> 꿋꿋이 성취하고, 꿋꿋이 추구하며,
> 일하고 기다리는 법을 배우라.

종교적인 믿음, 운명, 그리고 탐나는 유전자도 있겠지만, 결국 드베이키 박사가 그 자신의 삶의 찬가를 써왔다는 사실은 분명하다. 그 주제는 '성실함'이었다.

내가 죽는다는 걸 알고 있지만 거기에 사로잡혀 있지 않다

그의 과거와 현재, 내세를 이야기했으므로, 이제 나는 드베이키 박사의 미래에 대한 질문으로 옮겨가려 한다. 아흔여섯 살의 이 남자는 그에게 남겨진 시간에 어떤 희망을 품고 있는가? 비록 그가 축복받은 건강을 타고났고, 우리가 알고 있듯이 그가 어떤 특별한 것을 가지고 있어도 그는 이미 아흔여섯 살이고, 아무리 '나이는 숫자에 불과하다'라고 해도 그가 백 살에 가깝다는 사실은 변하지 않는다. 결국 그의 굉장한 체력과 철학에도 불구하고 그가 얼마나 더 살 수 있을지는 한계가 있기 마련이다. 그는 자신의 남은 시간을 위해 목표를 세워놓았을까?

"죽음을 곰곰이 생각하지 않기 때문에, 나는 생의 마지막 일정표를 세워놓지도 않았습니다. 철학적 이유를 찾는다면, 근본적으로 내가 죽음의 일정을 짜며 살기를 원하지 않기 때문일 것입니다. 만약 내가 일정표를 짠다면 나는 그 일정표에 의지해서 살게 될 것이고, 그 일정의 마지막에 사로잡혀 살게 될 겁니다.

하지만 나는 이미 오래전에 나 자신의 죽음을 받아들였습니다. 내가 죽음을 막지 못한다는 것을 알기 때문에, 나는 죽음이 언제 온다 해도 준비가 돼 있습니다. 하지만 나는 죽음에 사로잡혀 지내진 않을 겁니다. 내가 신체적으로나 정신적으로 지금처럼 느끼는 한, 의학적 징후가 없고, 해야 할 일들이 있는 한, 나는 내가 살아서 그것들을 할 수 있을지 없을지 생각하지 않을 겁니다. 그러므로 조만간 내게 어떤 일이 닥칠지는 알고 있지만, 나는 그저 앞만 보고 가는 겁니다. 예를 들면, 비행기를 탈 때 내가 어디에 도착할지 확실히 알고 있는 것과 비슷합니다."

"나는 내가 어디에 도착할지 확실히 알고 있다." 이 문장이 내 마음속에 울려 퍼졌다. 나는 그 말이 녹음된 카세트테이프를 반복해 듣고 또 들었다. 이 말은 나이 듦의 은총과 보상에 대한 드베이키 박사의 철학을 모두 담고 있는 것처럼 보였다.

숙명, 성실함, 그 밖에 지금의 마이클 드베이키를 만든 모든 것은 2006년 2월 9일에 집중됐다. 이날은 내가 휴스턴을 방문한 지 8개월이 흐른 때로, 드베이키 박사 밑에서 수련을 받았던 의료진들은 은사의 생명을 위협하는 흉부 대동맥류 수술을 시행했다. 대동맥류는 심장에서 나온 혈관이 원래 크기보다 훨씬 심하게 확장됐다가 급성 파열되는 질환이다. 이 수술은 가장 위험하고 복잡한 수술 중 하나로, 1954년 2월 드베이키 박사가 도입했다. 그러니까 이 수술은 그가 빚어낸 독창성과 창의력의 결과물이었다.

불과 몇 년 전, 베일러대학교의 드베이키 외과학 교실의 연구진은 〈혈관외과지〉에 '급성 흉복부 대동맥류 응급술'이라는 제목의 논문을 실었다. 이 논문에서는 1986년부터 1998년 사이에 수술받은 환자 112명의 결과가 보고됐는데, 수술 시 사망률은 17퍼센트였다. 이 병의 위중함을 고려하면 매우 낮은 수치였다. 그런데 뛰어난 수술 결과보다 더 놀라운 것은 "나이가 생존율에 영향을 미치지 않는다"라는 결과였다. 수술을 받은 환자들의 평균 연령은 70세로, 환자들은 62세부터 78세까지 분포돼 있었다. 마이클 드베이키 박사는 97세에 이 수술을 받았다.

드베이키 박사는 수술 후 다시 회복했을 뿐 아니라 젊은이들을 무색하게 하는 성실함으로 힘겨운 재활 프로그램 역시 잘 끝마쳤다. 2006년 9월, 그의 아흔여덟 번째 생일을 지난 며칠 후, 나는 그에게서 편지 한 장을 받았다. 연구 업적을 기리는 기념 만찬을 위해 뉴욕으로 날아가기 직전에 그가 보낸 그 편지에는 이렇게 적혀 있었다. "나는 매우 잘 지내고 있답니다. 조만간 당신을 다시 만나길 희망합니다."*

◇◇◇◇◇
* 드베이키 박사는 2008년 7월, 100번째 생일을 앞둔 아흔아홉 살에 세상과 이별했다.

우리는 삶의 태도를 선택할 수 있으며,
더 나은 길로 가기 위해 환경을 바꿀 수 있는 능력도 있다.
미래를 결정하는 것은 역경 그 자체가 아니라,
그 역경에 반응하는 우리의 태도다.

4.
선택

살아 있는 한 더 좋은 선택을 할 수 있다

성찰하지 않는 삶은 살 가치가 없다.

―플라톤, 《소크라테스의 변론》

문제를 한참 들여다보면, 무엇을 해야 할지 보인다.
―미리엄 폭스 개블러, 〈오자크 시니어 리빙Ozarks Senior Living〉

'미리엄 폭스 개블러Miriam Fox Gabler'라는 이름은 앞으로 10년도 못 가 잊힐 것이다. 미리엄이 입양한 아들과 딸은 40대 후반인데 슬하에 자녀가 없다. 그의 장수 DNA는 그의 마지막 심호흡과 함께 소멸할 것이다. 그는 후대에 유산을 남기지도 않을 것이다. 거의 확실한 사실은, 금세기 말이 되면 그가 한 일들과 말한 것을 기억할 사람은 아무도 없을 것이라는 점이다. 그 시간 이후 그에 대한 모든 기억이 사라질 것이다. 마치 아예 태어나지도 않았던 사람인 것처럼.

반면, 플라톤의 이름과 그가 기록한 소크라테스의 어록은 인류가 존재하는 한 문명과 문화를 관통하며 전파될 것이다. 플라톤은 미리엄 개블러 같은 사람이 태어나리라고는 알지도 못했을 것이다. 미리엄 개블러는 플라톤이 고대의 인물이며, 낯선 사상을 지닌 고대 철학자라고만 어렴풋이 알고 있다. 그는 앞에 인용된 플라톤의 격언이 담긴 책이나 그가 쓴 다른 책을 읽어본 적도 없다.

그러나 만약 미리엄 개블러가 플라톤의 글을 읽었더라면, 그 내용이 그의 삶과 관련이 있기 때문에 그것을 어떻게 받아들일지 확실히 알았을 것이다. 그는 그 격언의 의미를 이해하고, 이에 대한 자신의 신념을 표현했을 것이다. 그의 신념이란, 마술을 부리듯 삶의 원천을 만들어내고, 이를 계속 유지해 나가며 만족스러운 삶을 살지 혹은 이와 반대로 쉽게 이끌리는 선택을 할지는 사람들의 몫이라는 생각이다. 그는 아무 맥락도 없이 그저 만족하기 위해 만족하지 않는다. 플라톤처럼 미리엄 개블러도 한 사람의 삶에 대한 진심 어린 성찰이 이성적인 결정을 향한 길을 터주어 삶을 개선하고, 그 결과 삶의 가치와 보상이 더해진다고 믿는다.

또 미리엄은 자신이 만족을 느끼는 이유가 무엇인지 숙고한다. 그는 기회와 환경 때문에 얻어진 만족감뿐만 아니라, 자신이 이를 얻으려면 어떻게 행동해야 하는지 늘 촉각을 세우고 있다. 이런 방식으로 생각하면, 곧 잊힐 운명을 타고난 사람인 미리엄 개블러는 불멸의 플라톤과 함께 걸음을 걷는 셈이다.

나는 2005년 연말에 남편과 사별한 지 3주가 채 되지 않은 미리엄을 만났다. 그의 남편 돈은 10년 전 처음으로 의식 장애 증상을 보였는데 곧 알츠하이머병의 초기 징후라고 판명받았다. 병은 무시무시한 파괴력을 천천히 드러냈고, 돈은 5년 후인 2000년에 결국 알츠하이머병 선고를 받게 됐다. 이후 진행 속도는 급속히 빨라져, 2001년 9월이 되자 돈은 요양원에 입원해야 했다. 남편이 주변을 알아보거나 인식하는 능력이 몇 주 사이에 급격히 떨어지자 미리엄은 하루에도 몇 시간씩 남편 옆을 지켰다. 미리엄에게는 끔찍하고도, 가늠할 수 없이 처참한 시간이었다. 늦은 나이에 겨우 찾았으나, 이제 사그라져가는 사랑에 대한 애절한 갈망의 시간이기도 했다.

1947년 스물한 살이었던 미리엄은 프랭크 마셜과 첫 번째 결혼식을 올렸는데, 얼마 되지 않아 어려움이 닥쳤다. 2년 후에는 자궁근종으로 자궁절제술을 받았다. 부부는 마크와 데비라는 자녀 두 명을 입양했다. 그러나 시간이 갈수록 결혼 생활은 점점 삐걱거렸고 결국 미리엄이 마흔네 살이던 1970년, 부부는 이혼에 합의했다. 이후 싱글맘으로 11년 가까이 두 아이를 키우던 그는 전기기사인 돈 개블러를 만났다. 그러자 그 안의 무엇인가가 다시금 되살아났다. 그가 돈보다 여섯 살 연상이라는 사실은 둘 사이에 전혀 문제가 되지 않았다. "우리 둘 다 첫 번째 결혼 생활에서 놓쳤던 것들을 모두 찾았어요."

1989년 미리엄과 돈은 결혼식을 올렸고, 서로를 만나 느끼는 기쁨은 점점 커져만 갔다. "우리가 결혼했을 당시 전 예순두 살이었고, 은발 머리였고, 진지한 성격이었죠. 그이는 쉰여섯 살로, 활기차고, 잘생기고, 너무나 달콤한 남자였어요." 돈이 가벼운 착란 증세처럼 보이는 혼란스러운 일화를 겪은 이후에도 한참 동안 부부의 행복은 계속됐다. 그러나 6년 후 돈의 상태가 악화되고 주간 보호시설에도 더는 다니기 힘들어지자, 결국 미리엄은 자택이 있는 미스틱의 인근 요양원에 남편을 입원시키기로 했다.

미리엄이 깨달음을 얻게 된 건 그로부터 2년 후였다. 어느 날 문득 깨달음의 순간이 찾아왔다. 그가 여러 가지 문제, 특히 그가 돈을 만나기 전에 겪었던 잇단 불행과 관련된 문제들을 명확히 볼 수 있는 끈질긴 능력이 있다는 걸 알아차린 순간이었다. 평소 묵상하던 대로 그는 문제를 열심히 들여다보았고, 결국 그 속에서 자신이 무슨 일을 했는지 발견했다. 이런 자기 성찰의 절정은 자신이 무엇을 해야 할지 깨닫는 것이었다. 그는 이를 너무나 잘 알고 있었다. 그래서 그는 자신이 내린 결정을 자기 자신에게, 그리고 사람들에게 공표했다. 그날 아침에 짧게 쓴 글은 나중에 〈오자크 시니어 리빙〉이라는 잡지에 실렸다. 그날은 2003년 1월 12일, 돈과의 결혼기념일이었다.

뒤늦은 선택

오늘 나는 선택을 했다. 나는 내 남편이 요양원에 입원해 있다는 이유로 울음을 터뜨리고 비참하게 지낼 수도 있다. 아니면, 14년 전 오늘 내가 그의 아내가 되었다는 사실을 기뻐할 수도 있다.

돈은 알츠하이머병의 희생자다. 길고도 통탄스러운 과정이었다. 오늘 나는 그가 아프기 전까지 우리가 같이 나눴던 아름다운 삶을 감사하는 쪽을 선택했다. 그이만큼 나를 사랑해 주는 사람은 아무도 없었다. 나는 사랑이 눈먼 짓이라는 말을 더는 믿지 않는다. 사랑은 아무도 보지 못하는 것을 보는 것이라 믿기 때문이다.

우리가 처음 만났을 때 그이는 기운 넘치는 마흔아홉 살이었다. 키가 컸고, 갈색 피부에, 기분 좋게 잘생긴 사람이었다. 나는 여섯 살 연상으로, 나이 때문에 겁을 내면서도 그의 장난기에 사로잡힌 진지한 성격의 사람이었다. 1989년 1월 초에 우리는 서로의 자녀 여섯 명 중 네 명이 지켜보는 가운데 식을 올렸다.

그날부터 백만 번도 더, 그는 내 주름진 얼굴을 매만지고, 내 은발을 쓸어내려 줬다. "우리 눈부신 마나님!" 그는 이렇게 중얼거리면서 눈을 반짝이곤 했다. 우리는 지치지 않고 이야기했고, 마음속 생각들을 공유했다. 우리는 웃었고, 춤추었으며, 다시 돌아온 젊음의 환희에 전율했다. 시간도, 병의 진행도 아름다운 우리 관계를 망치지 못했다.

오늘 아침 나는 돈이 가장 좋아하는 케이크를 굽고 한 조각을 싸서 그이를 찾아갔다. 나는 그이가 먹기 좋게 케이크를 잘게 잘랐다. 그러고는 남편을 안고 키스하며 오늘이 특별한 날이라고 말했다. 그가 어렴풋이 알아보는 듯한 눈으로 나를 바라봤다. "사랑해." 나는 이렇게 말했다. 울지 않은 내가 자랑스러웠다. 집으로 운전해 돌아오면서, 나는 오늘이 정말로 특별한 날이라는 걸 인정했다. 오늘은 내가 아름다운 한 사람과 결혼한 지 14년째 되는 날일 뿐더러, 내가 은총을 받아 가장 건강한 선택을 하게 된 날이기도 했기 때문이었다…비록 한참 늦긴 했지만.

로드아일랜드주와의 경계에 인접한 코네티컷의 항구 도시 미스틱. 생전에 남편이 함께 지냈던 소박한 집 거실에서 이야기를 나누다가 미리엄은 내게 이 글을 보여줬다. 그는 집이라고는 단 네 채뿐인 조용한 거리인 미스티뷰 애비뉴에 살고 있었다. 이름처럼 이곳은 인근 롱아일랜드사운드와 대서양의 영향을 받아 약한 안개가 자주 밀려들었다. 크리스마스를 앞둔 늦은 금요일 오후, 우리는 그의 삶에 관한 이야기를 나눴다.

그 무렵 나는 이 책의 바탕이 되는 연구를 시작한 지 8개월째 접어든 참이었는데, 노화에 관한 논문들이 거의 다루지 않는 주제에 흥미를 느끼고 있었다. 치명적인 병마와 그 후유증을 맞닥뜨려야 하는 상황에서 살아가야 한다면, 인생의 오후를 어떻게 소위 성공적으로 맞이할 수 있을까? 낙천주의, 창의성, 건강한 라이프 스타일이라는 미덕을 사람들에게 권장하는 것은 물론 좋은 일이지만, 60대 언저리에 어지럽게 흩어져 있는 암이나 뇌졸중을 비롯한 수많은 질병 중 하나를 이겨내야 하는 사람들은 어떻게 그런 목표를 달성할 수 있을까? 병을 이겨내야 한다는 부담감에 억눌려 그동안의 보상을 받아야 할 인생의 오후에 꼭 필요한 심리적 평정심이 흔들리는 건 아닐까?

미리엄을 방문하기 전 한 달 내내, 나는 이런 질문에 해답을 찾으려고 고심했다. 자신이 걸린 질병을 객관적으로 조망하는 사람들과 질병으로 인한 정서적 무기력 상태를 스스로에게 용납하지 않는 사람들이 나이가 들어 마침내 인생의 보상을 받을 가능성이 크다는 사실은 명백하게 예측할 수 있다. 다시 말하면, '생리학적 모욕'에 반응하는 방식이 모욕 그 자체보다 더 중요하다. 이 문제에 해답은 자명할 정도로 간단하다. 하지만 무엇이 병에 걸린 한 인간의 반응을 결정하는 것일까? 그리고 그런 반응을 구성하는 요소는 무엇일까?

인생을 들판의 잡초처럼 내버려두지 마라

나는 나이가 들어 인생의 보상을 받은 몇몇 사람들이 병을 앓고 난 이후, 삶에 대한 인식과 가치가 상당히 달라졌다는 사실을 알게 됐다. 이에 반해, 어떤 사람들은 병을 앓았지만 태평하게 전혀 영향을 받지 않기도 했다. 그러나 그들이 자신들의 경험을 총동원해 삶의 철학을 바꾸든, 혹은 그런 경험을 도로에서 일어난 단순한 접촉사고로 보고 이제 다 지나간 일로 치부하든 간에, 그런 문제를 극복한 사람들에게 공통적으로 보이는 자질이 있었다. 어떤 결심이든 그것을 실패하게 내버려두지 않았다는 것이었다.

이런 생각을 모두 염두에 두고, 나는 병마를 넘어 성공적으로 인생의 오후에 접어든 사람들이 시련을 어떻게 다루었는지 그 세세한 내용을 알고 싶었다. 심하게 아팠던 경험이 나이가 든다는 사실에 긍정적인 혹은 부정적인 영향을 주거나 혹은 전혀 영향을 주지 않거나를 결정하는 요인은 무엇일까? 사랑 및 우정과의 유대감, 믿고 지내는 가까운 사람들로부터 받는 응원은 얼마나 중요할까? 자부심이 강한 성격이라면 다른 사람의 헌신이나 도움을 거부할까? 종교는 무슨 역할을 할까? 질병이 주는 부담을 극복한 사람들은 죽음과 사후 세계를 어떻게 생각할까? 끝으로, 많은 것을 극복하고 보상받는 인생의 후반전으로 접어든 사람들은 자신이 어떻게 기억되기를 바라는지도 알고 싶었다.

미리엄 개블러와 내가 미스티뷰 애비뉴에 있는 그의 소박한 집의 푸근한 거실에 앉아 이야기하는 동안, 이 모든 질문이 내 머릿속에 떠올랐다. 심지어 내 혼을 쏙 빼놓는 강아지도 미리엄이 이곳에 심어놓은 가식 없는 아늑함을 전해줬다. 미리엄의 작은 비글, 루시는 자꾸 내 다리에 코를 대고 문댔다. 녀석은 낯선 이방인의 품으로 파고들며, 이 집을 찾는 사람들은 죄다 자기를 쓰다듬고 만져줄 것이라 기대하는 듯했다.

미리엄과 나는 빛이 은은하게 퍼지는 그늘진 자리에서 의자를 끌어와 12월의 석양이 내리쬐는 작고 둥근 테이블 앞에 앉았다. 대화에 흠뻑 빠져들면 대개 몸을 앞으로 수그리듯, 우리도 몸을 앞으로 기울였기 때문에 남들이 보기엔 나이 든 두 친구가 차를 마시며 기분 좋은 수다를 떠는 것처럼 보였을지도 모르겠다. 내 마음속에 떠오르는 그날의 모든 느낌은, 미리엄의 현재 모습, 즉 매일의 풍성한 삶 속에서 만족감을 느끼는 그의 모습이 물들어 있다.

나는 일주일 전 미리엄 개블러라는 낯선 이름의 사람이 내가 쓴 책《사람은 어떻게 죽음을 맞이하는가》중 알츠하이머병에 관한 장을 읽고 보낸 감사 편지 한 통을 받았다. 나는 그 편지에 이끌려 뉴헤이번에서 97킬로미터를 운전해 왔다. 의학 에세이를 쓰는 작가들은 독자에게서 그런 편지를 많이 받는데, 내가 받는 편지들도 나름대로 재미가 있어서 몇 년 동안이나 대부분 답장을 보냈다. 개블러의 편지도 예외는 아니었다. 그런데 며칠 후 그동안 생각하던 몇 가지 질문을 다시 떠올리다가 어쩌면 그가 내가 그동안 만나려고 했던 바로 그런 사람일지도 모른다는 생각이 들었다.

편지 속의 그는 아주 오래전에 남편의 병을 받아들였다는 게 분명해 보였다. 편지에는 그가 약 40년 전에 난소암 수술과 방사선 치료를 받았다고도 쓰여 있었는데, 나는 바로 이 점에 끌렸다. 편지의 톤이나, 파괴적인 사건(힘겨운 결혼 생활과 이혼, 암, 사랑하는 남편이 인지저하증에 걸려 사망한 일 등)을 겪은 목소리에는 그저 단순히 그것을 이겨냈다는 사실을 넘어서는, 무언가를 말하려는 절제된 지성이 반영돼 있었다. 그 목소리는 병에 걸렸다는 잔인한 사실과 막대한 상실감이 하나로 뒤엉켜 삶이라는 직물이 됐음을 말해줬다. 이 직물은 어려움을 겪으면서도 마침내 마음속에 평화를 만들었을 뿐만 아니라, 평화를 넘어 가끔은 불행이 찾아올 수도 있다는 사실까지 겸허하게 받아들이는 강인함을 갖게 해줬다.

미리엄을 만나고 편지를 다시 읽자, '만족'이라는 단어가 내 머릿속에 가장 먼저 스쳤다. 일흔아홉 살의 나이에 또다시 역경과 화해했기 때문에 만족한 것은 아닐 것이었다. 그는 진심으로 삶에 만족했고, 자신의 삶을 행복하게 느꼈다. 정확히 말하면, 현재만큼 만족스럽게 삶을 좀 더 누리고 싶어 했다. 그는 자신의 지속적인 버팀목이 돼주는 지혜의 원천으로 불행했던 경험을 이용하려고 했다. 그는 자신의 삶보다 넘치는 삶을 바라지 않았는데, 삶이 충분히 만족스럽기 때문이었다. 이 모든 것이 그가 쓴 간결하지만, 대단히 심오한 다섯 개 문단에 확실히 드러났다. 미리엄을 만났을 때 그가 말해준 것에 따르면, 그는 오래전에 조심스럽게 결정을 내렸다. 많은 결정 중 제일 첫 번째 것은 자신의 삶이 실패하도록 내버려두지 않겠다는 것이었다.

미리엄 폭스는 미국 코네티컷주 노위치에서 음료 배달업으로 근근이 먹고사는 러시아계 유대인 이민자 부부의 다섯 자녀 중 넷째로 태어났다. 맹목적인 사랑을 주는 아버지의 격려로, 그는 고등학생 때 부기를 공부한 후 졸업해 직장을 잡았다. 2년 후 그는 프랭크 마셜과 결혼하면서 천주교로 개종했다. 이 사실 때문에 가족들은 분노에 휩싸였는데, 그의 어머니는 평생 노여워했다고 한다. 반면 아버지는 실망감을 이기고 당신이 가장 아끼던 자식을 용서했다. 결혼하려고 개종하는 보통의 사람들과는 달리, 미리엄은 개종한 종교를 전혀 가벼이 여기지 않았고, 열심히 공부해 마치 모태 신앙인처럼 신실한 천주교도가 됐다.

미리엄과 프랭크는 그가 1962년 난소암 치료를 받은 직후인 결혼 8년 차에 이혼했다. 그는 두 자녀와 자신의 생계를 위해 다시 부기 일을 시작했지만, 병을 앓고 난 후라 건강은 예전 같지 않았다. 암세포를 죽이려고 연달아 엑스레이 치료를 받다 보니 수년간에 걸친 방사선 폐해로 장폐색증이 나타나 묽은 변을 보게 됐다. 이 질환 때문에 그는 1992년 예순여섯 살에 또 다른 암인 대장암 선고를 받았고, 건강이 악화했다. 이전의 암 수술과 잇단 엑스레이 치료 때문에 손상돼 유착된 소장의 상당 부분과 오른쪽 결장을 제거하는 수술을 받아야 했다. 그때부터 변이 더욱 문제를 일으키는 바람에 음식을 선택하고 준비하는 데 각별하게 주의하게 됐다.

수년간 지속된 설사와 주기적인 폐색 때문에 미리엄은 163센티미터에 45킬로그램이라는 깡마른 몸이 됐지만, 겉보기에만 그럴 뿐 그에게서는 쇠약함의 흔적을 찾아볼 수 없다. 그는 다부진 얼굴과 또렷하고 고른 목소리 톤을 가진 사람이었다. 내가 도착해서 서로 인사를 나누고 같이 몇 시간을 보내는 동안, 그는 나와 시선을 주고받으면서 바쁜 삶에 익숙한, 독립적인 한 사람으로서의 모습을 보여줬다. 그에게는 확실히 고집이 있었고, 그 모습은 우리가 대화를 나누기 시작한 순간부터 또렷이 느껴졌다.

꼼꼼히 식단을 챙기는 덕분에, 미리엄은 전혀 영양이 부족하지 않다. 그는 음식을 선택하고 준비하는 과정에 극도로 세심하게 주의를 쏟는다. 그러나 주방을 너무나 사랑하기 때문에 손이 많이 가는 요리가 그에겐 짐이 아니다. 사실 그는 요리를 기쁨을 얻을 수 있는 또 다른 창의적 활동으로 여긴다. 그러나 성가신 문제가 있다. 바로 왼쪽 눈의 백내장이다. 그 정도가 꽤 심하기 때문에 그는 쇼핑할 때 라벨에 쓰여 있는 작은 글씨를 읽으려고 확대경을 가지고 다녀야만 한다. 그러나 그는 자신의 장애를 대수롭지 않게 여기며 씩씩하고 쾌활하게 생활하고 있다. 그나 안과의사나 수술을 꺼리고 있기 때문이다.

70대 후반으로 들어선 사람들 대부분처럼 미리엄은 심장 질환과 고혈압의 원인을 조절하려고 몇 가지 약을 복용한다. 물론, 대변을 조절하기 위한 약도 지속해서 필요하다. 이렇게 모든 것에 주의를 기울여가며 그의 몸은 지난 60년을 버텨왔다. 처방약 다섯 개를 복용하는 건 그 연배의 평균치에 비해 그리 많은 것도 아니다.

그날 오후 우리가 대화를 나눌 때, 미리엄은 자신이 현재 느끼는 만족감이 저절로 온 것이 아니라는 사실을 초반에 확실히 밝혔다. 그는 다른 사람의 삶에 대한 성찰을 통해, 아주 오래전에 이미 자신이 나이가 들었을 때 도움이 될 만한 관심사를 갖겠다고 결심했다. 그가 관찰한 것은 어머니의 삶이었다. 그의 어머니는 인생의 막바지로 다가갈수록 우울함을 느끼면서 점점 고립되었다. 그의 어머니는 즐거움을 가져다줄 관심사를 가져본 적도, 독립성을 키워본 적도 전혀 없는, 그러니까 고질적으로 만족할 줄 모르는 사람으로 삶을 마감했다. "전 나이 들면 저렇게는 되지 않아야겠다고 결심했어요. 제가 제 삶을 언제나 확실히 계획하며 살아온 건 아니지만, 그래도 노년은 계획한 셈이죠. 전 20대 후반에 이미 어머니처럼은 되지 않겠다고 결심했어요. 나는 내가 나이가 들어도 할 수 있는, 흥미를 느낄 수 있는 거리들을 찾았죠."

미리엄이 스스로에게 약속한 '일'들 중 첫 번째는 서른 살에 '라이터스 다이제스트Writer's Digest'라는 기관의 통신 교육을 받고 글쓰기 수업을 듣는 것이었다. 그때부터 그는 인근의 지역 전문대학에서 다른 과목들도 배웠다. 간결하면서도 정교한 그의 글쓰기 스타일을 보면, 이런 수업을 들으면서 직접적이고 흡수력 있는 문장으로 자신의 생각을 전달하는 능력을 키웠다는 걸 알 수 있다. 그는 자신만의 문제를 수년간 공들여 다듬었고, 쉰네 살에 준학사 학위도 땄다. 그는 학사 학위에도 도전장을 냈지만, 남편 일로 혼이 쏙 빠지는 바람에 끝까지 마무리 짓지 못했다라고 했다.

나이가 들어 남편이 병을 앓으면서, 미리엄의 글쓰기는 생각을 정리하고 발전시키고, 그것을 남들과 공유하기 위한 형식으로 점차 바뀌어나갔다. 그가 글을 쓰는 진정한 목적은 자신이 처한 상황과 감정을 이해하려는 것이었다. 그는 글을 쓰면서 자신의 생각을 탐험했다. 그는 자신의 생각을 쓴 글을 잡지사들에 보냈는데, 지금까지는 꽤 성공적이었다. 나는 그가 다양한 정기 간행물 (〈프로비던스 저널The Providence Journal〉에서부터 미주리주 스프링필드에서 발행되는 시니어 잡지인 〈오자크 시니어 리빙〉에까지)에 기고한 23편 중 몇 개를 읽으면서 미리엄이 예민한 통찰력과 함께 그저 반복되는 평범한 나날이라고 비웃음 받는 일상에서도 의미를 찾아내는, 홀로 사는 많은 나이 든 사람들을 대변하는 솔직한 목소리를 지니고 있다는 걸 발견했다. 카펫 짜기, 요리, 장지 마련하기, 사적인 문제 처리하기, 오래전에 떠난 사랑하는 아버지 추억하기. 이들은 그가 수십 년에 걸쳐 써 온 작품의 주제들로, 그는 최근에 이를 더 자주 다루고 있었다.

미리엄의 글에서 말하는 '평범한 일상' 중 대부분은, 자신이 누구인지 잘 드러내는 자기 집의 작은 방들에 쏠려 있다. 미리엄이 집에 있는 모습을 보면, 그가 입고 있는 따뜻한 톤의 바지와 블라우스 차림이 그래 보이듯이 매우 편안한 느낌이 든다. 미리엄이 자신에게 차린 분위기는 자기 자신은 물론 이방인까지도 감동하게 한다. "전 제 집이 좋아요. 아침에 일어날 때마다 또 하루를 살 수 있어서 행복해요. 뭐부터 해야 할지 잘 모르겠어요. 전 자신을 돌볼 수 있는 한 이 집에서 최대한 오래 살게 해달라고 기도를 올립니다. 이렇게 제 공간에 있는 게 정말 즐거워요. 이곳에서 글 쓰고, 책 읽고, 퀼트하고, 카펫을 짜고, 요리하는 게 좋아요. 전 요리하는 걸 좋아하죠. 제가 아끼는 시 한 수를 보여드릴게요. 이 시는 제가 하고 싶은 말이 뭔지 잘 설명해 주거든요." 미리엄은 이렇게 말하며 일어나 작은 서재로 가서 앨리스 워커Alice Walker의 〈은총Grace〉이 실린 시집을 들고 왔다.

은총이
내게 너무 아름다운
하루를 주었기 때문에
나는 집 안에
머무를 생각이었네.
설거지를 하고
찬장을
정리하고
시든
양파와
쪼그라진
마늘쪽을
집어던지고
그러다
발견했다네.
이렇게 안에서 밖을 내다보니
행복하다는 사실을.
이것이 바로
풍요로움이네.

아름다운 날을
어떻게 보낼지
이렇게
선택할 수 있다는 것.

　그가 유달리 이 시를 아끼는 이유는, 이 시가 미리엄이 일상에서 발견한 풍요로움을 잘 노래하고 있기 때문이다. 내가 그를 생각할 때 가장 먼저 연상되는 단어는 '만족'이다. 미리엄의 모습 속에는 행복이 깃들어 있다. 미리엄은 자기 성찰이라는 눈을 통해 작고 안전한 세상을 만들어냈다. 이는 미리엄의 내면의 확신을 보여준다. 이런 눈을 통해 미리엄은 내면의 선을 바라본다. 그래서 고요하고 친숙한 환경을 에워쌀 만큼 인생의 지평선이 가까이 다가왔을 때도 자신을 감싸 안을 수 있다. "이렇게 안에서 밖을 내다보니/행복하다는 사실을/이것이 바로/풍요로움이네."
　"정말 많은 사람이 불행해 보여요." 미리엄은 다급함이 묻어나는 목소리로 말한다. "사람들은 만족할 줄 몰라요. 뭐든 해결하지 못하죠. 전 그런 일로 시간을 낭비할 수는 없어요. 절 감응시키지 못하는 사람들에게 시간을 허비할 수는 없어요." 그는 지역 노인 센터의 열성 회원으로, 이곳에서 퀼트, 카펫 짜기, 글쓰기 같은 수업을 몇 가지 듣는다. 할 일도 참 많다. "제 생활은 꽤 만족스럽습니다. 전 이런 생활이 좋아요. 가장 중요한 것은 이 생활에 감사하는 것이죠. 말씀드렸듯이 제가 이렇게 생각하는 데에 처음으로 상당한 영향을 준 건 난소암을 앓은 경험이었어요. 그 일은 시간이 귀중하고, 사람들도 정말 소중하다는 사실을 깨달을 때 상당히 큰 역할을 했어요. 대장암을 앓고 나서 더욱 그렇게 생각하게 됐죠. 역경을 이용하는 건 달콤해요." 그가 힘주어 말했다. "자연이 주는 경험은 모든 면에서 다 좋아요." 미리엄은 자신의 불행을 잘 이용했다.

그의 말의 행간에는 그가 만족감을 느끼는 분야에 대한 사명감이 느껴진다. 미리엄은 자신의 글을 잡지사로 보내는 그저 왜소한 나이 든 사람이 아니라, 솜씨를 가다듬고 열심히 노력하는 숙련된 작가다. 그는 자신의 문학적 욕구와 독자들의 요구에 가장 정확하게 응수할 수 있는 단어와 방법을 찾아 마음속 깊은 곳까지 닿으려고 노력한다. 카펫 짜기, 퀼팅, 요리, 이들 모두가 만족감의 원천이며, 예술이다. "그렇게까지 바쁘진 않아요. 의미가 있어서 바쁜 거니까요." 그에게 있어 삶의 지평선에 다가간다는 것은, 지평선에 둘러싸인 모든 것의 풍부함이 확장되는 것을 의미한다.

그러나 지평선 너머까지도 느낄 수 있게 해주는 형용 불가능한 영적인 존재는 그에게 초월이라는 의미를 일깨워줬다. "전 어떤 형식으로든 신을 섬기고 싶습니다." 그는 내게 말한다. 그는 자신의 삶에 신앙이 중요한 역할을 해왔다라고 언급했다. 그는 50년 가까이 독실한 천주교 신자로 살았고, 지역 교구에서도 열심히 활동했다. 거의 매주 미사에 참석하지만, 더는 로사리오 기도서를 읽지도, 고해하러 가지도 않는다. 신을 숭배하고 성가를 사랑하지만, 그는 자신의 믿음을 확고한 천주교의 울타리에 머무르게 하는 대신 점차 개인적인 형식으로 정의하고 있었다. 그 형식 안에서는 모태 신앙인 유대교의 잔재를 느낄 수 있기도 하다. "전 제가 유대계 천주교인이라고 생각해요. 저는 신과 소중한 관계를 맺고 있죠." 그는 종종 기도하는데, 대체로 틀에 얽매이지 않고 그만의 독특한 방식으로 한다. 나중에 내게 보낸 편지에서는 이렇게 말했다. "유대인 종교 철학자 마르틴 부버Martin Buber가 말했듯이 신은 인간이 허락하는 곳 어디에서나 존재한다고 믿습니다. 제 삶의 위대한 고통도, 가장 큰 기쁨도 바로 그분의 선물이기 때문이죠."

죽음을 대하는 미리엄의 태도 역시 특정 틀에 얽매이지 않는다. 나는 그에게 죽음을 생각하는지, 죽음 이후는 어떻게 생각하는지 물었다. "저도 가끔은 죽음을 생각해요. 하지만 두렵지는 않습니다. 만약 갑자기 죽어도 행복할 것 같아요. 죽음 이후에 무슨 일이 벌어질지 대답은 못하지만 별로 상관없어요. 사실 바쁘게 생활하느라 죽을 걱정을 할 새도 없거든요."

미리엄이 이토록 바쁜 생활을 하는 건 노인 센터나 미스틱 지역 사회, 성당에서 만난 주변인들과의 관계 때문이다. "인간관계가 제 가장 큰 특기거든요." 강조하는 듯한 말투 속에 그가 관계를 맺고 있는 사람들과의 열정이 전해진다. 그러나 그렇다고 해서 그가 누구와도 무차별적으로 관계를 맺는 것은 아니다. 그는 자신에게 자양분을 주는 사람들이(아들과 딸을 포함해) 필요한 것처럼, 자신 또한 남들에게 자양분을 줘야 한다고 느낀다. "남을 돕는 사람으로 기억되고 싶어요. 삶이 어렵다고 생각하기 때문에 제가 줄 수 있는 것을 필요로 하는 사람들에게 삶이 좀 더 쉬워지도록 뭔가를 말하거나, 뭔가를 해주고 싶어요." 미리엄은 또 "제 삶을 감당할 수 있는 능력을 주신 신께 감사드려요"라고 말했다. 이 말은 진심이 담긴 표현으로, 사람들이 흔히 하듯 단순히 덧붙인 것이 아니다. 미리엄 개블러가 삶에 끊임없이 시달리는 동안 그를 버티게 해준 것은 바로 신이 그의 인생을 인도하고 있다는 굳건한 믿음이었다. "숭고한 힘에 대한 믿음은 많은 도움이 됩니다. 믿음 속에서 삶을 살다 보면, 신이 뜻하는 것을 받아들이게 되죠. 믿음은 제게 정말 중요해요. 신을 믿고 있기 때문에 무슨 일이 닥쳐도 기꺼이 받아들일 수 있습니다. 저는 제가 제 인생에서 어디쯤 있는지 현실적으로 보려고 노력합니다. 진심으로 신께 감사하고 있어요."

미리엄은 자신에 대한 믿음을 신앙에 대한 신뢰의 결과이자, 그 안에 있는 신에 대한 믿음의 결과로 본다. 천주교의 의식을 오랫동안 따랐지만, 그의 신앙의 원천은 그것과는 무관해 보이며, 그를 처음 믿음으로 인도했던 유대교와도 큰 관계가 없어 보인다. 우리의 만남 이후 교환한 편지에서 그는 이렇게 적기도 했다. "열아홉 살에 멋진 유대인 청년과 약혼을 했었다는 사실을 알려드리고 싶습니다. 제가 그에게 함께 예배를 드리자고 했더니 나를 비웃었죠. 그래서 파혼했어요. 스물한 살에 첫 남편을 만났는데, 믿음 생활을 중요하게 생각한다는 말에 홀딱 반해서 그와 결혼했어요. 그이가 말한 믿음은 성당과의 관계였다는 사실을 한참 후에야 알게 됐죠. 그는 신과는 아무 관계가 없었어요."

나는 이 말의 숨은 뜻을 이렇게 해석한다. 미리엄이 진짜로 내게 알려주고 싶었던 사실은 그에게 가장 중요한 것은 신을 믿는 일이며, 그다음이 종교적 형식이라고 말이다. 나는 사실 이 말에 충격을 받았다. 약 한 달 전쯤, 신에 대한 믿음이든, 종교에 대한 믿음이든 여하간 믿음이라는 행위에서 완전히 떠나온 한 사람을 만났기 때문이다. 미리엄처럼 그 남자도 자신만의 방식대로 성공적으로 나이를 먹고 있다. 그러나 숭고한 힘에 대한 믿음이라는 스펙트럼에서 두 사람이 보이는 서로 다른 시각 차이는 그들의 수많은 차이 중에서 빙산의 일각에 지나지 않았다.

가장 눈에 띄는 차이는 신체적인 것이다. 윌리엄 G. 피트 바커는 기품 있게 훤칠한 체격(185센티미터에 79킬로그램)에 성공한 경영진 같은 모습이다. 그는 코네티컷주의 그리니치나 다리엔, 뉴캐넌 같은 마을에 있는 영국 성공회 교회에 매주 일요일 아침마다 나가 매력적이고 아름다운 아내와 아이들과 함께 맨 앞자리에 앉아 있을 것처럼 보인다. 피트 바커는 성공회교도이자 은퇴한 경영인의 모습으로 그리니치에 살고 있지만(그런 그림에는 열성적인 다트머스대학교 동창의 모습도 한 부분을 차지한다) 실제로 그는 자기만의 독특한 방식으로 살고 있다. 신실한 신도라는 상상과는 동떨어지게도, 내가 그에게 종교를 묻자 그는 대답하기 전(어쩌면 '자백하기' 전이라는 표현이 그의 행동에는 더 어울릴지도 모른다) 잠시 생각을 해야 했다. 그는 이렇게 말한다. "전 성공회 교도인 것 같습니다." 그는 유대인 아내와 결혼한 지 30년 가까이 됐고, 개혁 유대 교회에 종종 같이 가기도 한다. 예배 스타일이 더 잘 맞고 랍비를 존경하기 때문이다.

개에 대한 피트 바커의 취향도 미리엄과 상당히 다르다. 공격적으로 짖어대는 피트 바커의 두 마리 개는 미리엄의 비글, 루시처럼 사랑스럽고 작은 반려동물이 아니다. 내가 그의 집 정문에 나타난 순간부터 으르렁대기 시작하더니 겁먹은 나를 눈 덮인 바닥으로 쓰러뜨려 점심 식사 삼아 잡아먹기라도 할 기세로 문에 거칠게 몸을 내던졌다. 둘 다 잡종 목양견으로 한 마리는 도베르만이고, 다른 한 마리는 베른이었다. 녀석들이 목덜미를 잡혀 욕실에 감금된 후에야 나는 안전하게 문지방을 건널 수 있었다. 피트 바커는 깜짝 놀라 사과한 다음 웃으면서 호리호리한 몸을 내게 돌려, 맥이 풀린 내 손을 잡고 인사를 나누었다. 주인처럼 녀석들도 원기와 에너지가 넘쳐흘렀지만, 주인과는 달리 두 녀석 다 붙임성도, 내게 호의도 전혀 없어 보였다. 심박수가 거의 정상으로 돌아오고 난 뒤, 나는 피트 바커가 정리할 시간을 내지 못해 서류, 책, 사진, 인생의 추억거리들이 유쾌하게 흐트러져 있는 넓은 거실로 안내를 받았다. 사실 나도 일할 때 어질러놓는 스타일이라 이런 광경이 상당히 익숙했지만 살짝 놀랐다. 그건 이 집의 주인이 큰 회사의 회계를 담당하는 일을 해왔다고 들었기 때문이다. 하지만 나는 곧 그가 이보다 더 다양한 일을 해왔다는 사실을 알게 됐다.

피트 바커의 커리어가 정점을 찍었던 시기는 그가 CBS 선임 부사장 겸 재무 총담당을 맡을 때였다. 필라델피아에 있는 대형 석유 회사를 다녔던 경력과 다트머스대학교의 아모스 터크 비즈니스 스쿨에서 수학한 이력으로 그는 그 자리까지 올랐다. 군 재정 장교(이런 보직을 맡고 있어도 낙하산 부대와 함께 군용기에서 낙하하는 법을 배워야만 했다)로 복역하던 1957년, 그는 첫 번째 결혼식을 올렸다. 아들을 낳고 9년간의 결혼 생활을 했지만 결국 이혼했다. 그는 곧 재혼했지만 1977년 또다시 이혼했다. 그때 나이는 마흔네 살이었다. 같은 해 피트 바커는 게일 고트라이브와 다시 재혼했다. 그는 영업이사로서 성공적인 커리어를 쌓았고, 현재 퍼드햄대학교의 비즈니스 대학원에서 방송 및 케이블 방송 광고를 가르치고 있다.

피트 바커는 평생을 열혈 육상 선수로 살아왔다. 그는 고등학교 상급생 시절 투포환 던지기를 처음으로 시작했다. 스물아홉 살에는 유도를 시작해서 9년 후 검은 띠를 땄을 뿐만 아니라, 마흔네 살에는 시니어 전국 대회에 출전하기까지 했다. 그러고는 장거리 달리기에도 관심을 뒀다. 1980년 뉴욕 마라톤 대회에 출전하려고 훈련할 때가 마흔일곱 살이었는데, 당시 원인을 알 수 없는 체중 감소를 겪어야 했다(27년 후인 지금 내가 그에게 관심을 두게 된 치명적인 질환의 첫 번째 증세다).

피트 바커는 마라톤을 시작했지만 27킬로미터 지점에서 중도 포기해야만 했다. 갑자기 등에 통증이 느껴져 더는 달릴 수 없었기 때문이었다. 하지만 곧 등의 통증은 걱정거리조차 되지 않았다. 통증을 무시하려고 애쓴 지 며칠 만에 열이 40도까지 치솟았기 때문이었다. 아내는 그에게 병원에 가자고 했고, 그는 아급성 세균성 심내막염 진단을 받았다. 이 질환은 심장의 좌심방과 좌심실 사이에 있는 판막이 감염되는 증상이다. 장기간 항생제를 투여해 병을 치료했으나, 판막이 심각하게 손상되는 바람에 심장은 제 기능을 하지 못했다. 심장은 비대해졌고 심실 또한 약해져서, 피를 방출하는 심장의 능력은 정상 수치인 70퍼센트 이상에서 32퍼센트로 급격히 떨어졌다. 시간이 흐를수록 쇠약해진 심장을 위한 집중 치료가 효능을 발휘하지 못하자, 병원에서는 새 판막을 삽입하는 개심술을 권했다. 1993년, 애처로울 정도로 제 기능을 하지 못하던 심장 이첨판막은 흑연 판막으로 교체됐다. 물론 약의 도움을 받아야 하지만, 심방세동atrial fibrillation이라 불리는 비정상적인 심박을 제외하고, 피트 바커의 심장은 제 기능을 지속해서 발휘하고 있다. 피트 바커가 복용하는 약에는 협심증, 부정맥 치료에 쓰이는 칼슘 차단제인 베라파밀과 베타 수용액 차단 약 두 종, 판막 주변에 혈액 응고를 막기 위한 혈액 응고 방지제가 포함된다. 또 혹시라도 심정지를 일으킬지도 모르는 혈류 과부하의 가능성을 줄일 수 있는 이뇨제도 필요하다. 그는 플로맥스를 복용하는데, 이 약은 습한 전립선의 폐색을 극복하기 위한 약이다. 악성 빈혈 때문에 엽산과 비타민 B12 주사도 매달 맞아야 한다.

인생은 태도에 달려 있다

다른 사람이라면 자신이 약물에 의존해야 하는 통제 불능의 심장병을 앓고 있다는 사실에만 사로잡혀 스스로를 걱정에 가둘 수도 있다. 그러나 그건 피트 바커의 방식이 아니다. 그는 내게 솔직하게 말한다. "전 제 삶이 산산조각 났다는 비참한 생각은 하지 않습니다." 그러고는 머리를 가리키며 이렇게 덧붙인다. "인생은 여기에 달려 있어요. 바로 태도죠. 머릿속에서 어떻게 생각하느냐에 따라 삶은 달라집니다. 다들 쉽게 말하죠. '오, 신이시여, 제가 환자가 됐어요.' 그러나 전 절대로 그렇게 하지 않았습니다."

중병을 앓는 동안 피트 바커는 의사들의 말을 듣고 더욱 견고해졌다. 의사들은 그가 좋아하는 활동적인 삶을 저지하지 않았고, 되레 권장했다. "'이건 해서는 안 된다'라는 식으로 제 앞을 가로막는 것은 전혀 없었어요." 그래서 그가 열의를 느끼는 바로 그 순간, '그것'이 무엇이든 간에 그것을 했다. "행동하는 데 어려움은 전혀 없었어요. 누워 있으라는 소리는 들어보지도 못했죠. 어떤 제약도 받지 않았습니다." 그는 자신을 환자라고 생각한 적이 단 한 번도 없었다. 그는 자신을 단지 모든 것이 제대로 돌아가게 하려고 주기적으로 병원을 가는 에너지 넘치는 남자라고 생각했다. 그는 자신의 병력을 통합해 새로운 삶의 철학을 만들 필요를 전혀 느끼지 않았다. 미리엄과는 달리, 그는 죽음과 만날 뻔한 경험에서 다른 경우라면 터득하지 못했을 독특한 지혜를 구하지 않았다.

미리엄과 피트 바커는 지독한 후유증과 재발할 가능성이 있는 중병을 앓았다. 이 경험은 이들에게 공통점 단 하나를 남겼다. 둘 중 누구도, 자신이 당장 아플 수도 있다고 생각하지 않는다. 그들은 병에 대해 절대로 타협하지 않는다. 한 사람은 자신의 질병을 성장의 기회로 보았고, 또 한 사람은 자신을 아예 병에 걸리지 않은 것으로 봤다. 이렇게 정반대의 태도에도 불구하고, 두 사람 모두 병에 대한 걱정이나 집착이 없으며, 마음의 평정심 또한 갖추고 있다.

미리엄의 병처럼 피트 바커의 병도 그에게 지울 수 없는 파괴의 흔적을 남겼다. 하지만 피트 바커는 마치 병이 아예 존재하지도 않았던 것처럼(병이 인생의 계획표를 당장 수정해야 하는 재앙이라기보다, 그저 뛰어넘어야 할 허들인 것처럼) 받아들이며, 계속 앞을 보고 나아가고 있다. 이 모든 것은 코앞까지 들이닥친 죽음이 삶에 대한 태도에 얼마나 영향을 줬는지, 혹은 그를 얼마나 변화시켰는지에 대한 대답에서 명확히 드러난다. "솔직히 말하면 영향을 주지 않았어요." 내가 같은 질문을 미리엄 개블러에게 던졌을 때 그가 했던 대답과는 상당히 다르다. "전혀요." 중증 심장 질환을 겪고 나서 삶을 더욱 소중히 여기게 됐는지 묻자, 피트 바커는 무덤덤하게 대답한다. "전 기적이 일어났다고 생각하지 않습니다."

피트 바커가 냉철하다는 사실은 질환에서 회복된 이후 그가 해온 일을 보면 잘 알 수 있다. 심내막염으로 판명난 지 얼마 지나지 않아 그는 다시 달리기 시작했다. 수술을 받은 얼마 후엔 예순의 나이에도 불구하고 고교 및 대학교 시절에 그랬던 것처럼 투포환 선수로 다시 뛰기 시작했다. 그때부터 그는 원반, 투창, 해머도 던졌다. 물론 투포환을 가장 좋아하지만 말이다. 1991년 CBS에서 은퇴한 뒤론 텔레비전 프로그램 제작과 관련한 벤처 사업에 잇달아 관여했다. 그러고는 2년 후 이첨판을 교체하는 수술을 받았고, 수술에서 회복되자마자 그 사업에 다시 뛰어들었다. 하지만 그가 이리저리 벌인 사업들 중 무엇 하나도 뛰어난 성공을 거두지 못하자, 결국 60대 후반에 사업에서 손을 떼기로 결정했다.

1990년, 쉰일곱 살의 나이가 된 피트 바커는 〈뉴욕타임스〉에 배우 공고 모집 광고를 보고 지원했고, 그때부터 파트 타임으로 영화 출연을 즐기며, 아마추어 연극배우로도 활동하고 있다. 그는 서른 편 이상의 연극과 영화에 엑스트라로 출연했다. 이런 식으로 관심사를 더해왔기 때문에 그의 말을 빌리면 그의 삶은 '정말 너무 바쁘다.' 배우로서 인생에 재미와 흥분을 더하는 것은 물론, 자신이 참가하는 각종 마스터급 시니어 대회를 위해 늘 훈련한다. 그는 뮤추얼 펀드 회사 두 곳의 선임 이사직을 맡고 있으며, 다트머스대학교 동창회의 뉴스레터도 만든다. 피트 바커는 이렇게 자신의 관심이 필요한 크고 작은 일들을 계속 발견하며, 활동적인 자신의 삶에 계속 발맞춰 나가고 있다. 그는 자신이 광적으로 하는 운동을 설명하면서 말장난 삼아 이렇게 말했다. "이게 바로 진짜 은퇴라는 거죠. 새로운 것을 시도하는 것! 이제 시간과 자유가 남아돌지 않습니까. 전에 한 번도 해보지 못한 것을 해봐야 합니다." 그는 즐길 거리를 잔뜩 선물 받은 사람이다. 그의 삶은 생기 넘치고, 다채로우며, 옆에서 보기에도 재미있다.

    이것이 일흔세 살이라는 자신의 나이를 책임지고 있는 한 사람의 삶이다. 그에게 '나이'란 햇수를 나타내는 숫자라기보다, 그가 몸으로부터 전해 받는 메시지다. 오랫동안 해온 운동이 그에게 그 메시지를 해석하는 법을 가르쳐줬다. 이런 몸의 메시지와 훌륭한 분별력에 의지해, 그는 자신이 어디까지 갈 수 있는지 알고 있다. 그는 이렇게 말한다. "지금 제가 하고 있는 일은 지속해서 할 수 있는 일들입니다. 나이에 인위적인 장벽이란 없어요." 미리엄 개블러와 마찬가지로, 그 또한 신중함과 분별력을 지니고 있기 때문에 그에게 기쁨을 주는 어떠한 활동도 그만둬야 할 이유를 알지 못한다. 그의 대답 속에는(물론 아주 약간의 농담이 섞여 있지만) 이 모든 것이 함축돼 있다. 나는 그에게 앞으로 뭘 기대하는지 물었다. 그는 5년 단위로 열리는 시니어 올림픽에 대한 설명부터 시작한다. 이 올림픽에서는 같은 연령대끼리 경쟁을 벌인다. 웃고는 있지만, 피트 바커는 자신의 목표를 말할 때 꽤나 진지하다. "백 살 때 투포환 세계신기록을 세우고 싶어요." 나는 확신 있게 대답한다. "몇 주 전에 미리 알려주세요. 그럼 스케줄을 조절해서 응원하러 가겠습니다." 미래의 신기록을 보유할 선수보다 두 살 많지만, 나도 그처럼 그곳에 가겠다고 단단히 결심한다.

나는 이미 대답을 알 듯하지만, 그래도 피트 바커에게 병을 극복하는 데에 신앙이 어떤 역할을 했는지 묻는다. "전혀요." 그의 대답은 심드렁하다. 하지만 확신할 수 없기 때문에 일부러 그러는 척하는 식의 과장은 담겨 있지 않다. 이런 그의 대답에 우리는 그의 진짜 신앙인 휴머니즘에 대한 토론을 시작한다. 나는 토론을 이끌어가려고, 신이 은총으로 내려다보지 않는다면 왜 인간이 선에 대한 동기를 갖는지와 같은 진부한 질문을 일부러 던진다. 왜 피트 바커는 도덕적인 존재로 사는 것이며, 왜 아무 보상을 받지 못하면서도 남을 위하고, 페어 플레이를 하려고 양심적으로 구는 것인가? "그건 그렇게 하는 게 옳은 일이기 때문이죠." 그는 자명한 사실이라는 듯 대답한다. 그는 책상 위 파일 속에 보관하고 있는 소설가 커트 보네거트의 말을 인용한다.

우리는 내가 누구인지 이해하고 인정해야 한다

보네거트는 졸업을 앞둔 젊은 학생들에게 이렇게 말했다. "나는 죽은 후 보상을 받거나 벌을 받을 것을 생각하지 않고 그저 예의 바르게 행동하려고 노력한다." 보네거트가 휴머니스트로서 말한 것이든, 신앙을 가진 사람으로서 말한 것이든 이는 가치 있는 신념이며 이타심을 능가하는 함축적인 의미를 지니고 있다. 사실 보네거트의 말은(혹은 피트 바커의 말은) 나이 듦에 대한 나름의 진실이 담겨 있다. 만약 성공적인 나이 듦에 초석이 되는 단 하나의 요소가 있다면, 그러니까 다른 요소들을 모두 가능하게 하고, 이에 영양분을 공급하는 단 하나의 요소가 있다면, 그것은 건강한 자기 이미지가 틀림없다. 우리는 자기 자신을 인정하고, 자신의 모습에 자부심을 느끼고, 우리의 도덕적인 감각에 떨림을 느껴야 한다. 간단히 말하면, 우리는 현재 우리의 모습에 행복을 느껴야만 한다.

그렇다고 스스로에 대한 비판과 우리가 지금 그렇듯 자신에게 느끼는 고질적인 불만까지도 옹호해야 한다는 말은 아니다. 사실 그 누구도 '현재의 모습에 완전히 만족해서는' 안 된다. 나이 들어간다는 것이 삶이 성숙해져 간다는 것을 의미한다면, 우리는 우리 자신과 이 세상 속에서 고쳐나가야 할 결점을 고치도록 이끌어주는 지속적인 자기 성찰의 단계 속에 있어야만 한다. 우리는 뭔가 더 나은 것을 부단히 갈망한다. 이는 미리엄 개블러가 말하듯 자신에게 불만을 느낄 때 '우리가 떠맡는 역할'을 스스로 재고하도록 부추기는 에너지이자, 피트 바커가 '한번 해본다'라고 말하는 일들에 대한 자극을 불러일으키는 것이다. 미리엄처럼 만족한다는 것은 무기력한 상태를 의미하는 것이 아니다. 이는 삶의 지평선 안에서 스스로 끌어당길 수 있는 모든 기회를 최대한 이용하는 것이다. 이는 또 자신이 달성하는 모든 것에 우쭐함을 느끼면서 활기에 도취하는 것을 의미하지도 않는다(누군가는 피트 바커가 그렇다고 오해할 수도 있지만), 역설적이지만, 우리는 우리가 현재의 모습보다 좀 더 나아지기를 갈망할 때 우리 자신을 더 괜찮게 느낀다. 앞서 말한 '현재의 모습'이란 '현재 우리가 어떤 인간인지' 말하는 것으로, 여기에는 변화에 대한 열린 태도가 포함된다. '매일, 모든 면에서'란 말은 낡아빠진 진부한 표현처럼 들리겠지만, 이 말에는 진실이 녹아들어 있으며, 이는 특히 인생의 후반전에 중요하다.

일부 격언은 현실의 렌즈를 통해 자세히 들여다보면 설득력이 떨어지는데, 선행에 관련된 격언들은 특히나 공허하게 들리는 편이다. 그러나 17세기 의사 겸 철학자인 토머스 브라운Thomas Browne이 남긴 말은 유명한 격언이지만 분명히 옳았다. 그는《한 의사의 신앙고백Religio Medici》에서 다음과 같이 적었다. "선이 그 자체로 보상이라는 것은 냉엄한 원칙일 뿐이다." 타인의 희망과 요구를 고려하지 않고, 세심함이 없는 선은 일종의 자기만족에 빠진 껍데기일 뿐이기 때문에, 선이라는 말을 붙일 가치가 없다. 재미있는 사실은, 우리가 우리 자신보다 타인에게 가치를 더하는 선을 행할 때 가장 큰 보상을 받는다는 것이다. 이런 보상은 나이가 몇 살이든 관계없이, 정신을 풍요롭게 하는 마음의 평화를 얻기 위해 우리에게 필요한 자기 이미지를 지속시켜준다. 여기에서 다시금 플라톤의 말을 떠올린다. 그리스 철학자 디오게네스는《유명 철학자들의 삶Lives of Eminent Philosophers》이라는 책에서 플라톤의 말을 인용한다. "선은 그 자체로 행복하기 위해 충분했다." 주변 사람들을 세심하게 배려해서 행하는 선행은 보기보다 그리 이타적이지 않다. 다시 말해, 가장 순수한 형태의 계몽된 이기심enlightened self-interest*만큼이나 이타적이지 않다는 말이다. 자신의 모습을 좋게 생각하는 것은 우리에게 도움이 된다. 미국의 심리학자 윌리엄 제임스William James가 실용주의의 개념을 다른 무엇으로 구체화한다고 해도, 이것은 그도 동의했을 진실과 가치에 대한 시금석이다. 사실 우리는 남을 도우면서 자신을 돕는다. 만약 신이 우리를 자세히 내려다보고 있다면, 그분은 우리가 착한 일을 해서 천국에서 받는 만큼, 이승에서 이미 보상을 받는다는 사실을 알고 계실 것이다. 보상은 나중에 오는 것이 아니라 현재 온다는 사실도.

이 모든 것에 생각이 미치자 피트 바커에게 사후 세계를 어떻게 생각하는지 물을 필요가 없어 보였다. 그도 "그만하시는 게 좋겠습니다"라고 대답했다. 이 말은 사후 일어날 어떤 일도(그가 후대를 위해 남길 것이 무엇인지까지 포함해) 그가 별로 걱정하지 않는다는 것을 보여준다. 그는 단 한 번도 자신이 어떻게 기억될지 생각해 본 적이 없다. 미리엄 개블러를 포함해 내가 이 문제를 놓고 대화한 다른 모든 이가 그렇듯이, 그는 그저 삶을 축복이라 여기며 하루하루를 살아간다. 물론 그가 이 글을 읽고 내가 자신의 이름에 '축복'이란 단어를 거론한 걸 보면 내게 전화를 걸어 떠들썩한 반대를 할 테지만.

피트 바커는 미리엄과 마찬가지로, 질병이나 삶, 도덕성, 나이 듦에 대한 자신의 태도가 '타고난 것'(그가 사용하는 바로 그 단어를 빌려 말하면)이라고 생각한다. 그는 이것이 의식적으로 불러낼 필요

──────────

* 비실용적이며 별로 이익이 될 것 같지 않아도, 결국 자신에게 이익이 되돌아오는 행위.

없이 자연스럽게 표출되는 것으로, 유전적 요인과 환경적 요인이 모호하게 뒤섞여 있다고 믿는다. 만약 그렇다면, 무형의 응고물 안에 하나 혹은 여러 요소가 나오는 특정한 근원이 있는 것이 아닐지도 모른다. 미리엄도 선천적으로 그가 갖는 신앙심에 같은 말을 할지 모른다.

이렇게 생각이 깊은 두 사람과 이야기를 하다 보니 나는 이런 개념과 싸울 수밖에 없었다. 그러니까, 환경에 대한 개인의 태도가 마치 '불변'이라는 단어와 동의어인 것처럼 '타고난 것'이라는 생각 말이다. 나는 미리엄이 자신의 태도가 신의 손에 의해 이끌린 것이라는 설명에 동의할 수 없듯이, 피트 바커가 역경에 건설적으로 반응하는 자신의 모습이 타고난 운명에 이끌려 필연적으로 나온 결과라고 말하는 것에도 동의할 수 없다. 인간의 본성은 너무 복잡해서 그렇게 단순한 말로는 설명되지 않는다. 우리 안에는 에로스와 타나토스의 다채로운 그림자가 너무나 많다. 저마다 갖는 생사의 원칙이나 낙천주의와 음울함에 대한 색조, 죄책감과 자기 처벌 혹은 기쁨과 자기표현에 대한 필요성은 우리를 각기 다른 행복으로 이끈다. 우리 안에는 개인의 성격 형성에 영향을 주는 무형의 응고물과 함께, 해로운 충동 및 본능은 물론 오로지 선으로 이끄는 충동 및 본능까지 혼란스럽게 뒤섞여 있다.

우리의 마음속에는 선택의 여지 없이 미리 결정된, 즉 '타고난' 방식으로 선이나 악에 반응하도록 우리 운명이 정해져 있다고 적혀 있지 않다. 우리가 그것을 신에게 부여받았다고 믿든, 혹은 타고난 인간 유전자에 의해 부여받았다고 믿든 간에, 우리에게는 자유로운 의지가 있다. 우리는 삶의 환경에 대한 태도를 선택할 수 있으며, 더 나은 길로 가기 위해 환경을 바꿀 수 있는 능력도 있다. 미리엄이 아무리 자신의 현명한 선택을 신에게 돌린다 해도 그 역시 바로 이렇게 행동하지 않았는가? 나는 그런 선택을 신이 그에게 계시한 자기 성찰과 선택으로 생각한다. 피트 바커의 선택은 덜 의도적이고, 덜 계획적이긴 하지만, 그도 역시 선택을 한 셈이다.

미리엄 개블러와 피트 바커의 삶에서 얻는 교훈은 여러 가지가 있다. 그중 하나는 역경을 맞이하는 순간에도 선택의 가능성이 있다는 사실이다. 여기에서 다시 한번 명확하게 짚고 넘어가자. 미래의 모습을 결정하는 것은 역경 그 자체가 아니라, 그 역경에 반응하는 우리의 태도다.

우리는 선택권을 쥐고 어떤 태도를 취할 것인지 신중하게 선택한다. 만약 건설적으로 곰곰이 생각해 본 뒤 알맞은 행동을 떠올리게 되고, 그것이 자신에게 앞으로 더 나은 삶을 보장할 경우, 우리는 천성이라고 알고 있던 자신의 모습과 반대되는 선택을 내리기도 한다. 특히 그 과정이 자신이 곤경에 대처하는 기존의 방식과 대치될 때에는, 앞으로 나아가는 게 처음엔 힘들어 보인다. 하지만 계속 앞을 보고 나아간다면 우리에게 돌아올 배당금이 굉장하다는 사실을 발견할 수 있을 것이다.

처음 몇 번의 싸움 끝에 작은 승리를 거두게 되면 어려움은 점차 줄어든다. 체육관에 갈 때마다 망설임을 떨쳐내는 일, 군침이 도는 고칼로리 음식을 매번 마다하는 일, 마음속의 적의와 독선이 고집스럽게 주장하는 것을 어렵게 떨쳐내는 일, 남들의 부탁에 언제나 작은 도움을 주는 일, 매시간 관계에 자양분을 공급하며 시간을 쓰는 일 등이 견고한 벽돌을 쌓아 올려 건물을 세우게 되고, 이는 결국 우리의 변화한 모습이 된다. 이렇게 하다 보면 우리는 곧 우리가 이런 일들을 하는 사람이라고 스스로 생각하기 시작한다. 여기엔 자부심이 깃들어 있다. 비록 작은 일이지만 선이라는 도리를 행하는 그 자체로 보상은 주어지고, 우리는 거기에 투영된 우리의 얼굴을 보게 된다.

사려 깊고 신중하게 선을 행하는 것만큼 올바른 삶을 북돋는 것도 없다. 우리가 이 과정을 지속하려면 작은 승리가 계속해서 필요하다. 따라서 어디에 있든 할 수 있을 때마다 이런 작은 승리를 만들어내야 하며, 스스로 엉덩이를 걷어차고 소리를 질러서라도 행동에 옮길 수 있도록 자신을 끌어내야 한다. 나이가 들어서도 지속해서 발전할 수 있는 능력을 부여받은 동물은 인간이 유일하다. 그러나 이런 능력의 상당 부분은 자신을 하던 대로 행동하려는 경향을 극복할 수 있는 사람으로 보느냐에 달려 있기 때문에 결국 우리는 이런 능력을 써야 할 의무가 있는 것이다.

이것이 바로 나이 든다는 것의 진정한 교훈이다. 사실 이는 삶의 어느 단계에서나 필요한 가르침이기도 하다. 그것이 운동, 적절한 식단, 창의성, 호의에 관한 것이든, 혹은 이 모든 것을 가능하게 하는 사고방식이나 자기 이미지와 관련이 있는 것이든 간에, 선택은 개개인을 위해 존재한다. 때론 그것이 우리가 일평생 힘들게 쌓아온 성향을 극복해야 하거나, 지금까지와는 정반대의 경향을 띠더라도 몇몇 사람들은 '선천적으로' 남들보다 좋은 결정을 내리는 경향이 훨씬 강하다. 그러나 지나치게 감정에 휘둘리는 몇몇을 제외하고는 결정을 내리지 못할 사람은 아무도 없다.

그 역경이 무엇이든 간에, 인생의 오후에는 치열하게 경합을 벌이는 충동과 본능을 억누르고 타인에게 만족감을 줄 수 있는 선택을 내려야 한다. 일단 필요한 일을 하겠다고 결정을 내리면, 아무리 어려워 보인다고 해도 반드시 행동에 옮겨야 한다. 시간이 지나면 그 행동은 점점 익숙해져 결국 영예로운 습관이 될 것이다. 미리엄 개블러와 피트 바커가 그랬던 것처럼.

"전 자신감이 있습니다.
살아 있는 한 패배를 거부합니다."

5.
용기

역경은 어떻게 우리를 강하게 하는가

나는 그동안 질병과 역경을 딛고 일어선 사람들에 대한 글을 써왔다. 비록 예상치 못했지만, 이 글들은 우리 마음속에 근원적인 변화를 만들어냈다. 그런데 마치 이런 승리는 혼자 이뤄야 하는 것처럼 보인다. 글 속의 주인공들은 순전히 자기 힘만으로 그 길을 걷는 것처럼 느껴진다. 결론적으로는 사실이기는 하다. 어느 누구도 우리를 위해 대신 선택을 해줄 수는 없기 때문이다. 일단 선택하면, 우리는 그 길을 계속 걸어야 한다. 인내하겠다는 결심은 사실 마음속 저 깊은 내면의 원천에서 비롯된다. 외부의 응원이 도움은 되지만 우리를 대신해 줄 수는 없다.

내면의 원천은 단순히 자신의 현재 모습에 대한 불만에서 비롯될 수도 있다. 역설적이지만 희망을 찾는 동기는 절망일 수도 있다는 뜻이다. 그러나 희망조차 찾지 않는다면 정신을 갉아먹다가 결국 죽음으로 인생을 마치고 말 것이다. 반면 그 원천은 우리의 자부심일 수도 있다. 몸과 마음을 고통스럽게 하는 질병이나 간과해 온 유전적 형질 때문에 죽음을 맞이하는 경우를 제외하면 이 자부심은 쉬이 없어지지 않는다. 역경을 극복하고 변화하려는 힘은 자부심의 다른 모습에서도 찾아볼 수 있다. 우리는 이것을 허영이라고 부른다. 이런 좋은 허영은 삶이라는 일상의 거울에 비친 불만족스럽고 고통스러운 얼굴을 우리의 현실로 받아들이기를 거부한다. 혹은 변화하려는 원천은 화火가 될 수도 있다. 화가 쌓이다 보면 결심을 이루려는 생산적인 분노로 바뀌어, 자신의 자부심을 공격하는 이런 운명에 절대로 질 수 없다고 스스로 선포하게 된다.

그러나 가끔 인내라는 내면의 힘은 우리가 다른 이들을 위해 희생할 수 있다는 신념에서 비롯된다. 다른 사람들을 위해 우리는 더 나은 삶을 살 수 있다. 그러나 우리가 한 사람의 인생에 끼치는 영향은 단순히 자극을 주는 정도로 수동적인 것이 아니다. 우리의 열정적인 헌신이 없다면 사랑하는 이의 미래는 활짝 펼쳐지지 않기 때문이다. 자기 스스로 성공적으로 인생을 개선해 나간다는 것은, 우리가 불확실한 걸음을 내디딜 때, 우리의 손을 꼭 잡아 우리가 흔들리지 않도록 해주는 사람들로부터 부드러운 격려나 응원을 받아 더 쉽게 나아간다는 단순한 의미가 아니다.

때론 사랑하는 사람의 손을 부드럽게 잡아주는 대신 강하게 밀어붙여야 한다. 우리가 어떤 일을 해낼 수 없을 것 같아서 몸을 뒤로 뺄 때, 우리를 사랑하는 사람들은 우리를 밀고, 당기고, 때론 거세게 비판하면서도 우리가 옳은 선택을 내리도록 도울 수 있다.

그들은 우리 삶에서 마치 훈련을 담당하는 하사관이 된다. 우리가 목표를 이루게 하려고, 그들은 우리에게 강요하고, 때로는 우리를 위에서 내려다보려고 들지도 모른다. 그들은 우리에게 무엇이 필요한지 알고 있다. 그들은 우리를 자극하고, 화나게 하고, 우리를 내려다본다. 하지만 어쩌면 그랬기 때문에 그들이 강하게 우리를 몰아붙이지 않았더라면 우리가 할 수 있는 줄도 몰랐을 선택을 할 수 있게 되기도 한다.

칭송받는 동화작가인 로알드 달Roald Dahl이 그의 아내에게 바로 이런 훈련 담당 하사관이었다. 그가 아내의 등을 떠미는 말들은 순수한 동기에서 비롯된 것이라기보다는 불같은 성격에서 나온 게 대부분이었지만 그건 큰 문제가 되지 않았다. 그의 성격에 힘들어했지만 동시에 수혜를 받은 사람이 바로 아카데미상을 수상한 배우이자 아내였던 퍼트리샤 닐Patricia Neal이었으니까 말이다. 달이 닐의 삶에 이런 모습으로 뛰어들게 된 이유는 1965년 2월의 어느 날 저녁, 닐이 치명적인 뇌졸중을 일으켰기 때문이다. 당시 닐은 서른아홉 살이었고 다섯 번째 임신 중이었다. 또 배우로서 전성기를 달리고 있었다. 달이 닐의 등을 떠밀지 않았다면, 닐은 어쩌면 뇌졸중의 끔찍한 후유증에 무릎을 꿇고 말았을 것이다.

그로부터 40년이 흐른 1월의 어느 아침에 닐은 이에 관한 자세한 이야기를 내게 들려줬다. 내가 뉴욕에 있는 닐을 방문한 때는 그가 고향인 테네시주 녹스빌을 다녀온 지 며칠 안 된 날이었다. 그는 자신의 여든 번째 생일을 축하하려고 포트샌더스 지역 메디컬 센터의 부속인 '퍼트리샤 닐 재활 센터'에 새로 생긴 극장의 개관식에 다녀왔다. 이곳은 그에게 중요한 장소다. 그 이름과 그동안 그곳에 닐이 쏟아온 정성 때문만이 아니라, 그곳에서 치료를 받는 환자들이 닐로부터 많은 격려를 받는다는 사실을 잘 알고 있기 때문이다. 환자들은 닐이 장애를 극복하려고 얼마나 고생했는지 잘 알고 있었다. 닐은 그날 한 기자에게 말했다. "전 환자들에게 치료가 해볼 만한 일이라고 느끼게 해주려고 애씁니다." 내게는 이렇게 말했다. "진짜로 열심히 해야 하죠. 많은 시간과 노력이 필요하지만, 그래도 꼭 해내야만 하는 일이에요." 퍼트리샤 닐은 자신의 가르침의 스승이다.

나는 작은 탁자에 닐과 마주 보고 앉아 그를 관찰한다. 나는 외과의로서 뇌졸중의 잔재를 찾아보려고 하지만, 그 흔적을 거의 찾을 수 없다. 한때 얼굴을 일그러트렸던 오른쪽 안면 마비도, 무기력했던 팔놀림도 이제는 전혀 감지할 수 없다. 그가 안으로 걸어 들어와 내게 인사를 할 때와, 나중에 내가 떠날 때 문까지 동행하던 잠깐에만, 그가 오른쪽 다리에 생긴 미세한 마비로 40년간 행동에 제약을 받았다는 사실을 떠올렸을 뿐이다.

우리는 맨해튼 어퍼이스트사이드에 위치한 닐의 아파트에서 주방과 거실 사이에 있는 작은 공간에 함께 자리한다. 그의 등 뒤로는 널찍한 창을 통해 이스트 리버를 바쁘게 오르내리는 작은 배들이 내려다보인다. 예인선, 평저선, 배달선이 대부분이다. 내 젊은 시절 우상이었던 한 영화배우의 위엄 있고, 평화롭고 아름다운 얼굴이 나를 향해 고개를 돌렸다. 그의 뒤편으로는 환하고도 차가운 겨울 아침 하늘을 배경으로 이스트 리버와 뉴욕시의 스카이라인이 펼쳐졌다.

여기에서 언급하기에 적당한 말이 아닐지도 모른다. 하지만 임상학적 객관성을 발휘한 짧은 관찰이 흩어지자마자 나는 50년 전에 이 놀라운 얼굴을 봤더라도 느꼈을, 그의 얼굴이 풍기는 생기 넘치는 경이로운 모습에 무릎을 꿇는 심정이 된다. 칙칙한 배가 소리를 내며 검은 물결이 넘실대는 강 위를 부지런히 왔다 갔다 하는 평범한 모습조차도 아우라에 사로잡혀 있는 내 눈에는 뭔가 색달라 보인다. 닐이 말을 하자, 나는 그 옛날 나를 전율케 했던 목소리, 그때처럼 여전히 부드럽고 완벽하고 위엄 있는 그 목소리를 느낀다. 그동안 좀 심하다 싶게 담배를 많이 태워서인지, 내 기억보다 허스키해지긴 했지만, 그래서인지 오히려 더 매혹적이다.

나는 새로 산 디지털 녹음기를 가져갔지만, 처음에는 그걸 켜는 것을 깜빡했다. 세월과 담배가 수많은 주름살로 자신들의 흔적을 남겨놓았음에도 불구하고, 마술처럼 여전히 매끈한 그의 피부를 넋을 잃고 바라보느라 정신이 없었기 때문이다. 닐은 그윽한 푸른 눈동자로 나를 똑바로 응시했다(놀랍게도 나는 곧 그가 오른쪽 눈이 보이지 않는다는 사실을 알게 됐다). 그는 자신만의 자태를 조금도 잃지 않았다. 내가 그 매력에 달콤하게 빠져들어서 거기에서 벗어나고 싶지 않았던 것도 당연한 일이다. 우리가 함께하는 동안, 나는 한 사람의 위엄 있는 자태가 발산하는 우아한 광채 속에 푹 빠져 있었다.

닐은 켄터키주 외딴 마을인 패커드에서 태어나 테네시주에서 자랐다. 농담처럼 닐은 자신을 산골 출신 촌뜨기라고 부른다. 그는 한때 미국인들의 꿈이 만들어지던 시절과 장소, 분위기를 고스란히 담고 있는 인물이다. 그의 모든 몸짓에는 그런 역사에 대한 그의 인식과 즐거움이 깃들어 있다. 게다가 열린 마음까지 갖추고 있어서 나는 닐을 만나는 순간, 바로 그를 좋아하게 됐다. 닐의 편안한 미소와 정감 어린 농담은 그도 이 만남을 즐거워한다는 사실을 느끼게 해줬고, 나는 그를 더 경외하게 되었다.

여든 살의 퍼트리샤 닐은 이렇게 마력의 거미줄을 쳐놓았으면서, 자신도 이를 알고 있는 듯했다. 그는 우리가 동료들과 말할 때 그러는 것처럼 수다를 떨고, 당황함과 놀라움에 미소를 짓기도 한다. 그는 유명인이지만 남의 눈을 의식하지 않고 편안하게 말한다. 그는 진심으로 많은 사람을 자신의 동료라 여기고 있었다. 그는 매력적인 솔직함을 곁들여 내게 자신의 기분과 경험은 물론, 진정으로 사랑했던 배우 게리 쿠퍼Gary Cooper부터 리처드 대니얼에 이르기까지의 관계도 말한다. 리처드 대니얼은 자기 가게 앞 인도에서 쓰러진 그를 일으켜 세워 안으로 데리고 들어가 커피를 대접한 인연으로 그의 미용사가 됐고, 가끔 오후에 만나 차를 마시며 생각을 나누는 친구가 됐다고 한다.

그는 병약하게 태어나 뇌동맥 하나가 터지는 바람에 뇌출혈을 앓았던, 40년 전의 끔찍했던 몇 달간을 회상한다. 그때 그는 일곱 살 난 딸 테사를 목욕시키던 중이었다. 왼쪽 관자놀이에서 극심한 통증이 느껴지자, 그는 비틀거리며 침실로 들어가 남편 로알드를 붙들고는 의식을 잃고 쓰러졌다.

"식물인간처럼 코마 상태로 누워 있었어요." 그는 23년 후 자신의 자서전인 《나 그대로As I Am》에서 이렇게 적었다. "그 누구도 식물의 움직임을 알아챌 수 없다. 하지만 단 하나, 그 식물의 뿌리가 저 깊은 땅속에 닿아 있다는 것을 아는 예민한 정원사만은 예외다. 그렇게 혼수상태에 빠져 있던 내 몸은 생존의 수원을 향해 뻗어나가고 있었던 것 같다."

닐은 UCLA 메디컬 센터의 응급실에서 며칠 후 깨어났다. 뇌졸중이 발병한 그날 저녁, 그는 일곱 시간에 걸쳐 머리에 고인 피를 빼냈고, 원인이 된 동맥을 막아 추가 출혈을 막는 수술을 받았다. 코마 상태에 빠져 있는 동안 로알드 달은 그의 병상을 지키며 반응을 보이지 않는 아내에게 계속해서 말을 걸고, 때론 뺨을 때려가면서까지 그를 깨우려고 애를 썼다. 또 아내의 손을 쥐고 또 쥐었는데, 어느 날엔 닐이 그 답례로 손을 쥐어줬다. 퍼트리샤 닐이 되살아날 수 있다는 첫 번째 신호였다.

깨어나 주변을 처음으로 보았을 때, 그는 혼란스럽고 갈피를 잡을 수 없었다. 오른쪽 몸이 완전히 마비돼 말을 할 수도 없었고, 시야는 두 개로 겹쳐 보였다. 그러나 그의 말에 따르면 최악은 이랬다. "내 마음이 마음대로 움직이지 않았어요." 지난 몇 주간의 기억이 깡그리 지워지는 바람에, 그는 남편이 완전히 이 상황을 지휘하고 있다는 사실을 깨달았다. 달은 닐에게 수술의 세부 사항을 알아야 한다고 완강하게 말했고, 닐의 가장 가까운 친구를 포함해 밀려드는 방문객을 통제했다. 달은 닐에게 도착한 카드와 편지들을 걸렀고, 닐이 생각하기에 현재 자신의 능력 밖이라고 여겨지는 신체적·정신적 훈련을 해야 한다고 등을 떠밀었다.

로알드 달은 까다로운 성격이라, 가까이하기 어려운 사람이기도 했다. 그는 197센티미터의 장신에, 퍼트리샤의 말에 따르면 "세상을 의기양양하게 내려다보는 사람"이었다. 달은 영국 웨일스에 사는 노르웨이인 부모 밑에서 태어났다. 그는 군인이 되어, 제2차 세계대전에서 영국 공군의 영웅이 됐다. 그는 리비아에서 격추당해 적진의 배후에 떨어졌다. 그러나 대담하고도 기지 넘치는 행동과 행운을 발휘해 두개골 골절을 입었음에도 불구하고 안전하게 귀환할 수 있었다. 그는 후일 파격적인 단편소설과 무시무시한 아동용 도서를 써서 상을 여러 개 받고 유명 작가로 등극했다. 그가 쓴 동화 속에서 어른들은 잔인한 방법으로 가차 없이 응징됐다. 그중에서 가장 유명한 작품으로는 《마녀》와 《찰리와 초콜릿 공장》이 있지만, 다른 작품들도 대부분 위협적인 어른들이 가득하며, 기발하고도 기이한 플롯과 서사에 감칠맛을 더하는 신조어와 말장난으로 가득 차 있다. 이 작품들은 명백히 인간 본성의 어두운 면에 사로잡힌, 독특한 상상력이 풍부한 사람이 써낸 것이다. 달은 어린 시절의 판타지 세상과 이를 억압하는 어른들의 숨 막히는 세상 사이에서 발생하는 근원적인 적대감을 그렸다.

작가의 글을 읽고 그 작가가 어려움에 처했을 때 어떤 행동을 할지 추측할 수 있다면, 퍼트리샤 닐은 어쩌면 달과의 결혼을 말리는 친구들의 조언을 귀담아들어야 했는지도 모른다. 추리 소설가 다실 하메트Dashiell Hammett도 이렇게 말했다. "그 남자는 좀 무서운 데가 있어. 네가 왜 결혼하려는지 난 잘 모르겠어."

그는 자신이 결혼하는 이유가 사랑해서라기보다 가정을 원해서라고 스스로에게 설명했다. 당시 그는 유부남 게리 쿠퍼와의 열렬했던 불륜 관계에 마침표를 찍고 회복기를 오래 겪고 있었다. 그는 달의 신랄한 유머와, 대접받으려는 끝없는 욕구, 친구를 비롯한 다른 사람들과의 잦은 투닥임, 자신이 처한 모든 상황에서 우월해지려는 오만함을 못 본 척하려고 애썼다. "로알드는 진주조개 속 모래알과 비슷하다고 할까요. 그는 자기가 그렇게 행동할 권리가 있고, 그 누구도 감히 자신과 맞서서는 안 된다고 생각하는 것 같았죠. 그런 사람은 거의 없어요."

한마디로, 로알드 달은 멋진 남자는 아니었다. 친구들은 닐을 결혼 전 성을 따서 패시라고 불렀는데, 패시는 그와 결혼을 결심하기 오래전부터 이 사실을 알고 있었다. 그러나 달은 어떤 카리스마가 있어서 구애 초반부터 닐의 마음을 사로잡았다. 게다가 달은 끈질겼다. "좋게 말하면, 그이는 신중했어요. 자기가 뭘 원하는지 정확히 알았고, 그것을 얻으려고 조용히 움직이는 사람이었죠. 하지만 전 그가 저를 사랑하는지는 모르고 있었어요."

그러나 퍼트리샤 닐이 뇌졸중을 겪은 후 닐의 미래를 구하게 된 건 바로 이 끈질김, 권위적인 모습, 자신이 원하는 것을 얻어내는 달의 능력이었다. 아이러니하게도 자신의 주장을 내세우는 고집, 잘못으로 판명되는 것을 거부하는 강직한 성격이 닐의 미래를 구해냈다. 그의 그런 모습이 닐을 지켜낸 것이다.

살아 있는 한 패배를 거부해야 한다

은유적인 표현이 아니라 실제로, 달은 때론 완강하게 고집을 부리며 패시를 몰아붙였다. 닐은 달의 성화에 등 떠밀리면서도 자신의 한계라고 생각하는 것을 뛰어넘으며 스스로 끝까지 밀어붙였다.

달은 망설임도, 물러나는 것도 허락하지 않았다. 달은 그 무엇도 쉽게 봐주지 않았다. 회복할 생각이라면 닐은 오로지 달의 성화에 따라야 했다. 달은 아내가 회복되길 바랐다. 달은 닐이 회복할 수 있도록 계획을 짰고, 이를 달성해 낼 각각의 단계를 꼼꼼히 감독했다. 달은 아내가 회복할 수 있도록 숙련된 치료사와 다양한 종류의 도움의 손길을 수소문했다. 달은 옆에서 그들이 하는 일을 지켜봤다. 닐이 새로운 도전을 힘겨워하며 자신감을 잃어버리면 달은 아내에게 다시 시작하라고 말했다.

"그 사람이 없었더라면 해내지 못했을 거예요." 그가 내게 말했다. "절대로 할 수 없었을 거예요. 그는 굉장히 엄격했어요. 절 밀어붙이고, 또 밀어붙였어요." 그러고는 닐이 준비가 됐다는 생각을 해보기도 전에, 달은 닐에게 영화를 찍으라고 말했다. 달은 단도직입적으로 말하지 않고, 에둘러 말하고 행동하며 닐이 영화를 찍을 수 있게 설득했다. 1966년 새해의 첫날, 그는 기자들에게 아내가 1년 안에 일할 준비가 될 거라 확신한다고 말했다. "전 그럴 생각이 전혀 없었는데, 그이가 계속 다시 일을 해야 한다고 강요하는 바람에 낙담했어요. 그는 아카데미 트로피를 선반에서 꺼내 그걸 거실 창문 한가운데에 떡 하니 가져다 놓았죠." 그는 그에게 다시 연기를 하지 않는 한 절대로 완전히 회복되지 못할 거라고 말했다. "그이는 내가 영화를 찍어야 한다고 계속 말했어요."

마지못해 닐은 마틴 쉰과 잭 앨버트슨이 출연하는 〈문제는 장미였다The Subject was Roses〉라는 영화 계약서에 서명을 했다. 촬영이 시작됐을 때도, 그는 여전히 달에게 화가 많이 나 있었다. "정말 찍고 싶지 않았어요." 닐은 그 기억에 얼굴을 약간 찡그리며 내게 말했다. "그런데 촬영 3일째가 되자, 점점 재미있어지더라고요. 그러더니 곧 그이 덕분에 다시 연기를 하게 돼서 너무 기쁘다는 생각이 들었어요." 그는 일을 즐기고 있었고, 자신의 길을 가고 있다는 것을 깨달았다. "날 마음대로 하려는 로알드, 나쁜 놈 로알드, 끔찍한 천벌이나 받아라, 지독한 로알드." 전 이렇게 그를 욕했고, 그가 절 깊은 수렁으로 다시 빠뜨렸다고 생각했어요. 그런데 그곳이 바로 제자리였던 거죠."

달은 그의 완고한 작전에 협력자를 하나 뒀는데, 바로 아내가 느끼는 분노였다. "전 이 세상에서 가장 화가 많이 난 여자였죠." 그는 그때를 떠올리며 웃음을 지었다. 아마 그때의 닐이, 평정심을 갖춘 현재 닐의 모습과는 상당히 대조적이라 여겨져 그런 것 같았다. "당신이 볼 수 있는 사람 중에 가장 비통한 여자였을 거예요. 비명을 지르고 울었죠. 분노는 사실 도움이 됐어요."

물론 뇌졸중을 겪은 직후라 해도 분노가 잊히는 순간이 있었다. 좋은 친구들이 닐을 도우려고 모여들었을 때, 그들이 닐의 자랑스러운 과거는 물론, 성공할 수 있는 미래를 일깨울 때, 비록 처음에는 닐이 그들의 말을 믿지 못했어도 말이다. 또 닐은 뇌졸중을 일으킨 지 169일 만인 1965년 8월 4일, 아름다운 여름날 아침에 놀라울 정도로 수월하게 자연분만으로 딸, 루시 닐 달을 낳기도 했다.

나는 닐에게 분노의 한복판에 서 있을 때도 신앙이 도움이 됐는지 물었다. 당시에는 몰랐지만, 그는 자서전에서 같은 질문을 언급했다. "비틀거리는 뇌로 신이 나를 이렇게 만들었다는 사실을 씁쓸

하게 떠올렸던 게 기억난다. 나는 그런 신이 미웠다. 분노를 느꼈다. 한참 동안 그랬던 것 같다."

몇 년 후, 신에 대한 분노가 흩어지더니 결국은 사라졌고, 정반대의 것이 그 자리를 채웠다. "뇌졸중에 걸렸을 때, 한 가지를 믿지 못하면서 잠에서 깼어요. 신이 절 도와주지 못할 거라는 생각이었죠. 그런데 시간이 흘렀고 지금은 그 사실을 믿어야만 하죠." 닐의 신앙심이 얼마나 깊은지는 확인하지 못했지만, 적어도 신에 대한 존경심은 견고하게 자리 잡은 듯하다. 천주교도는 아니지만, 그는 영혼의 안식을 찾으려고 코네티컷주 베들레헴에 있는 레지나 라우디스 수녀원을 오랫동안 다니고 있다. 이곳 대수녀원장의 온유함과 현명한 조언은 그에게 평화와 화해를 선사했고, 닐은 1980년대 말에 《나 그대로》를 쓸 수 있게 됐다. 닐은 "거룩한 성년을 맞이하신 사랑하는 레지나 라우디스 수녀원 원장님께 이 책을 바치며, 제가 그 모든 것을 기억하고 있음을 고합니다"라며 이 책을 헌정하고 있다. 이 책과 닐의 인품에서 느껴지는 것은 그가 영혼을 성장시키려는 변치 않는 욕구가 있으며, 신앙이 갖는 어떤 체계적인 틀보다는 신의 인도하심 가운데서 안도하고 있다는 사실이다. 흔들리지 않는 믿음은 닐의 사고에 분명 심오한 영향을 끼치고 있었다.

"수녀원에서 저는 제가 만들어놓은 인생의 가치를 훌쩍 넘어 신이 제 인생을 사용하고 계신다는 사실에 깊은 감명을 받았습니다. 뇌졸중은 제게 있어서 고통당하는 많은 이에게 닿기 위한 수단이었죠. 그분은 제게 뇌졸중을 주신 게 아닙니다. 그분은 그 병을 통해 마음을 움직이는 강인함과 사랑을 제게 주셨습니다. 전 손상돼 죽은 뇌를 되돌릴 수 없다는 사실을 배웠어요. 전적으로 새로운 길을 창조해야 했죠. 저는 덕분에 제가 이런 뇌졸중을 겪지 않았더라면 절대로 내리지 않았을 선택을 하게 됐습니다. 절대적으로 확실한 목소리가 가리키는 길을 선택하는 것은 축복입니다."

'축복'이라는 그의 개념은 반드시 이 세상의 방식으로 이해돼야만 한다. 퍼트리샤 닐은 이 삶 너머의 세상에서 그를 기다리고 있을지도 모르는 보상에는 무관심해 보이기 때문이다. 여기에서 중요한 점은 축복받은 것은 닐 자신이 아니라, 닐의 선택이라는 확신이다.

그런 선택은 다른 사람들에게 느끼는 관심에서 만들어진다. 선을 행하는 것은 자의식을 일깨워주고, 평정심을 유지해 주고, 영혼에 자양분을 주는 행복한 행위다. 플라톤의 말이 맞았다. 선은 이기심의 가장 순수한 형태로, 선을 행하면 이렇게 그 나름의 보상을 받는다.

닐은 내세를 생각하지 않으며, 사실 내세가 있는지 없는지도 별로 관심이 없다. 그래도 닐은 삶의 끝에는 그 너머로 계속되는 무엇이 있다고 믿는 편이다. "잘 모르겠지만, 그래도 우리가 어떻게든 계속될 것 같아요"라고 그는 말한다.

"죽는 것은 괜찮아요. 전 제 삶을 살았기 때문이죠. 전 저만의 삶을 진정으로 살아왔어요. 그래서 지금 아주 행복해요. 진짜로요. 정말 많은 일이 일어났어요."

테네시주 녹스빌에서 태어난 팻시 닐은 확실히 그의 삶을 살아왔다. 그의 삶에는 정말 많은 일이 일어났다. 1988년에 출간된 그의 자서전은 그때까지의 그의 일대기를 다루고 있는데, 총 403쪽 중에 130쪽 가량이 뇌졸중 이후의 삶으로 이뤄져 있다. 이 책을 출간한 이후에도 많은 일이 일어났다. 대중의 모범이 되는 그가 자신만의 선택을 계속해 나갈 시간이 아직 더 남아 있을지도 모른다. 자서전 속에서 그는 뇌졸중이 남긴 후유증에도 불구하고 계속해서 나아지고 있다. 책에서 〈문제는 장미였다〉를 찍은 이후 그의 행보를 되짚어볼 수 있었다. 뇌졸중 이후 그는 영화 25편에 출연했으며, 주요 텔레비전 시리즈 11개에 출연을 했다. 그의 의지력과 회복력이 승리를 거둔 후, 배우로서 커리어를 쌓을 때 무언가 가로막는 일은 없었다. 어떻게 기억되고 싶냐고 묻자, 그는 인생에서 벌어진 일련의 사건들로 이미 증명된 사실을 부드럽지만 단호하게 대답했다.

"전 자신감이 있습니다. 그래서 살아 있는 한 패배를 거부합니다. 뇌졸중, 은퇴 위기, 이혼…많은 일을 겪었지만 전 아직도 이렇게 건재합니다."

퍼트리샤 닐이 '아직도 건재하고', 목숨을 거의 빼앗길 뻔했던 그 사건을 겪고도 40년 동안 생산적이며 행복하게 살고 있다는 사실은 닐과 그의 남편의 결단력을 보여준다. 닐과 로알드 달은 1983년에 이혼했고, 달은 1990년에 사망했다. 이혼 후 닐이 이룬 모든 것은 닐 스스로 해낸 것들이다. 닐은 남편이 했던 역할을 확신한다. 남편이 등을 떠밀지 않았다면 그가 그 당시 그 일을 해낼 수 있었을지는 아무도 알 수 없는 일이기는 하다. 그러나 내가 아파트에 앉아 함께 이야기를 나눈 닐은 뇌졸중에서 회복되는 초기에 분명한 선택을 했다. 그것이 닐의 내면에서 우러난 선택이었는지, 아니면 닐이 믿는 것처럼 남편에게 떠밀려 한 선택이었는지는 중요하지 않다. 자신의 앞을 가로막고 있는 장애물이 도저히 넘어설 수 없는 것이라고 생각하면서도 앞으로 전진하게 한 것은 결국 닐 자신의 강인함, 패배를 거부하는 완고함이었다. 중년과 노년이라는 긴 세월을 거치며 그는 이런 선택에 대한 보상을 받았다. 여든 살의 생일을 맞이하고 며칠이 지난 아침, 닐은 내게 이렇게 말했다. "지금 정말 행복합니다. 정말이에요."

퍼트리샤 닐의 삶 대부분은 대중의 시선과 함께했다. 닐은 그의 명성이 회복에 끼친 영향을 자서전에서 솔직하게 이야기했다. 뇌졸중으로 쓰러진 다음 날 아침 신문에는 닐의 부고가 실렸지만, 닐은 가까이에서 자신을 지켜본 사람에게든, 멀리서 추종하던 사람들에게든 기적이라 할 만한 상황을 만들어냈다. 닐의 회복을 전 세계 수백만 명이 조심스레 주시한다는 사실이 닐에게 회복을 위한 자극제가 됐다. 또 그런 사실이 보상을 받는 인생의 오후를 맞이할 때도 도움이 됐다는 게 확실해 보인다. 어떤 측면에서 보면, 닐이 거둔 성과는 다른 사람들의 기대와 요구에서 비롯된 것이라 할 수도 있다. 그러나 닐이 삶이라는 전장에서 쓴 어떤 무기들이 세상을 향해 자신이 그것을 해낼 수 있는 사람임을 보여주려고 휘두른 걷잡을 수 없는 욕구였다고 해도, 분명한 것은 이 사실이 그의 명예를 더 빛나게 해준다는 점이다.

※

세상이 지켜보고 있다는 식의 관심은 인생의 오후를 풍요롭게 보내기 위해 장애를 이겨내야 하는 사람들 중 몇몇만 받을 수 있는 것이다. 시선을 정반대로 돌리면 그런 관심을 전혀 받지 못하는 사람들이 보인다. 이 책을 쓰려고 준비하는 과정에서 만났던 사람 중에서 그런 관심을 전혀 받지 못했지만, 뇌졸중이 남긴 후유증을 거의 입지 않은 사람이 한 명 있다. 휴레이 콜먼Hurey Coleman은 키가 크고 단단한 체격으로, 뉴헤이번 인근 공장에서 기계공으로 일한다. 예순네 살의 나이에도 놀라울 정도로 인물이 훤한 그는, 퍼트리샤 닐이 그런 것처럼 자신만의 독특한 매력이 있고, 흥미로운 사람이었다. 그가 마흔여덟 살에 겪은 치명적인 뇌졸중을 극복하게 된 동기는 꽤 단순하다. 대가족을 먹여 살리기 위해 다시 직장에 가야 했을 뿐이다. 그러나 그것만으로도 충분한 이유가 됐다. 아내 도나의 강인한 성격과 지지, 자녀들의 격려가 그에게 큰 도움이 됐다. 퍼트리샤 닐과는 달리, 그는 자신이 고통을 극복할 것임을 절대로 의심하지 않았다. 그가 생각하기에, 신은 그가 계속해서 쇠약해지도록 내버려두지 않을 것이었다.

우리가 역경에 질 수 없는 이유, 가족

콜먼은 고혈압을 단 한 번도 신경 쓰지 않았다. 의사도 고혈압을 다스릴 적당한 약을 처방하지 않았다. 환자인 자신도 처방받은 약을 지속해서 복용하지 않았다. 1990년 1월의 어느 금요일 늦은 오후, 공장에서 초과 근무를 한 터라 피곤했던 그는 집으로 돌아가 세차를 하기로 했다. 세차를 막 끝낸 후에 현관에 서 있었는데, 갑자기 뒷골에서 극심한 고통이 느껴졌다. 그러더니 힘이 빠지고 어지러워지면서 정신을 잃을 것만 같았다. 쓰러지지 않으려고 그는 현관 앞 의자에 풀썩 주저앉았는데, 아무리 일어나려고 해도 일어날 수가 없었다. 운 좋게도 몇 분 후 쇼핑을 갔던 아내가 돌아왔다. 아내는 말을 제대로 못하고 꼼짝달싹 못하고 있는 남편을 보더니 곧장 응급차를 불렀다. 병원 응급실에 도착하는 순간, 콜먼은 뇌졸중 때문에 왼쪽 몸이 마비됐고 그 때문에 실어증에 걸렸다는 사실을 알았다. 그는 말로 의사를 표현할 수도, 다른 사람이 하는 말을 제대로 이해할 수도 없었다. 그는 예일 뉴헤이번 병원에 20일간 입원해 있다가 그 후 월링퍼드시 인근에 있는 재활원인 게이로드 병원으로 이송됐다. 그는 그곳에서 단호하게 재활에 매진했다. 집으로 돌아오면 다시 직장에 복귀하겠다고 결심했다. 뇌졸중 발병 4개월 만에 그는 결심대로 해냈다.

콜먼은 자신이 이뤄낸 것을 자랑스러워했다. 나는 웨스트헤이번에 위치한, 우아한 가구로 깔끔하게 꾸며진 그의 집에서 그와 그의 아내를 만났다. 뇌졸중이 발병한 것은 15년 전 일로, 그 후의 세월은 놀라울 정도로 좋았다. 콜먼은 사람들이 그의 빠른 회복에 얼마나 놀라워했는지 아직도 기억하고 있었다. "제가 얼마나 빨리 복직했는지 다들 놀랐죠." 그는 뿌듯해 하며 말했다.

그러나 '다들'에 그의 아내는 포함되지 않는다. 예일 뉴헤이번 병원의 의료기록실에서 일하는 그의 아내는 병원에서 남편과 많은 시간을 보냈고, 하루하루 그의 경과를 지켜봤다. 아내는 응급실에 도착해 48시간을 지켜본 뒤 남편이 생존할 거라는 걸 알았고, 또 그가 일상생활을 다시 시작하려고 할 수 있는 모든 일을 하리라는 것도 알아차렸다. 의사는 아내에게 남편의 뇌와 얼굴이 상당히 손상되는 바람에 막대한 후유증이 남았으며, 이런 일을 겪은 많은 이가 절망에 빠져 재활을 포기하고 삶을 체념하게 된다고 말하기까지 했다. 하지만 아내는 확신했다. 그 확신에는 신에 대한 믿음이 있었다.

"그이가 다시 일하지 못할 거라는 생각은 전혀 하지 않았어요. 사람들은 그가 식물인간이 되거나, 아니면 다시는 걸을 수 없을 거라고 말했어요. 그렇지만 전 믿지 않았죠. 사람들은 그이가 회복할 수 없을 거라고 말했어요. 계속 제게 부정적인 이야기만 했죠. 저는 반대로 계속 긍정적인 이야기만 했어요. 긍정적인 사고는 중요해요. 또 우리는 신앙심이 강했어요."

신이 그를 이겨내게 하실 거라는 놀라운 자신감을 품은 휴레이 콜먼은 절대로 타협의 여지를 남겨두지 않았다. 노력하고, 노력하고, 또 노력하며, 다 잘될 거라는 확신 속에서 활기 넘치는 상태를 유지했다. 다만 그는 할 수 있는 한 열심히 남들을 도왔는데, 자신과 약속한 이 임무는 그가 바라던 만큼 잘되지는 않았다.

"재활원에 있는 사람들은 다들 쉽게 화를 냈어요. 치료사가 아침 훈련을 시키러 빠르면 새벽 5시에도 왔죠. 사람들은 일찍 일어나야 하니까 화를 냈습니다. 전 그들을 격려하려고 애를 썼어요. 우리는 이런 도움이 필요하다고 말이죠. '아무 때나 와서 날 깨워도 됩니다. 난 다른 데는 어디도 가지 않을 거랍니다. 전 새벽 3시에 와서 깨워도 됩니다'라고도 말했죠. 그들은 날 미치광이라고 여겼겠지만, 저는 실제로 그렇게 생각했답니다. 전 많은 사람이 포기하고 치료에 협조하지 않는 것을 보았어요. 내게 힘을 준 것은 신에 대한 믿음이었어요. 그게 진정으로 절 지켜줬죠."

믿음은 휴레이 자신뿐만 아니라 아내와 아이들에게까지 막대한 도움이 됐다. "착한 아내와 자식들이 언제나 날 보러 왔죠. 우리 가족은 전보다 더 가까워졌어요. 우리는 서로에게서 힘을 얻었죠."

콜먼은 왼쪽 팔과 다리에 약간 힘이 없는 상태로, 걸을 때 몸을 똑바로 세워주는 목발을 사용한다. 그러나 그는 아직도 매일 출근해서 뇌졸중이 발생하기 이전에 하던 일과 같은 일을 하고 있으며, 그의 삶이 펼쳐지는 이런 방식에 전적으로 만족한다. "모든 것이 꽤 좋았죠. 다 좋아요"라는 그의 평가가 정확하다는 것을 보여줄 증거는 충분하다. 물론 그의 활동은 뇌졸중 때문에 약간 제약을 받았으므로 이제 더는 전처럼 낚시를 하러 갈 수 없다. 대신 배를 타고 나가 어쩌다 한 번씩 낚시를 할 뿐이다. 생활하는 속도도 느려졌다. 그러나 그는 여전히 부부 동반으로든 혼자서든 친구들과 많은 시간을 보내고, 전보다 더 자주 가족과 시간을 즐기며, 은퇴 후의 생활도 계획하고 있다.

"여행을 더 많이 하고 싶어서 휴가를 내려고요. 크루즈 여행을 알아보고 있어요. 전에 한 번도 해본 적이 없거든요. 예순다섯 살이 되는 1년 후에는 은퇴를 할까 생각 중입니다. 그렇게 되면 시간에 얽매이지 않고 하고 싶은 것을 할 수 있죠." 휴레이의 태도는 그가 자신을 어떻게 생각하느냐에 따라 더 단단해진다.

나는 심각한 질환을 이겨낸 후 보상받는 삶을 살게 된 사람들과 이야기를 나눴는데, 그들 모두에게는 공통점이 한 가지 있었다. 그들의 과거에 뜻밖의 위기가 벌어졌지만, 지나고 보니 그것은 삶에 필요한 변화의 계기가 됐다는 깨달음이다. 그들은 자신들에게 환자라는 낙인을 남기지 않았다. 몇몇 사람들에게, 병마를 극복해 낸 경험은 그 후의 생에서 힘의 원천이 됐다.

누군가에게 그것은 도로에서 일어나는 단순 접촉사고에 불과했다. 또 어떤 이에게 그것은 자신을 잘 돌보라는 경종이었다. 그러나 이렇게 성공한 사람 중 그 누구도(단 한 명도) 자신을 환자 취급한 사람은 없었다.

휴레이 콜먼 같은 남자도, 심장, 혈압, 신장의 안정을 유지하려면 매일 각기 다른 약 10가지를 복용해야 하고, 뇌졸중 발병 이후 자신의 담당의가 된 예일대학교의 도로시 애들러 노인병 평가 센터장인 레오 쿠니Leo Cooney 박사를 주기적으로 방문해야 한다. 휴레이 콜먼처럼 강한 사람이라도 혼자서는 자기 몸을 관리할 수는 없기 때문이다. 그러나 콜먼은 비통함에 낭비할 시간도 에너지도 없다. "전 자신을 아픈 사람이라고 단 한 번도 생각하지 않았습니다. 저를 그저 이런 문제를 지닌 건강한 사람이라고 생각합니다. 전 이 사실에 화가 나지도 않고, 이것이 내 삶에서 무슨 큰일이라고도 생각하지도 않습니다."

내가 콜먼에게 뇌졸중이라는 심각한 후유증에서 최근 회복된 사람들에게 어떤 조언을 해주고 싶냐고 묻자, 그는 그동안 그에게 도움이 됐던 종교적인 믿음과 그가 따르는 실용적인 계획을 합쳐서 대답한다.

> "제가 하려고 애쓴 첫 번째 일은 신앙을 갖는 일입니다. 당장 선한 삶을 사세요. 과거 일을 생각하면, 그러지 말았어야 했거나 혹은 다른 방향으로 갔어야 하는 일들이 있을 겁니다. 그렇지만 일단 뇌졸중이 닥치고 나면, 앞만 보고 가야 합니다. 신에 대한 믿음을 가지고 의사가 주는 약은 뭐든 꼭 챙겨 먹으세요. 많은 사람이 규칙을 지키지 않으려고 하지만, 꼭 그래야만 합니다."

휴레이가 이렇게 말하자, 나는 제2차 세계대전 중 남태평양에서 벌어진 실제 사건을 토대로 만들어진 프랭크 로서Frank Loesser의 인기곡이 떠올랐다. 곡명은 〈신을 찬양하고 총알을 통과하세Praise the Lord and Pass the Ammunition〉다. 이 곡은 배가 적에게 공격을 당할 때 목사가 선원들에게 해주는 조언을 담고 있다. 목사는 선원들에게 기도하라고 하지만, 또 용감하게 맞서 사격하고 하나로 뭉치라고 독려했다. 휴레이 콜먼이 말한다. 신앙을 가져라, 그렇지만 계속 사격하라. 신은 스스로 돕는 자를 돕기 때문이다.

※

자애로운 신에 대한 믿음을 제외하면, 휴레이 콜먼과 퍼트리샤 닐이 다른 편에 서 있는 것처럼 휴레이의 이야기도 한 남자의 이야기와는 상당히 동떨어져 있다. 이 남자는 삶도 그렇고, 교육과 사회·경제적 지위라는 측면도 휴레이와는 상당히 격차가 벌어지는 인물이다.

여든한 살의 아서 갤스턴Arthur Galston은 예일대학교 식물학과의 명예교수다. 또 같은 대학교의 임업 및 환경연구대학교의 명예교수이자, 분자세포 및 개발생물학 분야의 선임 연구 과학자이며 사회정책 연구기관의 교수이기도 하다. 그는 베트남을 비롯해 중국(그는 중국에서 최초로 초빙한 외국인 과학자였다), 일본, 호주, 이스라엘, 스웨덴, 영국, 프랑스 등지에서 폭넓은 연구를 펼쳤다. 그가 쓴 책의 목록은 화려하지만, 그가 가장 자부심을 느끼는 책은 1973년에 쓴 《중국의 일상Daily Life in People's China》으로, 베이징에서 약 32킬로미터 떨어진 시외에 위치한 흔히들 '마르코폴로 다리'라 부르는 '루거우차오' 근교의 공동체에서 여름을 보낸 경험을 기록한 것이다.

그는 제2차 세계대전 참전 용사로, 에이전트 오렌지*의 위험을 호소하는 가장 영향력 있는 미국의 대변인이자, 미국 측 연합정부가 권위를 남용하고 지나치게 휘두른 불의(베트남전쟁이 바로 그런 예다)에 대항하는 캠페인을 주도하는 학계 인물로도 잘 알려져 있다. 그는 예일대학교에서 '생명 윤리'라는 과목을 맨 처음 강의했는데, 1977년 시작된 이 강의는 그전에는 미국의 어느 과학 전공 학과에서도 존재하지 않았다. 그의 뛰어난 커리어는 연구, 강의, 행동을 넘나드는 소용돌이라고 할 수 있을 것이다.

그러나 아서 갤스턴의 동맥만은 일반 사람들과 다르지 않았다. 예순한 살이던 1981년에 그는 건강을 위협하는 뇌졸중으로 고통받았다. 그로부터 11년 후에는 심장마비에 걸렸다. 뇌졸중에서 회복하려고 집중 물리치료를 6개월간 열심히 받았지만, 후유증이 남아 오른팔의 근력이 약화하고 눈에 띄는 정도로 다리를 절게 되는 바람에, 오랫동안 열정적으로 즐겨왔던 핸드볼 경기와도 사실상 작별을 고했다.

그가 심장마비에서 회복한 일은 극적인 드라마와 순수한 행운의 만남이었다. 1992년 어느 날 아침, 연구실로 가려고 운전하는 도중 그는 소화불량 비슷한 증상을 느꼈고, 대학교 의무실에 차를 세우고 처치할 수 있는지 알아보려 했다. 그러고는 데스크에서 접수한

---

* 베트남전쟁 중 삼림 지역의 나뭇잎을 제거하기 위해 미군이 뿌린 제초제.

후 화장실을 갔는데, 문밖으로 걸음을 내딛는 순간 정신을 잃었다. 나중에 들어보니, 간호사 몇 명이 그에게 달려왔을 때 그는 이미 의식을 잃고, 심장이 정지된 상태였다고 한다. 심실세동이라고 불리는 급작스러운 심박 불규칙 때문에 심정지가 온 것이었다. 그래도 심장이 멈추기에 의무실보다 더 적합한 곳은 없었을 것이다. 그가 복도에 의식을 잃고 쓰러지자, 간호사들은 제세동기를 급히 준비하고 전류를 흉부로 흘려보내 정상 심박으로 되돌려놓은 후, 구급차를 호출했다. 생존이 여전히 불확실한 상황 속에서 삽관된 상태로 그는 예일 뉴헤이번 병원으로 긴급 후송됐고, 이곳에서 안정을 되찾은 뒤 혈관 세 개에 관상동맥 우회수술을 받았다.

나는 아서 갤스턴과 약 10년간 긴밀하게 일을 해왔다. 우리 둘은 임원위원회로 활동하는 예일 생명 윤리 학제간 센터에서 처음 만나 친해졌다. 그러나 오래전부터 학내는 물론, 과학계와 대중적인 행동주의 분야에서 그의 명성이 자자했기 때문에 나는 그를 알고 있었다. 하지만 나는 그가 뇌졸중이나 심장병을 앓았던 사실은 최근까지도 전혀 알지 못했다. 사실 난 그를 늘 예일대학교에서 가장 활동적이며 생산적인 명예교수 중 한 명이라 생각했고, 꽤 많은 행운이 깃든 보상받는 노년을 보내는 사람이라고 여겼다. 그에게는 중증 질환이나 쇠약함이 비켜갔다고 생각했다. 그러다 이 책을 쓰기 몇 달 전, 동료 한 명으로부터 아서가 질병을 앓았다는 사실을 들었고, 그의 아내가 인지저하증이 악화돼 최근 장기 병동에 입원했다는 소식도 들었다.

그가 휘트니 센터에 있는 아파트에서 산 지 몇 달인가 됐을 무렵,

아서와 나는 이런 것들에 대해 이야기를 나누게 됐다. 이 아파트는 내 고향 집처럼 안락한 은퇴자들의 공동체였다. 아서는 조각가로 성장한 딸 베스와, 메릴랜드대학교 철학 및 공공정책 분야의 교수가 된 아들 빌을 키우던 집을 팔아버렸다. 일평생 정성 들여 쌓아온 추억에 둘러싸여 있던 아서는 추억을 뒤로 하고 예전처럼 계속 나아가기로 결심했다. 그는 아내의 병동을 매일 장시간 방문하고, 사무실에서 일하고, 글 쓰고 강의하는 데다 생명윤리센터의 활동에도 매진하느라 바빠서, 그와 만나서 이야기를 하려면 내가 그의 스케줄에 맞춰야 했다.

아서는 내가 심각한 병으로 많은 것을 빼앗긴 사람들이 어디에서 나이 듦의 가치를 찾는지 궁금하기 시작했을 때, 제일 처음 만난 사람이었다. 나는 그의 생각이 내가 나중에 만난 모든 이의 대답 속에 똑같이 반영돼 있을 줄은 몰랐다. 그는 분명히 이 모든 이를 대변할 만한 설명들을 제시했다.

모든 고난에는 반드시 탈출구가 있다

아서는 뇌졸중에 걸리자 그의 커리어가 끝났다고 확신했다. 그냥 그렇게 내버려둘 경우 잃게 될 모든 것을 생각하기 전까지는 그랬다. 당시를 떠올리며 그는 편안히 말했다. "전 제가 하던 일을 사랑했죠. 전 학구적인 게 좋았어요. 제가 참여했던 연구 프로젝트도 아꼈습니다. 학구적인 삶의 면면에 상당히 끌렸어요."

커리어 때문에 얻은 기쁨을 되돌아보는 것은 절망에 빠진 그가 안정을 되찾는 데 도움을 줬다. 다시금 그 기쁨과 재미를 되찾고 싶다는 사실을 깨닫자, 그는 미래를 이대로 흘러가게 방치해서는 안 된다는 생각이 들었다. 그는 용기를 내서 그저 천천히 단계를 밟아가면 된다고 단순하게 생각했고, 마침내 긍정적인 행동도 하게 됐다. 오래지 않아 그의 열정은 다시금 커졌다. "저기 탈출구가 있다는 사실을 깨닫게 되자, 제 태도는 급격히 바뀌었습니다." 그러나 그저 '좋은 태도'만으로는 충분하지 않았을 것이다.

"뇌졸중에 걸리고 처음엔 실의에 빠졌습니다. 그런데 뭔가를 향한 길이 보이고 의지가 점점 커지자, 다시는 실의에 빠지지 않게 됐습니다. 전 그냥 열심히 노력해야 했어요. 처음에는 치료에 전념했고, 나중에는 커리어에 자신을 바쳤죠. 작은 성공이 또 다른 성공을 부른다는 것을 깨닫자 더욱 강해지게 됐습니다. 능력을 되찾자 전 용기가 났습니다. 그리 오랜 시간이 지나지 않아, 저는 예전과 거의 같은 상태로 회복됐습니다. 예순한 살이 되자, 다시 한번 성공을 향해 달려가는 젊은이가 된 것 같은 기분이 들었습니다. 일하고 싶었어요. 활동적이고 싶었고요. 아내와 아이들에게서 경이로울 만큼 많은 도움을 받았습니다.

저는 우리에게 주어진 이 기계가 멈춘다는 사실을 알게 됐습니다. 그리고 이 깨달음은 제가 진정한 변화를 이룰 수 있게 해줬죠. 식단에 좀 더 신경 쓰기 시작했고, 더는 몸을 혹사하지 않게 됐습니다. 핸드볼은 못했지만 아침 산책을 시작했고,

오후 늦게 휴식 시간을 갖기 시작했습니다.

제가 가만히 있는 삶을 지루하게 느낀다는 것을 깨달았습니다. 인간의 영혼이 어떻든 현재의 자신보다 더 큰 꿈을 꾸고, 그것을 달성하기 위해 노력해야 합니다. 그래서 전 제가 움직여야 한다는 것을 알았죠. 꽤 우수한 생물학과에서 생명 윤리 과목 강의를 시작할 때 굉장히 만족했습니다. 1990년 은퇴한 후, 제가 일하는 걸 좋아한다는 사실은 더욱 제게 중요해졌습니다."

아서의 커리어는 곧 다시 이어졌지만, 이전과는 약간 달라졌다. 그러나 1992년 겪은 심장마비 발작 때문에 다시 한번 자신이 어떤 사람인지 고찰해야만 했다.

"심장마비에 걸린 후, 스스로에게 이렇게 말했습니다. '좋아, 이제 두 번의 큰 고비를 겪었고, 죽음이 조금 더 현실로 다가왔다. 난 내가 굳이 하지 않아도 되는 일을 하며 인생을 낭비하고 싶지는 않아.' 다시 말하면, 제가 하고 싶은 일들을 계획하는 데 좀 더 요령이 생긴 거죠. 두 번의 심각한 건강상의 문제를 겪은 후 일흔두 살이 되자, 내가 진짜로 하고 싶은 일이 뭔지 다시 돌아봐야 했습니다.

전 이렇게 생각했죠. '난 아직도 활기차고 야심 찬 과학자이자, 교사이며, 학자다. 내게 일어난 이런 일들은 내가 하고 싶은 일을 향해 가는 길에 있는 사소한 장애물일 뿐이다. 난 내가 이것들을 극복할 수 있음을 알고 있고, 앞으로도 계속해서 극복해 나갈 것이다.' 그리고 저는 지금도 이렇게 느끼고 있어요."

80대로 들어서면, 어려움을 극복하려고 노력하는 타고난 성격도 시간이 지나면서 조금씩 달라질지도 모른다. 아서 갤스턴은 이 문제에 관해 예일대학교가 펴내는 노화를 다룬 책에 실릴 짧은 에세이로 대신 답했다. "내가 여든다섯 살에도 계속 전문적으로 활동할 수 있을까? 만약 그럴 수 있다면 제3의 커리어는 어떤 모습이 될까?…이 문제에 대한 해답은 아직 얻지 못했지만, 결론은 확실해 보인다. 은퇴 이후 아무것도 하지 않는 삶을 선택하지는 않을 것이다. 나는 이 세상이 너무 재미있기 때문에, 그저 수동적인 관찰자로 비켜 앉아 있는 모습을 자신에게 허락할 사람이 아니라는 사실은 알고 있다. 나는 계속 건설적인 활동에 참여하며, 몸과 마음을 가능한 한 활발하게 움직일 것이다."

그렇다면 실제로 그의 미래에는 어떤 모습이 기다리고 있을까? 내가 그에게 앞으로 뭘 기대하냐고 묻자, 아서는 앞서 인용한 내용과 비슷한 대답을 했다.

"전 힘이 사라질 것이란 걸 알고 있습니다. 실제로도 줄어들고 있고요. 전 두 발로 버티고 서는 힘이 약간 떨어지기 때문에 목발을 사용해야 합니다. 전 이곳 휘트니 센터에 사는 것을 고맙게 생각합니다. 현재의 제게는 이곳이 오랫동안 살아온 제 집보다 더 좋은 곳이라는 것을 알고 있으니까요.

제가 뭘 바라느냐고요? 우선 휘트니 센터 바깥에서의 삶을 계속해서 유지할 수 있기를 바랍니다. 여기에서 생활하는 것만으로 제 존재가 모두 규정되는 삶을 살고 싶지는 않습니다. 전 아직도 운전할 수 있습니다. 그리고 매일 연구실로 가려고 노력합니다. 전 아직도 활동적인 선생입니다. 전 졸업반 학생들에게 생명 윤리 고급 과정을 가르치니 기민해져야 해요. 똑똑한 예일대학교 학생들 앞에서 부끄러운 꼴을 보이고 싶지 않으니까요. 계속 글도 쓰고 있습니다. 사회정책 연구기관에서 요구한 에세이를 썼는데 그걸 토대로 한 책 두 권을 편집하기도 했죠. 1960년에는 식물학 관련 서적을 집필한 적이 있는데, 이번에 개정 4판을 선임 저자인 공동 작업자와 같이 작업 중입니다. 교재와 제 에세이 집필을 오가며 꽤 바쁘게 지내고 있어요. 가능하다면, 계속 이런 식으로 지내고 싶습니다."

휴레이 콜먼과 미리엄 개블러의 신실한 신앙이나, 퍼트리샤 닐이 말하는 자애로운 신이라는 종교적 개념, 혹은 피트 바커가 전적으로 반박하는 개념과 다른(그리고 내 회의론과도 다른), 즉 아서 갤스턴이 생각하는 신과 내세에 대한 개념에 나는 깊은 흥미를 느꼈다. 나는 목숨을 잃을 뻔한 큰 고비 두 번을 넘긴 후, 삶을 다시 추스르는 데 종교가 무슨 역할을 했는지 그에게 물었다. 그의 대답은 직설적이었다. 이는 내가 과학자에게서(특히 자연의 성장과 발전의 현상을 설명하는 데에 탐구심이 가득한 과학자에게서) 기대했던 것이기도 했다.

"전혀요. 전 틀이 정해진 신앙을 참아낼 인내심이 거의 없습니다. 윤리학자들과 긴밀한 관계를 유지한 덕분에 존경할 수 있는 신학자들과 만나게 됐지만, 그렇다고 이런 사실이 신이라는 존재에 대한 제 생각을 바꾸지는 않았습니다. 전 분명 천국의 구름 위에 올라앉아 계신 신이 있다고는 생각하지 않습니다. 대신 전 그 모든 이야기가 어떻게 시작됐는지 묵묵히 생각해 봅니다. 분명히 뭔가 근원적인 힘이 있을 겁니다. 태초에 에너지가 있었고, 그게 전부였을 겁니다. 그러고는 그 에너지가 점점 중요해졌겠죠. 제가 바라보는 시각은 바로 이거예요. 어떤 필요성이 우리를 진화하는 길을 걷도록 냉혹하게 내몬다는 겁니다.

생물학자로서 전 죽음을 삶의 일부로 봅니다. 전 내세가 있다고 믿지 않습니다. 거기에서 그냥 끝이 나는 거죠. 전 죽음을 두려워하지 않습니다. 뭔가 끔찍하고 고통스러운 질병을 겪는 경우만 아니라면, 죽음을 받아들일 것입니다. 물론 장담은 못하지만요."

'거기에서 그냥 끝이 나는 것'이라고 해도, 한 사람의 인생이란 작품은 생명 그 자체를 넘어서까지 사는 것이다. 이 세상이 우리에게 갖는 기억도 마찬가지다. 아서 갤스턴은 어떻게 기억되기를 바랄까?

"전 자기 분야의 지식을 발전시킨 헌신적이고 능력 있는 교수이자, 평범하지 않은 시각을 옹호할 수 있는 용기를 지닌 사람으로 기억되고 싶습니다.
기꺼이 위험을 무릅쓸 의향을 지닌 제 모습에 스스로도 놀랐습니다. 전 용기도 조금 있고, 자신이 믿는 것을 옹호하며, 지불해야 할 대가가 있다면 이를 기꺼이 지불한 사람으로 기억되고 싶습니다. 모든 일에는 대가가 있으니까요."

나는 그에게 보물이나 다름없는 책들과 평생 과학에 투신하고 대변인으로 활약한 공으로 받은 기념품들이 꽉 차 있는 아파트에서 그가 했던 말을 곱씹어본다. 바로 '대가'라는 말이 머릿속에 떠오른다. 인생의 오후에는 그전까지 해왔던 것의 보상을 받길 원하기 마련인데, 이 말은 무엇을 의미하는 것일까? 사실 우리는 무언가의 대가를 미리 지불해야 할 경우, 대가를 지불할 것인지 말 것인지 선택한다. 40대에서 50대에, 우리의 몸은 별 비용을 들이지 않아도 꽤 잘 돌아간다. 하지만 반드시 몸은 다가올 시간을 대비하라며 우리에게 비용을 청구한다. 우리가 60대에서 70대 혹은 그 이상이 돼 우리가 원하는 것을 하게 해줄 몸이라는 기계를 철저히 정비해야 할 때, 우리의 몸은 비용을 청구한다. 그리고 맞서 싸워야 하는 심각한 병이 발병하고, 걸어가야 할 길고도 벅찬 길이 아직도 한참 남아 있을 때, 우리 몸은 우리에게 가장 비싼 비용을 청구한다. 그러나 사실 이것은 투자에 들어간 만큼 비용을 청구하는 것일 뿐이다. 우리가 우리에게 필요한 일을 할 때, 우리는 시간과 에너지, 다양한 자본을 희생한다. 그러나 가치에는 지속해서 이자가 붙기 때문에, 우리가 보상을 받으려고 해온 모든 것은 값을 매길 수 없는 선물의 형태가 돼 궁극적으로 우리에게 돌아온다.

솔로몬은 제자들에게 "너는 네 식물을 물 위에 던지라. 그럼 여러 날 후에 도로 찾으리라"고 말했다. 그는 곧 닥쳐올 미래에 대비해야 할 필요성을 조용하지만 강력하게 말했다. 솔로몬은 "씨를 뿌려야 할 때가 있다"라고 훈계한다. 만일 우리가 씨앗을 심지 않는다면 수확의 시기가 돌아왔을 때 우리는 아무것도 얻지 못할 것이다. 바로 이것이 미리엄 개블러, 피트 바커, 퍼트리샤 닐, 휴레이 콜먼, 아서 갤스턴의 삶에서 궁극적으로 읽을 수 있는 메시지다. 선택을 제대로 하면 성과를 거둔다. 용기는 성공한다. 극복은 승리다. 뒤따르는 만족과 보상을 받는 세월(거두는 세월)은 우리 자신뿐만 아니라 우리의 삶에 헌신한 모든 이의 삶에 대한 보답이다.

우리는 모두 이해받기를 원한다. 그리고 타인을 이해해야 한다.
인생에서 중요한 사람에게 이해받는다는 기분을 느낀다면,
누구도 홀로 외롭게 삶을 보내지 않을 것이다.

6.
관계

사랑하고 사랑받는 한 살아갈 이유가 있다

다정함이 깃든 하이킹, 느긋한 점심 식사, 두서없는 잡담은 사색을 불러일으키는 강력한 동기가 된다. 이것들은 지금 내가 이렇게 쓰고 있는 이 책에 든든한 공헌을 하고 있다. 노화에 관한 글쓰기는 자신의 삶에 대한 연구와 경험만 필요한 게 아니라, 요람에서 무덤까지 가는 그 길고 긴 여정에서 우리가 만난 여러 사람(학식 있는 대가든, 그저 우리와 동행하게 된 평범한 사람이든)의 삶에 대한 연구와 경험까지도 필요하다. 인생을 축소해서 책으로 쓰는 이 짧은 여정 중에 작가가 잠시 멈춰서 숨을 돌리고 뒤를 돌아볼 때는 '사실'과 '지식', 그리고 '쌓여가는 지혜'라는 다리가 셋 달린 의자가 필요하다. 이 세 가지는 저마다 확연히 구분되는 특징이 있기 때문에, 셋 중 하나라도 없다면 반추에 잠긴 여행가는 불안해서 제대로 앉아 있을 수 없다.

이 책을 쓸 때 바탕이 된 내 생각의 세 가지 요소 중 하나는, 나와 40년 이상 인연을 맺어온 동료 레오 쿠니 박사다. 그는 예일대학교 의과대학교 및 제휴 병원인 예일 뉴헤이번 병원의 노인병학과의 설립자이자 총괄자다. 그는 나와 같이 하이킹을 하고 점심을 먹는 동료일 뿐만 아니라, 내가 실수했을 때 방패막이 돼주는 사람이자, 지혜가 샘솟는 잡담 시간에 의지가 돼주는 친구다. 나는 《사람은 어떻게 죽음을 맞이하는가》에서 노화에 관한 부분을 쓸 때 그의 조언에 의지했다. 그는 내가 그 책을 쓰면서 씨름하는 주제를 이해할 수 있도록 지속해서 도와줬다. 특히 노인병학 분야에서는 사실이 지식의 단계로, 지식이 지혜의 단계로 진화할 때 폭넓은 이해가 필요하다. 내가 레오 쿠니 박사에게서 가장 많이 배운 것은, 바로 나이 들어가는 사람들에게는 그들의 삶과 타인의 삶 사이의 관계가 중요하다는 것이다.

잘 나이 들기 위해서 무엇보다 중요한 개념은 레오의 발언에서 찾아볼 수 있다. 어느 날 몸의 원기와 모습을 유지할 때 운동이 얼마나 중요한지 입증하는 수많은 연구에 대해 토론하던 중 그는 내게 다음과 같이 지적했다. "하지만 운동이 성배는 아닐걸세. 만약 성배가 있다면, 그건 다른 사람들과의 관계겠지. 체육관에 갈지 혹은 손자들과 같이 있을지, 둘 중 하나를 선택해야 하는 경우, 나라면 손자들을 택하겠어."

우리는 곧 나이 들수록 가족과 사회라는 울타리 안에서 중요한 역할(목적을 분명히 하고, 가치를 부여하고, 존엄을 지키는 일)을 계속해나가려면 필요한 일들이 무엇인지 토론하게 되었다. 젊은이들은 연장자들에게 빚을 지고 있고, 연장자들 또한 젊은이들에게 그만큼의 빚을 지고 있다. 이렇게 그들은 서로 가치를 인정받으며 살아간다. 늘 그렇듯, 이런 방식은 타인의 삶에 도움을 준다. 또 늘 그렇듯, 그 안에는 관계가 존재한다.

  만약 내가 이 개념에 어떤 의구심을 느끼더라도(사실 전혀 느끼지 않지만) 《사람은 어떻게 죽음을 맞이하는가》를 출간한 6개월 후부터 내 앞으로 연달아 도착한 편지들 때문에 사라졌을 것이다. 그 책에서 나는 나이 든 사람들이 종종 겪는 우울증과 그 때문에 자살률이 증가하는 현상에 대한 글을 썼다. 2005년 인구조사 보고서에 따르면, 노년 인구의 약 20퍼센트가 임상적 우울증을 앓고 있다고 하는데, 많은 이가 치료를 받지 않는 현실을 감안하면 실제 수치는 이보다 높을 것이다. 자살을 고려하는 일 또한 나이 든 사람들에게 종종 일어나는데, 만약 자살에 성공하는 방법을 손쉽게 터득할 수 있다면 훨씬 빈번해질 것이다. 1994년 7월 초, 위스콘신주 매디슨에서 보내온 편지에는 어떻게 스스로 목숨을 끊으면 되는지 묻는 질문이 담겨 있었다. 그의 편지는 법률용 서류철에서 뜯어낸 듯한 가로줄이 쳐진 노란 종이 위에 깔끔하고 읽기 쉬운 필체로 쓰여 있었다. 내가 쓴 책에 대해 몇 마디 논평을 적은 후, 그는 편지를 쓰게 된 이유를 밝히며 첫 번째 단락을 마무리 지었다. "박사님의 의견을 구할 아주 중요한 문제가 있습니다. 어쩌면 의견을 구한다기보다 안내 지침을 구하는 것일 수 있겠네요." 그러고는 다음과 같이 썼다.

    저는 남편을 여읜 일흔세 살의 인도 여인입니다. 1년 중 몇 달은 인도에서 보내고, 나머지 몇 달은 싱가포르에 사는 외아들네에 가 있습니다. 손녀가 둘이 있는데, 한 녀석은 영국에서 유학 중이고, 또 한 녀석은 미국 위스콘신에서 생화학 연구를 하고 있습니다. 저는 지금 한 달 일정으로 위스콘신에 와 있습니다. 그리고 이달 22일에 싱가포르로 돌아갑니다.

가장 중요한 내용은 그 뒤에 등장했다.

한 사람이 행복한 경험과 슬픈 경험을 모두 겪는 풍요로운 삶을 살아오다가, 나이가 들면서 인생을 즐기는 능력이 점점 사라져간다는 사실을 느낀다면, 그냥 삶을 끝내야 하지 않을까요? 전 그것이 행복한 결말일 것 같다는 생각이 듭니다. 제 시력은 상당히 나빠졌습니다. 한쪽 눈은 아예 보이지도 않고, 다른 한쪽은 상당히 시야가 좁아요. 그래서 외출을 하려면 매번 누군가의 도움을 받아야 합니다. 청력도 점점 떨어지고 있습니다. 의사 선생님 말씀으로는, 청신경이 약해져서 그렇다더군요. 게다가 빨리 걸을 수도 없어요. 이것도 역시 나이 들어서 나빠진 것이죠. 전 박사님의 조모님[내 할머니는 점점 인지 능력이 약해지시더니 아흔여섯 살에 세상을 떠나셨다. 나는 그 이야기를 책에 적었다]의 길을 걷고 있습니다. 전 그분이 어떤 기분이었을지 충분히 이해가 됩니다. 건강에 특별한 문제는 없어요. 그저 전 지금이 제가 죽어야 할 때라고 느껴집니다. 그러니까, 제가 제 목숨을 스스로 끊어야 할 것 같다는 소리죠. 다른 사람들에게는 알리고 싶지 않습니다. 조용히 해치우고 싶어요. 안 그랬다가는 사람들에게 고통을 안겨주게 될 테니까요. 저 혼자 힘으로 비밀리에 그 일을 실행할 수 있는 가장 쉬운 방법은 무엇인가요?

눌랜드 박사님, 이런 편지를 써봐야 제 꼴만 우스워지고, 박사님께서 이 편지를 무시하실 거라는 것도 압니다. 전 다 이해해요. 하지만 일말의 희망을 품고 제가 마주하고 싶지 않은 미래에서 벗어나는 길을 박사님께서 알려주시기를 간곡히 소망합니다.

- 진실한 마음을 담아
루비 채터지

이런 편지에는 어떻게 답장해야 할까? 내면의 어떤 힘을 불러일으켜야 채터지 씨의 마음을 되돌려 죽고 싶다는 바람을 잠재울 수 있을까? 그를 걱정하는 내 진심을 전하는 것은 물론, 혼자만의 생각에 지나치게 빠져 있는 태도 때문에 그가 삶이 가치 있다는 것을 깨닫지 못한다는 사실도 알려줘야 했다. 내 답장은 처음부터 끝까지 염려가 담겨 있었다. 나는 어쩌면 절망에 대한 해결책을 찾고 있을 그의 실망감 너머에 웅크린 긍정적인 태도를 꺼낼 수 있을지 모른다는 마음으로 답장을 썼다. 나는 그의 편지를 세상에서 사라지고 싶어서 도움을 구하는 것이 아니라, 자신을 이해해 주고 자신에게 해결책을 제시해 줄 타인과 관계를 맺고 싶어 도움을 요청하는 것으로 생각하기로 했다. 나는 며칠 후 이렇게 답장을 보냈다.

채터지 씨께
저는 당신의 유려하고 감동적인 편지에 여러모로 감동받았습니다. 제가 제대로 답장을 드리는 것이기를, 그리고 제가 지금 이 순간이 그렇듯 삶이 중요하다는 사실을 당신에게 이해시키는 데 도움이 되기를 희망합니다.

채터지 씨, 가끔은 타인을 위해 삶을 살아야 합니다. 네, 당신의 몸이 겪는 여러 가지 불편한 상황들은 노화 때문에 생기는 변화가 분명합니다. 하지만 당신이 극심한 고통을 느끼거나, 한 치 앞도 예측할 수 없는 상황의 중증 질환을 앓고 있지 않은 것도 명백한 사실입니다. 아드님과 손녀들 이야기를 하신 것도 그렇고, 제 인도 친구의 가족과 비교해서 전 당신이 가족들의 삶을 풍요롭게 하는 존재라는 엄청난 사실을 느낄 수 있습니다. 제게 조금이라도 양심이 있는 한, 이렇게 아름다운 글을 거뜬히 써내는 건강한 분께 스스로 목숨을 앗아갈 방법을 알려주는 일은 절대로 할 수 없습니다.

당신은 당신을 사랑하는 사람들을 위해 사셔야 합니다. 그들은 당신이 필요하기 때문입니다. 당신이 제대로 깨닫지 못할지도 모르겠지만, 그들에게는 당신이 이 땅에 존재한다는 안도감이 필요한 것은 물론이거니와, 당신의 지혜 또한 필요합니다. 만약 제 할머니께서 70대 중반의 나이에 스스로 목숨을 끊으셨더라면 아마 전 엄청난 충격을 받았을 것이고, 그 일 때문에 미래에 큰 영향을 받았을지도 모릅니다. 당신의 삶에서 진정으로 중요한 사람들에게, 가족과 친한 친구라는 사랑의 울타리 안에서 우리를 감싸주는 사람들에게, 당신이 얼마나 중요한 존재인지 믿게 하고, 긍정적으로 생각하도록 용기를 드리려면 제가 무엇을 해야 할까요?

제 말을 잘 생각해 보세요. 그리고 당신의 인간미와 인생이 당신이 다른 이들에게 줄 수 있는, 당신만의 선물이라는 사실을 기억하십시오. 제가 오랫동안 당신과 비슷한 상황에 처한 환자들을 수없이 지켜보며 터득한 사실을 말하고 있다는 것도 생각해 주십시오. 제 말을 믿으셔야 하고, 당신 자신도 믿으셔야 합니다.

채터지 씨는 5일 후 답장을 보내왔다. 단 한 단락짜리 편지였지만, 여섯 문장을 읽어보니 그가 내 말을 이해했다는 긍정적인 생각이 들었다. 그 편지는 내가 바라던 대로 다음과 같이 매듭지어져 있었다. "제가 어떻게 박사님을 믿지 않겠습니까? 박사님이 말씀하신 대로 할 것입니다. 정말, 정말 고맙습니다."

나는 이제 편지 교환은 끝났다고 생각했다. 어려운 상황이 이런 식으로 해결됐다고 생각하니 안도감이 느껴졌다. 그러나 노쇠함과 죽음을 몇 달 혹은 몇 년간 생각해 온 것이 달랑 편지 한 장으로 옅어지지는 않았다. 3주 후, 채터지 씨는 아들 집이 있는 싱가포르에서 내게 다시 편지를 보냈다.

만약 제가 어디라도 아파서 박사님의 환자가 된다면, 박사님이 제 침대 옆에서 삶의 진실이 무엇인지 말씀하시는 걸 듣고 싶은 마음에 병이 금방 낫지 않을지도 모르겠군요.

박사님은 우리가 타인을 위해 삶을 살아야 한다고 말씀하셨습니다. 그것이 행복과 평화의 진정한 정수라고요. 그런데 현실에선 어려움이 많습니다. 솔직히 말하면, 이런 상태로는 남한테 도움을 줄 수 있는 게 거의 없어요. 젊었을 때는 그럴 수 있었죠. 전 즐겁게 타인에게 헌신했습니다. 제 남편은 건강이 상당히 좋지 않았죠. 가정을 꾸리고 아들을 키우는 책임감을 올곧이 짊어진 건 바로 저였습니다. 물론 고생은 좀 했지만, 그렇다고 완전히 나가떨어지지는 않았습니다. 남편은 4년 가까이 병석에 누워만 있다가 5년 전 세상을 떠났습니다. 인도에서였죠. 지금은 아주 까마득한 옛이야기 같습니다. 요즘 전 정원을 돌보고, 식물에 물을 주고, 가끔 요리하지만 언제나 성공하는 건 아니랍니다. 책을 상당히 많이 읽고, 그냥 즐거움을 느끼려고 때론 바느질도 합니다. 하지만 시간이 흐르면 전 저와 저를 돌봐주는 이들에게 짐이 될 것입니다. 이런 고통을 그들에게서 덜어주고 싶습니다. 이런 가슴 아픈 생각을 하는 와중에도 여전히 삶은 즐거운 시간을 선사하기도 하네요.
박사님의 책과 편지는 제 마음속 깊은 곳까지 와 닿았기 때문에, 가능한 최선의 방법으로 피할 수 없는 현실과 마주 서야 한다는 박사님의 메시지를 못 본 척할 수는 없었습니다. 하지만 그냥 두서없이 말을 꺼냈습니다. 부디 용서하세요.

나는 그에게 죽음에서 위안을 찾는 무기력 속으로 퇴보해서도 안 되고, 죽음을 재고해서도 안 된다는 사실을 알려줘야 했다. 요전번 편지와 동일한 메시지를 듬뿍 담아 답장을 썼다.

채터지 씨께

보내주신 편지도 잘 받았습니다. 다시 무사히 싱가포르로 돌아가셨다니 기쁘군요. 전 당신이 쓴 글 중에서 다른 사람들에게 도움을 줄 수 있는 것이 거의 없다는 것에 동의하지 못합니다. 우리가 존재한다는 사실만으로도 그들은 안심이 되기 때문에 우리의 삶 자체가 그들에게 도움을 주는 것입니다. 이 사실을 당신의 경험에 비춰보세요. 당신에게 도움을 준 사람들이 그저 하늘에 별처럼 떠 있던 일을 생각해 보세요. 그들은 이 세상에 그저 존재하는 것만으로도 당신에게 안정감을 주고, 방향도 제시해 줬을 겁니다. 분명 손녀들과 아드님도 당신을 이렇게 생각할 겁니다. 분명히 당신이 상상하는 것보다, 당신은 그들의 삶에 훨씬 더 많은 도움을 주고 있을 것입니다. 언제 한번 물어보시죠. 우리는 누구나(젊고 건강하든, 나이가 들었든 간에) 다른 이에게 짐입니다. 하지만 이 짐은 또 달콤함과 사랑을 가져다주는 것이기도 합니다. 이런 짐은 기쁨이기 때문에, 우리가 사랑스러운 관계를 맺고 있다는 사실에 기뻐해야 합니다.

당신이 그랬죠? 만약 어디라도 아파서 제 환자가 된다면, 절 당신 침대 옆에 두고 싶어서 병이 금방 낫지 않을지도 모르겠다고요. 절 딱 그렇게 생각하세요. 삶을 질병이라고 생각하는 사람들이 있습니다. 꽤 온화한 질병이라고요. 하지만 이 병은 사실 상당한 치료를 받아야 하는데요. 이 치료는 사랑하는 사람들과 친구에게서 받아야 합니다. 이 사실을 기억하십시오.

나는 이 편지에 답장으로, 채터지 씨가 자신이 이전에 썼던 주장을 되풀이하고, 더불어 걱정스럽고 비현실적인 생각까지 더해진 편지를 받았다. 채터지 씨는 이렇게 물었다. "불멸의 순간이 될지도 모를 지극히 행복한 순간에 왜 죽으면 안 된단 말인가요?"

네팔 히말라야산맥에서 이런 기분을 느낀 적이 있습니다. 화창한 날에는 눈 덮인 정상의 모습이 보입니다. 안개가 걷히면 산은 그 장엄한 아름다움을 드러내죠. 그 모습은 장관이었어요. 전 그 순간을 영원히 붙잡아두고 싶었어요. 바로 그 순간에 죽어서 절대로 제게서 달아나지 못하게 하고 싶었어요. 박사님은 죽음의 이런 점을 말씀해 주지 않으셨습니다. 가장 행복한 순간에 죽는다면 그 행복은 영원할 거예요. 그런 상황에서 죽으려는 사람들을 냉정하게 다뤄야 하는 건가요? 물론 그 사람에게 해야 할 일이 남은 것도 아니고, 지켜야 할 약속도 없는 경우라면 말입니다. 제 생각과 마음에 잘못된 점이 있는 건지 알고 싶습니다. 이게 바로 박사님이 저번 편지에 언급하신 온화한 질병이라고 하신 삶인가요?

곧이어 채터지 씨는 원래의 근심으로 되돌아갔다.

한 사람의 생명을 앗아가는 경우와 관련해, 박사님은 전에 쓰신 책에서 사람이 병에 걸리거나 고통에 잠겨 어떤 위안도 찾을 수 없는 경우를 언급하셨습니다. 저도 납득이 됩니다. 하지만 한 사람이 자기가 병에 걸리는 길을 걷고 있다는 사실을 아는 것만으로도 충분하지 않을까요? 고통이 점점 심해지고, 불안감까지 더해지는 상황을 뭐에다 쓸까요! 차라리 누군가의 도움을 받지 않고 스스로 해결할 수 있을 때 숨을 멈추는 편이 낫죠.

눌랜드 박사님, 제가 던진 질문들은 아마 굉장히 이상하고, 보통 사람들은 걱정하지도 않는 문제들일 거예요. 하지만 전 이런 생각을 하지 않을 수가 없어요. 달리 무슨 말씀을 드려야 할지 모르겠습니다.

물론 채터지 씨가 편지의 마무리에 한 걱정은 이상한 것이 아니다. 신경 질환을 앓거나, 피할 수 없는 쇠약함이 예상되는 기타 질환을 앓는 수많은 이가 아직 힘이 남아 있을 때 스스로 목숨을 끊어서 그 병을 피하려고 한다. 나는 이 편지에 제기된 두 가지 문제에 답장해야 했다.

지난번에 보내주신 굉장히 흥미로운 편지에 답장을 빨리 못해서 미안합니다.《사람은 어떻게 죽음을 맞이하는가》와 관련해서 할 일이 급속히 불어나다 보니, 출장 때문에 일주일 정도 외국에 가 있었습니다.

저는 당신의 놀라운 질문에 거침없이 대답해 드릴 수 있을 것 같습니다. 우리는 순간적인 충동으로 결정을 내려서는 절대로 안 됩니다. 설사 그 충동이 초월적인 아름다움에서 비롯된 것이라고 해도 안 됩니다. 죽음처럼 돌이킬 수 없는 행동에 내리는 결정은 상당히 집중해야 하고, 사색한 뒤 철학적 숙고를 거친 결정을 내려야 한다는 사실을 우리 둘 다 잘 알고 있을 겁니다.

또 저는 우리 중 그 누가 '해야 할 일이 남은 것도 아니고, 지켜야 할 약속도 없는 경우'에 해당하는지 궁금합니다. 그건 당신이 행복한 상황에서 죽고 싶어서 만든 조건에 불과합니다.

다시 한번 말씀드리지만, 제 말을 조금 더 신중하게 생각해보시기 바랍니다. 전 당신이 우리가 지금까지 토론했던 문제에 상당히 많은 시간을 쏟았고, 자신의 길을 찾으려고 성숙한 태도로 문제에 접근하고 있다는 사실을 알기 때문입니다.

- 당신의 친구
셔윈 눌랜드

하지만 내 친구는 쉽게 확신하지 못했다. 그는 초월적인 순간에 죽음을 원하는 일에 내가 반대하는 것에 기꺼이 동의하면서도("지켜야 할 약속이 없는 경우에 대한 당신의 의견을 듣고 보니, 제가 바보 같고 부끄럽게 느껴집니다"), 또다시 내가 이미 해결되었다고 생각했던 주제로 되돌아가 있었다.

우리가 다른 이에게 짐이지만, 이 짐은 달콤함과 사랑을 가져다주기도 한다는 당신의 지난번 편지를 다시 읽고 있었습니다. 하지만 전 가족들이 어떤 면에서는 서로를 진심으로 부담스러워한다는 사실을 알고 있으며, 나이 든 아버지가 마지막 숨을 거두는 순간 자식은 홀가분해진다는 사실도 알고 있어요. 남은 사람들은 떠난 사람을 위해 슬퍼하는 시간을 그리 많이 가지지 않아요. 죽음은 대단히 현실적으로 받아들여집니다. 예기치 못한 죽음이 느닷없이 들이닥쳤을 경우에만 슬픔은 강렬하고 오래 가죠. 전 충만한 삶을 살아온 나이 든 사람들이 스스로 삶을 끝내려고 하는 것이 상당히 분별력 있는 모습이라고 생각합니다. 그리고 심하다 싶을 정도로 남은 이들에게 악영향을 주지는 않을 것 같아요. 사랑하는 사람은 어느 정도 슬픔을 느낄 수는 있겠지만, 그건 예상할 수 있는 것이기도 하고, 원래 인생이 그런 것이라고 치부할 수도 있으니까요. 전 마지막 탈출구를 기꺼이 만들고 싶어 하는 이들이 많을 것이라 확신합니다…….

나이 든 사람들이 원할 경우, 스스로 삶을 끝낼 수 있도록 이 사회가 일부 규정을 만들어야 한다고 절실히 느낍니다. 그 일과 관련된 낙인은 반드시 전혀 없어야 하고요. 제 삶은 제 것이므로, 제가 가진 것은 제가 뭘 하든, 제 마음대로 할 수 있으니까요.

이런 식으로 5개월 동안 편지를 주고받았다. 그러다 마침내 나는 스스로 목숨을 끊고 싶다는 채터지 씨의 결심을 말릴 수 있을 것 같은 답장을 보냈다. 그쯤 그는 고향인 콜카타로 돌아가 있었다.

채터지 씨가 쓴 "제 삶은 제 것이므로, 제가 가진 것은 제가 뭘 하든, 제 마음대로 할 수 있다"라고 하신 말에 동의할 수 없어서 유감입니다. 우리의 삶을 단지 물질에 비유하는 것은 옳지 않습니다. 당신이 그걸 이해하면 좋겠습니다. 삶은 소중합니다. 그리고 삶은 우리가 가진 놀라운 가치를 다른 이에게 되돌려줘야 하는 선물이기 때문에, 생명이 없는 사물과 비교하지 못합니다. 전 절대로 우리의 삶이 오로지 우리의 것이라고 믿지 않습니다. 당신은 제가 이 특별한 문제를 어떻게 생각하는지 알고 있을 겁니다. 일단 이렇게 관계를 맺은 이상, 우리의 삶은 서로에게 대단히 중요합니다. 슬퍼하는 방식, 그러니까 겉으로 슬픔을 드러내느냐, 드러내지 않느냐 하는 문제는, 무의식적으로 감춰져 있는 깊은 상처와는 아무 상관이 없습니다. 인간의 마음은 그 상처를 감싸 흠이 없고 단단한 상태로 만들어주는 독특한 메커니즘을 가지고 있습니다. 죽겠다는 결심은 우리를 사랑해 주는 사람들과 나누지 않고 혼자서 내려서는 안 되는 결정이라고 생각합니다. 어떻게 보면 이것은 우리가 속해 있는 공동체의 결정이기도 합니다. 물론 스스로 사라지기를 원하는 사람이 많은 것도 사실입니다. 우리를 걱정해 주는 사람들과 이성적으로 대화한 후에 그런 결정을 내린 것이라고 해도, 이는 극도로 이기적으로 보입니다. 저는 제 이런 표현이 전혀 심한 말이라고 생각하지 않습니다.

극히 드문 경우에(제 경험을 돌이켜봐도 정말 극히 드문 경우입니다), 삶을 끝내야 하는 경우도 있다는 사실에는 동의합니다만, 그 이유는 우리의 일부이기도 한 그들의 삶을 반드시 존중하는 것이어야 합니다. 당신의 신체적·감정적 상태를 봐서는, 전적으로 그런 결정을 내릴 만한 이유가 없어 보입니다. 이렇게나 명료하고 사랑스러운 필체로 깊은 사색과 감정을 전하는 글을 쓸 수 있는 한, 당신은 이 세상에서 상당한 역할을 하고 있는 것이며, 당신이 생각하는 것보다 훨씬 더 많이 이 세상과 관계를 맺고 있을 테니까요. 제발 제 말을 믿으세요.

이 편지에 대한 답장은 채터지 씨의 고향인 콜카타에서 북서쪽으로 수천 킬로미터 떨어진 곳인 델리에서 왔다. 채터지 씨는 아들의 집에서 한 달간 머무른 후, 델리에서 약 한 달간 지내고 있었다. 채터지 씨는 그 근처 도시에 사는 조카를 방문해서 두 달 정도 머물다가 집으로 돌아갈 계획이었다. 그의 편지에는 "삶에 대한 내 태도가 어리석고 이기적이었다"라고만 적혀 있었고, 내가 적었던 내용에는 별다른 대답이 담겨 있지 않았다. 그런데 그는 아들 라메스가 싱가포르에서 미국 코네티컷으로 전근하게 됐다는 놀라운 소식을 전해줬다. "아들 녀석은 저더러 최소한 여름만이라도 코네티컷에서 지내라고 합니다…제가 코네티컷에 머무는 동안 혹시 박사님을 뵐 수 있을까요?"

내 편지 덕분에 채터지 씨가 삶을 계속 살아가는 쪽으로 생각을 바꾸게 됐다는 일말의 기대감은 내가 1995년 3월 16일 받은 편지 때문에 꺾이고 말았다. 그러나 이제는 조심스럽게 낙관할 수 있었다. 펜팔 친구가 에둘러 말하기는 했지만, 그의 편지는 이제껏 예상하지 못했던 뭔가 희망적인 쪽을 향해 방향을 틀기 시작하는 듯했다. 그는 나빠지고 있는 증세에 대해서 계속 글을 쓰긴 했지만, 금방이라도 목숨을 끊겠다는 언급은 빠져 있었다. 게다가 '눌랜드 박사님께'로 시작해 '당신의 진실한 루비 채터지'로 끝나는 정중히 형식을 유지했지만, 그는 편지 속에서 《사람은 어떻게 죽음을 맞이하는가》를 읽으면서 알게 됐을 어릴 적부터 써오던 내 애칭으로 나를 불렀다.

눌랜드 박사님께

언제나 제 하소연만 잔뜩 쏟아놓으려고 박사님께 편지를 쓰네요. 이러는 건 좀 자제해야겠죠. 전 박사님을 눌랜드 박사님이라 부르기보다 그냥 친근하게 '셉'이라고 부르고 싶어요. 당신은 제가 아무런 거리낌 없이 말할 수 있는 유일한 분이세요. 제가 언제나 같은 이야기를 되풀이하고 있다는 것을 잘 알아요. 하지만 제가 다른 무엇을 할 수 있겠어요? 나이가 저를 냉혹하게 서서히 옥죄어오고 있다는 기분이 듭니다. 시력은 점점 떨어지고 있고, 거동도 극도로 굼뜹니다. 15분 넘게 걷게 되면 너무나 고통스럽습니다…차라리 이 과정이 좀 빨라져서 제가 즉시 천 개의 문 중에 하나의 문지방을 건널 수 있었으면 좋겠습니다[나는 《사람은 어떻게 죽음을 맞이하는가》의 서두에 극작가 존 웹스터John Webster의 《말피의 공작부인The Duchess of Malfi》의 명언 '죽음에는 인간이 출구로 삼고 있는 수만 개의 문이 있다'를 인용했다.] 제가 영향을 받은 몇몇 사람이 죽었습니다. 그중에는 가장 절친한 친구를 잃은 경험도 있죠. 하지만 그렇다고 해서, 삶이 아무 의미도 갖지 못할 나이까지 그들이 살기를 바라는 건 아니에요. 시간은 누구에게나 닥치죠. 전 제 가족이 피할 수 없는 상황을 현실적으로 받아들이기를 바랍니다. 전 제가 심각하게 쇠약해지는 날에는, 모든 의학적 치료를 거부하기로 결심했어요. 그럼 그 종점이 빨리 오겠죠. 제가 이기적이라는 것을 알아요. 하지만 전 자리보전하고 누운 채로 죽음을 맞이하고 싶지는 않아요. 제가 점점 기력을 잃어가는 모습을 지켜봐야 하는 고통을 가족들에게서 덜어주고 싶습니다.

하지만 다음 단락을 읽고 나는 깜짝 놀랐다. 거동하기 어려워하고 건강도 급격히 나빠진 이 일흔세 살의 여성은 자신이 원래 생각했던 삶을 9개월 정도는 유예해도 된다고 마음먹게 되자 오히려 싱가포르에서 콜카타를 거쳐 델리로 갔다가 다시 싱가포르로 돌아오는 여행을 했을 뿐 아니라, 자신의 집에서 무려 9,600킬로미터 떨어진 해외를 나가보기로 계획을 세웠던 것이다.

4월 말에는 나이지리아에 갈 거예요. 그곳에서 3주에서 4주 정도 머물 생각입니다. 거기에 사는 제 친구는 제가 좀 오래 있기를 바랍니다. 아주 멋진 부부죠. 나이는 아마 제 아들 내외와 엇비슷할 것 같아요. 물론 제 몸 상태를 보면, 전 아프리카가 정말 멋진 곳이라는 것을 느낄 시력도 청력도 없는 셈이죠. 그래도 마음속에 담을 수 있다는 사실이 저를 행복하게 해주기에는 충분하겠죠.

그러나 채터지 씨는 자신의 예상보다 그렇게까지 기력이 쇠하지는 않았던 것 같다. 그가 출발하던 4월 5일 편지에는 다음과 같이 적혀 있었다.

오늘 아프리카로 떠납니다. 첫 번째 경유지는 델리가 될 거예요. 그런 다음 케냐 항공을 타고 나이로비로 갈 거예요. 그곳에서 야생 세계를 볼 수 있는 기회가 생길 것 같습니다. 사나흘 정도 나이로비에 있을 예정입니다.

그는 국립공원에서 사파리를 관람하며 야생 세계를 체험했다. 무엇을 타고 다녔는지 언급하진 않았지만, 분명 차로 이동했을 것이다. 아무리 애를 써도, 채터지 씨가 코끼리를 탄 모습을 상상할 수는 없다. 루비, 그러니까 내 펜팔 친구는 내가 지난번 편지부터 나를 '셉'이라 부르기 시작하며, 자신을 그냥 '루비'라고 쓰기 시작했는데, 그가 느끼는 흥분이 편지의 어조를 통해 전해졌다. 이제 우리는 채터지 씨와 눌랜드 박사에서 '루비와 셉'으로 발전했다. 나는 높은 창문 턱에서 뛰어내리려고 하는 잠재적 자살자와 대화를 나누는 구조대가 된 기분이 들기 시작했다.

코끼리, 사자, 기린, 얼룩말 등 많은 동물이 있었어요. 기린은 정말 우아한 동물이더군요. 나이지리아는 금렵구역이 많지 않아요. 이곳은 예술과 문화, 음악으로 유명한데, 타악기와 현악기가 아주 흥미로워요. '코라'라고 불리는 21현짜리 악기도 있답니다. 기장 줄기나 대나무, 조롱박, 동물의 상아로 만든 플루트도 있더군요.

이 편지를 읽으면서 나는 영국 소설가, 찰스 킹즐리Charles Kingsley의 유명한 어구를 떠올렸다. "진정으로 행복해지려면 열정을 느낄 대상이 필요하다." 종종(불행하게도 늘 그런 것은 아니다) 우울한 생각을 떨치거나 줄일 때 필요한 것은 행복한 순간이 곧 다가오리라는 사실을 아는 것이다.

진정으로 행복해지려면 필요한 것은 무엇인가

3주 후 라고스에서 보낸 또 한 장의 편지에는 나이지리아와 그곳의 광활한 동물보호구역, 문화와 사람들에 대해 훨씬 더 흥미로운 내용으로 가득 차 있었다. 루비는 분명 나이지리아 이곳저곳을 여행했을 것이다. 지난여름 내게 처음으로 편지를 보냈을 때만 하더라도 낙담해 있던 그는 기대 이상으로 훨씬 더 명민하게 새로운 세상을 관찰하고 있었다. 친구와 같이 떠난 라고스 여행이었지만, 올 때는 그 혼자 귀국했다. 루비는 길고 복잡한 여행길 때문에 힘들지는 않았던 것 같았다. 그는 6월 7일에 보낸 콜카타발 편지에 이렇게 적었다.

지난주에 이곳으로 돌아왔어요. 여러 공항을 거쳐 비행기를 갈아타고 오느라 콜카타까지 오는 데 5일이 걸렸네요. 전 혼자 왔어요. 라고스에 갈 때 같이 갔던 친구가 그곳에 남았거든요. 셉, 전 이제 전보다 더 많이 용기를 내어 미지의 것들을 마주할 수 있게 됐어요.

그는 2주 후 싱가포르로 떠나서 그곳에 며칠 머물다가 손녀를 보러 위스콘신주 매디슨에 갈 것이었다. 6월 20일, 그가 코네티컷주의 하트포드에 있는 공항에 도착하면 아들이 마중 나와 집으로 모시고 갈 예정이었다. "우드브리지인가 하는 동네래요. 뉴헤이번 근처라고 하던데요."

우드브리지의 동쪽 경계는 내가 사는 마을의 서쪽 경계와 맞닿아 있다. 루비의 아들, 라메스 채터지는 우리 집에서 정확히 17킬로미터 떨어져 있는 곳에 있는 집을 매입했다. 놀랍고도 또 놀라운 일이었다. 루비와 내가 곧 만난다니.

편지로 이렇게 친밀한 우정을 쌓은 사람이 곧 있으면 우리 집 코앞에 도착한다는 사실에 들떴다고 하는 건 그다지 적절한 말이 아닌 것 같다. 사실 나는 루비 채터지를 전혀 만나고 싶지 않았다. 그때까지 우리가 친밀할 수 있었던 건 지리적으로 멀리 떨어져 있고 직접 만나기가 어렵다는 조건 때문이었다. 사실 우리가 같은 공간에 있게 될 줄 알았다면 나는 도움을 주기를 망설였을지도 몰랐다. 내게는 우리가 만날 수 없다는 사실이 우리가 키운 정서적 친밀감의 필수 요소였다.

아내 세라도 내가 느끼는 것을 고스란히 느끼고 있었다. 아내가 가장 걱정하는 것은 사생활 침범이었다. 내가 필요한 모든 이와 만나야 하는 외과의로서의 책무는, 작가로서는 꼭 지켜야 할 사생활과 정확히 상반된다는 사실을 나는 미처 깨닫지 못했다. 그러나 아내는 이 점을 너무나 잘 알고 있었다. 오는 편지마다 일일이 답장하고 낯선 이들과 길게 통화하는 것은 효율적인 작업 습관에도, 더 중요하게는, 가족들과 보내려고 시간을 자유롭게 쓰는 데에도 도움이 되지 않는다. 세라는 내가 편지를 많이 보내는 것은 수긍했지만, 아내로서 가정을 침범당하는 것은 참지 못했다. 그는 나더러 루비에게 못 만나겠다고 말하라고 했다.

며칠간 아내와 나는 이 문제를 놓고 제자리걸음을 했다. 세라는 편지를 제대로 읽지 않았기 때문에, 루비가 내 편지에 담긴 논리를 이제 막 받아들이게 된 시점에서 내가 거절했다가는 상황이 도로 나빠질 것이라 걱정하는 내 진심을 이해하지 못했다. 우리의 대화는 점점 더 힘들어지기만 했다. 그런데 내 펜팔 친구는 우리의 만남에 대한 기대와 흥분을 연거푸 드러냈다. 나는 한 번은 매디슨에서, 또 그다음은 우드브리지에서 보내온 그의 편지를 연달아 받았다. 나는 그때마다 대충 모호하게 둘러대며 답장을 보냈다. 예를 들면, 매디슨에 있는 그에게 이렇게 적어서 보냈다.

"제가 한동안 집을 비웠던 데다가, 얼마 전 새집으로 이사를 했습니다. 아직은 정리가 제대로 안 된 상태지만 언젠가는 정리가 되겠죠. 당신이 매디슨에 있을 때 우리가 처음으로 편지를 주고받기 시작했다는 것을 기억하실 겁니다. 그동안 스스로가 얼마나 달라졌는지 깨닫는 것만으로도 당신께는 힘이 될 겁니다." 그런 애매모호함은 그에게 먹히지 않았다. "당신은 우리가 편지 교환을 시작했던 것이 이곳이었으니까, 그 시작을 떠올리는 것만으로도 힘을 내야 한다고 말씀하셨는데요. 그렇다면 편지 교환도 여기에서 끝내야 하는 건가요? 아무리 좋은 일이라도 언젠가 그 끝이 있는 것처럼, 저도 이 문제에 현실적인 시각을 가져야 하나 보군요." 이렇게 말한 후, 다음 문단에서 그는 거절당할 수 없다는 뜻을 명확하게 적었다. "머지않아 정리가 되셨으면 좋겠네요. 그럼 그때는 만날 수 있겠죠?" 어떻게든 빠져나가려는 내 의지와 반드시 만나겠다는 그의 고집 사이에서 줄다리기가 계속되고 있었다.

　루비가 다음에 보낸 편지에는 우드브리지 소인이 찍혀 있었다. 그는 이제 비유적인 의미를 넘어 물리적으로도 나와 가까워졌다. 너무 바쁘다는, 전혀 말이 안 되는 것은 아닌 이유를 들이대며 만나자는 그의 고집스러운 요청을 계속 미뤄놓자, 이제 그는 언제 전화하면 되는지 물었다. 내가 전에 생각 없이 내 친구가 루비의 아들과 같은 길목에 산다는 말을 한 적이 있었는데, 그는 내가 그 친구네에 들르게 되면 자기에게도 들러야 한다고 말하기까지 했다. 아들과 며느리는 직장을 다니는 데다 다른 일로도 바빴기 때문에, 루비는 이렇게 적었다. "전 이곳에서 할 일이 하나도 없어서, 당신이 편한 시간에 맞춰 시간을 낼 수 있어요." 그를 실망시켰다는 내 죄책감이 점점 커져가는 동안, 그의 머릿속에서는 새로운, 아니 한동안 감춰뒀던 그 생각이 슬금슬금 피어나고 있었다. "코네티컷은 정말 아름다운 곳이네요. 이곳의 첫인상을 당신에게 전해주려면, 전 다시 죽음이라는 주제를 꺼내야 할 것 같군요. 집 뒤편에 펼쳐진 녹지를 보니, 이곳이 죽음을 맞이하기에 좋은 곳인 것 같군요. 저 시원한 메이플나무와 오크나무 그늘 아래 눕는다면 영면을 취하기에 좋을 것 같아요."

루비와의 만남을 불편하게 생각했던 나는 그가 무슨 생각을 하게 될지 걱정이 되기 시작했다. 그래서 나는 메모지에 재빨리 편지를 갈겨써서 우편함에 넣었다. "아무 때나 전화하세요. 글씨가 엉망이라 미안합니다. 그래도 이게 내가 가장 빨리 답장을 보낼 수 있는 방법이라서요."

루비는 전화하지 않았다. 어쩌면 전화를 했는데 내가 전혀 몰랐던 건지도 모른다. 어쨌든 내가 만남을 주저한다는 사실을 눈치채기가 그리 어렵지 않았기 때문에, 그는 전화하기가 망설여졌을 것이었다. 그의 다음 편지에는 내 망설임이나 세라가 초대를 단호하게 거절했던 사실에 답하는 신랄함이 담겨 있었다.

우리는 정말 가까운 거리에 있어요. 한 20분 정도면 닿을 거리군요. 그런데 나는 아직도 당신을 못 만나고 있으니 이건 운명의 장난이겠죠. 당신을 만나겠다는 희망으로 지구의 반바퀴를 돌아 이곳까지 왔는데, 언제 만날지도 모른 채로 난 이렇게 하릴없이 앉아 있군요. 이곳에 넉 달을 머물 예정으로 왔는데, 이미 두 달이 훌쩍 지나갔군요. 나이 들어서 그런지 무기력한 기분이 드네요. 이런 마음을 받아들여야만 하겠죠. 메이플나무와 오크나무의 그늘 덕분에 그 아래에서 쉴 수 있군요. 아뇨, 그렇다고 지금 죽을 생각을 하는 건 아니에요.

넉 달이라니! 나는 루비를 6주간 기다리게 했고, 그 작전은 지금까지는 성공적이었다. 그런데 넉 달까지 미루는 건 내 능력 밖이었다. 내 결정은 나를 이렇게나 가깝게 느끼는 사람에게, 낙심한 데다 정서적으로 쇠약해진 이 나이 든 사람에게 아픔을 주는 것이었다. 그는 여러 면에서 내 친구가 됐고, 내가 진심으로 걱정하는 사람이 됐다. 그러나 나는 내 유일한 관심이 내 사생활인 양 행동하면서, 우리 둘 사이가 지속하려면 우리 관계에 거리감이 필요하다고 생각했다. 나는 내게 외면당해 풀이 죽은 루비가 나와 고작 17킬로미터 떨어진 우드브리지의 한 나무 아래에 외로이 앉아 낙담하면서 억지로 위안을 찾으려고 하지만 아무 소용도 없는 모습을 상상했다. 역시 허망한 죄책감에 사로잡힌 내가 이런 상황이 어서 끝나기를 바라지만 이 또한 아무 소용이 없는 모습을 상상했다. 그러자 상황을 이 지경까지 끌고 온 내 판단이 더욱 경솔하게 느껴졌다. 내가 마지막으로 받은 편지를 아내에게 보여주자, 세라는 시간이 흐르면서 마음이 바뀌었다며 우리가 만나는 것을 허락했다.

나는 루비의 편지에 적힌 우드브리지의 전화번호로 전화를 걸었다. 루비의 며느리와 통화를 한 후 나는 채터지 가의 세 식구가 그다음 날 저녁 우리 집에 들르는 것으로 약속을 잡았다. 만남을 회피해 온 길고 긴 시간이 드디어 끝났다. 무려 2만 2,500킬로미터에 달하는 긴긴 거리를 뛰어넘어 열정적인 편지 교환을 한 지 1년여 만에, 루비와 나는 마침내 같은 공간에 있게 됐다. 미국으로 출발하기 직전에 보낸 편지에서, 루비는 자신을 이렇게 표현했다.

> 당신은 저를 아직 보지 못했으니까, 당신에게 제 생김새를 설명해 드릴게요. 저는 약간 살집이 있고, 두꺼운 안경을 썼고, 인도식 옷을 입고 다녀요.

물론 이 설명은 그가 예전에 자신을 묘사할 때 썼던 모든 요소와 완벽하게 일치했고, 내가 그에게 편지를 쓸 때마다 마음속에서 떠올렸던 이미지와도 정확히 맞아떨어졌다. 그런데 실제로 루비와 시선을 맞추게 될 순간이 오니, 나는 그의 모습이 정말로 어떨지 궁금해졌다.

런던 가이스 병원에서 근무하던 20대 미혼 시절에, 한 인도 출신 동료가 나더러 친구 집에서 열리는 파티에 가자고 한 적이 있었다. 그 친구가 학창시절부터 알고 지내던 사람들 틈에 나만 예외로 끼게 되는 것이었다. 그날 저녁 나는 몹시 두근거렸다. 예전엔 한 번도 느껴보지 못했던 기쁨이었다. 아름다운 사리를 입은 이들의 다정한 모습은 바다 건너 고향을 떠나온 외로운 외과 레지던트인 나를 설레게 했다. 그들은 내가 지상에서 가장 멋진 존재라는 기분이 들게 해줬다. 그들은 힌두교라서 술을 마시지는 못했지만, 카레와 그 밖의 이국적인 향료들이 셰퍼드부시에 있는 작은 아파트에 묘한 분위기를 풍겼다. 춤출 공간은 넉넉했지만 서로 몸을 가깝게 하고 춤을 췄다. 그날 저녁, 아름답고 멋진 사람들이 이렇게나 많이 한곳에 모인 것을 처음 본 나는 그중에서도 더욱 매혹적인 사람들을 찾아보기도 했다.

　중년을 거의 다 보낸 나이에 돌아보면 느닷없이 지나가버린 젊음이 원래보다 훨씬 풍요로워 보이듯, 나는 종종 그날 밤을 떠올리곤 했다. 역설적으로 들리겠지만, 루비 채터지를 만난다는 생각만큼 내 마음속에 그때의 그 강렬한 젊음을 다시 가져다주는 것도 없었다. 나는 그가 말하는 자신의 질환, 노쇠한 상태와 대비되는 생동감 넘치는 명료한 글 사이의 간극 때문에 늘 혼란스러웠다. 그동안 모아둔 그의 편지를 들춰볼 때면 어느 쪽이 진실인지 궁금했다. 내가 당혹스러웠던 또 다른 것은 다채로우면서도 때론 복잡해 보이기도 하는 그의 여정이었다. 그것은 거동이 불편하고 고질적인 중증 우울증까지 앓는 일흔네 살의 사람에게서는 쉽게 상상할 수 없는 대담함이 필요한 일이었다.

　시간이 흘러 이제 곧 만날 마지막 순간이 되자, 나는 사기에 휘말린 것은 아닌지 걱정되기 시작했다. 하지만 기분이 좋기도 했다. 세라는 나를 놀렸다. "그냥 다 잊어버려요. 그 사람은 분명히 자기가 말한 그 모습일 거야."

　역시 세라의 말이 맞았다. 다음 날 저녁 우리 집 앞 정문을 열자, 루비가 입구 쪽 통로에 빛에 모습이 가린 채로 서 있었다. 그는 살집이 '약간'보다는 조금 많이 있었고, 안경 또한 '꽤 두꺼웠고', 며느리처럼 인도식 드레스를 입었다. 그가 설명한 모습과 거의 흡사했지만, 차이가 조금 더 있는 정도였다. 하지만 그보다 더 중요한 사실은 그가 내 친구 루비이며, 나와 많은 것을 공유하는 사람이라는 점이었다.

　그의 외모는 미리 들었던 것과 같았지만, 아들 내외와 함께 우리

집 문 앞에 불안한 듯 서 있는 그에게서는 확실히 우아한 자태가 느껴졌다. 미뤄 짐작했듯이 그의 아들 내외는 인물이 좋고 자신감 있는 사람들이었다. 우유부단하게 몇 주를 보낸 것과 달리 실제로 나는 그들을 따스하고 반갑게 맞이했다. 우리 관계의 최정점이라고 할 수 있는 바로 그 순간, 나는 루비와 내가 결국 만나게 됐다는 사실이 대단히 기뻤다.

이해는 어떻게 우리를 외로움에서 구해주는가

우리는 첫 만남의 서먹함이 사그라질 때까지 문 앞에 (진짜로 문 앞에 서 있기도 했고, 비유적으로도 그렇고) 잠시 서 있었다. 그러고는 채터지 가족을 거실을 비롯해 아내의 뒤뜰이 내다보이는 커튼이 쳐진 일광욕실까지 안내했는데, 내가 마치 왕의 수행원이 된 듯한 기분이 들었다. 루비는 소파에서 내 옆에 자리를 잡고 앉아 내 쪽으로 몸을 돌리고는, 아무 말 없이 두꺼운 안경 너머로 나를 응시했는데, 사실 안경이 너무 두꺼워서 그의 눈이 잘 보이지 않았다. 그는 우리가 함께한 두 시간 내내 거의 말을 하지 않았다. 아들 내외와 같이 차를 마시고 케이크를 먹고 크고 작은 잡다한 문제들에 대해 신나게 수다를 떠는 동안, 그는 경외심에 빠진 듯 꼼짝않고 앉아 있었다. 하지만 그 경외심은 나를 향한 것이라기보다는 그 순간을 향한 것인 듯했다. 그는 마침내 이 시간, 이 장소에서 다다랐다는 현실에 너무 가슴이 벅차, 편지에서는 매력적으로 드러났던 표현력이 마음속 깊은 곳에서 솟구치는 강렬한 감정의 소용돌이 속에 막혀버린 듯했다.

어쩌면 루비는 할 말도, 생각도 너무 많았는지 모른다. 너무 많은 말이 곧 터져 나올 듯해서 목구멍에 막혀 있었는지도 모른다. 아니면 편지를 받는 사람이 실제로 존재한다는 인식이, 마음껏 표출할 수 있던 그의 유연한 생각과 안도감을 증발시키고, 의사소통 능력을 묶어버렸는지도 모른다.

그 후에도 한동안 우드브리지에 머물렀던 루비는 "그날 저녁 많은 말을 하고 싶었지만, 당신이 말하는 걸 듣고 있는 게 나을 것 같았어요"라고 후일 편지에 적었다. 믿기 힘든 일이지만, 그 편지는 그동안 그가 쓴 편지 중 유일하게 단 한 줄만 쓴 편지였다. 확실한 것은, 그가 마음속에 부풀어 오른 감정에 매료당했다는 사실이었고, 아무리 그럴듯하게 설명해도 그것을 숨길 수는 없었다는 것이다. 그가 방문한 이후 처음으로 보낸 편지는 바로 며칠 후에 도착했는데, 그 편지는 내가 그 간단한 편지를 읽기 전까지는 알지 못했던 진실을 말해주고 있었다. 사실 이 말은 의미 있는 관계를 맺고 있는 사람들이라면 누구나 공감할 관계의 비밀을 담고 있었다.

> 당신은 내게 많은 것을 주면서도 내게 호의를 베푼다는 생각을 전혀 하지 않았어요. 그리고 나는 당신에게서 많은 것을 받았지만 당신한테 빚을 진다는 생각을 하지 않았죠. 마치 조물주의 방식이 그런 것처럼요.

루비와 나는 1년이 넘도록 수많은 편지를 교환하며 많은 이야기를 나누었다. 겉보기에는 내 역할이 주도적이라고 생각할지도 모르겠지만, 그건 틀린 말이다. 사실 내가 멘토링을 한 것은 맞다(그가 우리의 편지 교환을 시작할 때 언급했던 단어를 빌리면 그렇다). 그러니까 일종의 조언을 하는 역할이었다. 그러나 세상의 모든 멘토와 카운슬러는 유대감이 한쪽이 다른 쪽만큼 의미 있는 양방 통행을 하고 있을 때만 가능하다는 사실을 분명히 알아야 한다. 직관으로 깨닫기는 했지만, 루비의 글을 읽으면서 나는 그 가치를 완전히 이해할 수 있었다. 우리를 지탱해 주는 관계는 서로 주는 관계다. 처음에는 주는 것이 대부분 한쪽 방향으로만 흐르는 것처럼 보인다. 하지만 잘 생각하고 관찰해 보면, 그런 인상은 착각이었다는 걸 알게 된다. 그러니까 앞서 레오 쿠니가 말한 타인과의 관계의 중요성은, 어떤 형태로 발현되든 간에 주는 것만큼 받는 것이 기본이다.

우리가 자존감을 지키려고 타인에게서 꼭 받아야 할 단 한 가지가 있다면, 그것은 분명 이해라는 선물일 것이다. 우리는 모두 이해받기를 원한다. 그리고 타인을 이해해야 한다. 남들이 우리를 이해하지 못해 우리의 가치를 의심하는 듯하면, 우리는 자신의 가치까지 의심하게 된다. 내 인생에서 중요한 사람에게 자신이 이해받는다는 기분을 느낀다면, 누구도 홀로 외롭게 삶을 보내지 않을 것이다.

루비가 맨 처음 내가 보낸 편지 속 이야기를 귀담아들은 이유는 내가 그를 진지하게 대할 뿐 아니라, 이해하고 있다는 사실을 알았기 때문이다. 만약 어떤 사람이 상대방을 걱정하지 않으면, 상대방도 그 사람을 걱정하지 않는다. 이것이 서로 어느 정도 분명하다는 사실은 루비가 가장 최근에 보낸 편지 저 밑에 숨어 있었다. 호의를 베푼다는 것, 혹은 빚을 진다는 것은 그런 관계에서는 불필요하다.

삶의 가치에 대한 그의 생각을 바꾸는 데 도움이 된 것은 내 말이 아니라 우리가 쌓아온 관계였다는 증거는 앞서 언급한 세 문장에 나타난다.

그렇다면 루비는 그 대가로 내게 무엇을 줬나? 대가라는 말은 사실 중요한 말이 아니다. 서로 편지를 교환하면서 서로를 이해하게 됐다면 대가는 필요 없다. 그의 첫 번째 편지에서, 나는 그 역시 《사람은 어떻게 죽음을 맞이하는가》에서 다뤘던 문제, 특히 생명의 가치와 관련해서 내가 고민했던 것과 비슷한 고민을 하는 모습을 느꼈다. 그는 편지를 주고받으며 내 사색의 파트너가 됐고, 내 생각에 감응하는 매개체가 됐다. 우리의 편지에서 나는 내 기분을 이해하는 친구를 만나게 됐다. 그리고 여기에는 그 어떤 호의도, 부채감에서 비롯된 행위도 없었다.

나이 들며 생겨나는 불행의 대부분이 이해받지 못하는 데에서 온다고 보기 때문에, 이 문제를 자세히 설명하려고 한다. 인생의 오후에 그동안의 삶에 대한 보상을 받고 활기 넘치는 생활을 할 수 있는 비밀은 사랑하는 사람들에게 우리가 이해를 받느냐, 그렇지 않느냐와 관련이 있다. 그것이 바로 10년 이상 지속해서 루비와 내가 서로 해온 일의 핵심이었다.

1995년 8월의 어느 무더운 날 저녁, 루비 채터지와 보낸 두 시간이 우리의 유일한 만남이었다. 그러나 우리의 편지는 계속되고 있다. 그리고 루비는 여전히 잘 지내고 있다.

1995년 우리가 만난 이래로 11년 동안 루비와 나는 수많은 편지와 생각을 주고받았다. 루비의 아들 부부는 콜로라도에 사는데, 루비는 그 집에 총 여덟 번 들렀다. 미국에 머무르는 동안, 그는 아들 내외와 함께 코네티컷, 콜로라도, 캘리포니아, 유타, 시카고, 노스캐롤라이나, 나이아가라폭포는 물론 내게 말하지 않은 곳들까지 수많은 곳을 여행했다. 2000년에는 일흔아홉 살의 나이로 영국 레스터에서 의대를 다니는 손녀 집을 홀로 방문했다. 그 전년도에는 두바이에서 2주를 보냈는데("아직도 여자들이 얼굴을 가리고 다니다니 정말 안쓰러워요"라고 그는 적었다), 그때도 혼자였다. 그는 수천 킬로미터 떨어져 있는 델리로 여섯 번이나 조카를 만나러 갔는데, 가장 최근에 그곳을 방문한 것은 그가 여든세 살 때였다.

그동안 루비의 건강은 나이가 들면서 어느 정도 쇠하긴 했지만, 그 속도는 상당히 더디었다. 시력과 청력도, 관절염처럼 '천천히' 나빠지고 있었다. 그는 1960년대 후반에 고질적인 다리 동맥 폐쇄 때문에 걸을 때마다 종아리에 통증이 일었는데, 수술 없이 말끔해지기도 했다. 하지만 2003년에 쓸개 및 담즙 수술을 받았다. 그리고 2004년에는 심장 부정맥 치료를 받았다.

이 모든 것을 겪으면서도 루비의 정신은 굴복하지 않았다. 나는 루비에게서 다시는 죽음을 언급하는 편지를 받지 않았다. 대신 그의 편지는 그야말로 의욕이 넘쳐흘렀다. 내가 1996년 새해 첫날 그의 평화와 충만함을 기도하는 카드를 보내자, 그는 이렇게 답장을 보냈다. "음, 저는 꽤 만족스럽고 마음도 상당히 평화롭답니다." 그러고는 곧 이렇게 적었다. "평소처럼 하루가 가네요. 어떤 날은 행복하기도 하고, 또 어떤 날은 그냥 없는 듯 무시하고 넘겨야 하는 날도 있죠. 전 제게 끝없는 기쁨을 주는 사람들과 함께하기를 간절히 원합니다."

1997년 겨울, 루비는 다음에 갈 곳으로 환상적인 여행지인 두바이와 시인 타고르가 학교를 세운 인도의 산티니케탄 중 한 곳을 고르느라 고민에 빠졌다. 그러나 콜카타를 떠나는 일이 불가능하게 됐다. 이사 갈 새 아파트를 단장하려면 필요한 잡다한 일들을 감독해야 했기 때문이다. 나는 그 이야기를 듣고 이렇게 편지를 썼다. "두바이든 산티니케탄이든, 혹은 다른 멋진 곳이든, 당신이 여행을 가려고 장소를 고르는 중이라는 이야기를 들으니 마음이 참 좋습니다. 이 세상을 훌쩍 떠날 계획을 세우던 한 여인으로부터 이런 이야기를 듣다니, 이 모든 일이 저를 꽤나 행복하게 하는군요. 보시다시피, 살 만한 가치가 있는 일은 많습니다. 우리가 느낄 수 있는 기쁨도, 타인을 위하는 기쁨도 상당하고요."

그의 편지는 어떤 때는 재미있는 소식으로 가득했고, 어떤 때는 사색에 잠겨 있었고, 어떤 때는 둘 다를 담고 있었다. 지난 11년간 우리는 여행, 휴가, 손자들의 탄생, 세계정세, 그리고 책 이야기를 나눴다. 2002년 여든한 살의 생일을 맞이하기 직전에, 그는 이렇게 편지를 보냈다.

> 젊은 날, 그러니까 서른인가 서른다섯 즈음에, 저는 제가 예순을 못 넘길 거라고 생각했습니다. 그러나 일흔을 넘어 여든을 넘기고 말았네요. 아마도 죽음이 절 잊었나 봅니다. 소소한 문제가 있긴 해도, 여전히 인생은 매력이 있어요.

12년 전 루비 채터지는 여러 가지 형태로 자신을 괴롭히는 실존적 위기에 정면으로 맞섰다. 그리고 그는 현재와 같은 모습으로 인생의 오후를 보내게 됐다. 그가 자신의 삶에 죽음만이 남았다고 생각하면서도 타인에게 손을 뻗었다는 사실은, 그의 마음속 깊은 곳에서는 그런 절망에도 불구하고 삶이 살 만한 가치가 있다는 어떤 확신을 찾고 있었다는 증거다. 우리 대부분이 그런 것처럼, 그는 자신이 타인에게 가치가 있는 특별한 사람이라는 사실을 깨달으며 삶에 대한 확신을 느끼게 됐다. 극히 예외적인 경우가 있긴 하지만 외롭다는 느낌은 대부분 착각이다. 나아가 외로움을 느끼는 예외적인 경우라 할지라도, 관점을 달리해 보면 우리는 새로운 관계, 새로운 유대를 만들 수 있으며 기존의 관계와 유대 또한 강화할 수 있다. 나아가 이런 새로운 관점은 루비가 편지에서 함축적으로 "여전히 인생은 매력이 있어요"라고 표현한 의미와도 연결되는 것처럼 우리가 전과 다르게 세상을 바라볼 수 있게 해준다. 이런 매력은 어디에서든 발견할 수 있다. 익숙한 들판에 핀 야생화가 예전엔 결코 눈에 띄지 않다가 한순간 눈에 띄는 것처럼, 야생화를 볼 마음만 있다면 그들은 우리 것이 된다. 몇 살이든 우리는 야생화를 딸 수도 있다.

이 책을 막 쓰기 시작했을 때, 나는 당시 여든네 살이었던 루비에게 편지를 받았다. 편지에서 그는 몸 상태가 별로 좋지 않고, 의사가 초기 파킨슨병일지도 모른다는 이상 소견을 드러냈기 때문에 2005년에는 미국에 가지 않을 것이라고 했다. 아들 내외와 함께 콜로라도에 있는 그레이트샌드듄국립공원에 갈 계획이었기 때문에 그는 특히나 낙담했다.

아들 말로는 아주 좋은 곳이라더군요. 그러나 여행을 그렇게 다니는 건 이제 제게 맞지 않습니다. 전 6월 한 달간 델리에 가 있었어요. 이제 그 이상은 할 수 없군요. 집에서 집안일을 하면서 바쁘게 보내며, 잠깐씩 산책이나 가고 있어요.

이 편지는 루비가 쇠약해지고 있는 것일지 모른다는 신호를 처음으로 보여줬다. 그걸 읽으면서 나는 우리의 오랜 우정을 되돌아보고, 그것이 어떻게 시작되었는지, 어떻게 나아갔는지 되짚어봤다. 그 과정은 내 머릿속은 물론, 그의 편지들을 통해서도 자취를 따라갈 수 있었다. 그동안 그가 보내온 편지를 하나씩 읽어보니, 편지들은 희망이라는 교훈이 담긴 하나의 우화가 됐다. 루비는 비관적인 낙담과 음울한 자기반성을 극복했다. 그가 죽음을 잊는 순간, 죽음도 그를 잊었다. 죽음에 대한 생각은 삶의 풍성함을 생각하는 순간 흩어졌다. 어떤 편지를 보니 그가 타고르의 말을 인용해 번역한 것이 눈에 띄었다.

"무한한 당신을 바라보면, 그 아름다움과 광활함에 자신을 잃게 되네. 죽음과 고통은 아무 의미 없는, 그저 하찮은 것일 뿐."
"그러나 당신에게서 돌아서서 나만을 생각할 때 죽음은 거대한 그림자를 드리우고 고통은 나를 압도하네."

우리가 편지를 주고받는 중에 딱 한 번, 루비는 타고르의 철학에 상당히 고무돼 신에 대한 믿음을 쓴 적이 있다. 2006년 4월에 보낸 편지에서, 그는 인간관계에서 찾은 사랑과 친절함을 설명하면서 이렇게 덧붙였다. "이게 내가 단 한 번도 종교로 눈을 돌릴 필요가 없었던 이유입니다. 전 주변 사람들에게서 그런 인간의 자질을 많이 발견하고 있어요. 이것이 신앙심이라고 알려진 것이죠. 전 행복합니다." 타고르를 인용한 편지의 맥락을 살펴보면, '당신'이란 신적 존재가 아닌 자연과 삶에서 나타나는 신성한 힘을 가리킨다는 걸 알 수 있다. 그 광활함, 그 아름다움, 모든 인간과 계속해 살아가는 삶의 핵심. 그가 타고르의 시에서 찾아낸 의미는 분명히 그만의 것이다.

살아 있는 한 절망이라는 사치를 허락하지 말라

우리가 주고받은 편지를 연달아 읽은 후 루비에게 편지를 썼다. 생각해 보면, 그의 사연은 절망감에 빠져 삶의 중요성을 보지 못하는 모든 이를 위한 이야기였다. 나는 그에게 이제 막 쓰기 시작한 이 책을 이야기하면서 도움을 청했다.

> 나이가 들어 절망에 압도당한 사람들에 대해 제 책의 한 장을 할애할 생각입니다. 당신이 그랬던 것처럼 육체적인 문제는 물론 슬픔과 절망이라는 감정의 문제에 시달리는 사람들, 자신이 타인에게 더는 쓸모없다고 믿는 사람들, 노력을 계속하는 것이 아무 소용 없다고 느끼는 사람들 말입니다. 간단히 말하면, 당신처럼 차라리 죽는 게 더 낫다고 생각하는 지경에

이른 사람들 말이죠.

당신이 짐작하는 대로, 우리가 사는 이 세상에는 수많은 사람이 있으며, 저는 1994년부터 한 해 한 해 더해가며 당신이 발견한 가치를 그들에게 알리면서 그들이 뭔가를 배울 수 있다고 생각합니다. 루비, 당신의 경험을 알릴 수 있도록 저를 도와주세요. 당신의 메시지는 당신이 상상하는 것보다 훨씬 더 많은 사람에게 마음의 평화를 가져다줄 수 있어요. 우리가 오랫동안 쌓아온 우정이라는 세월은 제게 중요합니다. 그리고 저는 그 시간이 우리가 결코 만나지 못할 수많은 사람에게도 중요하리라는 것을 압니다.

난생처음으로, 루비의 답장이 아들 라메스를 통해 이메일로 도착했다. 그는 그 이유들을 '내가 계속 살아야 하는 이유'라고 적었다.

내 삶은 나 혼자만을 위한 것일 뿐만 아니라, 나와 정서적 관계를 맺고 있는 주변 사람들을 위한 것이기도 했습니다. 우리의 편지 교환은 내가 나이 들고 병약해졌음에도 불구하고 아직도 남에게 뭔가 줄 수 있는 능력이 있다는 사실을 스스로 믿게 해주었습니다. 그저 받기만 하는 게 아니라 줄 수 있다는 생각은 삶을 가치 있게 합니다. 마음과 뇌가 아직은 제 기능을 할 때, 우리는 사랑과 믿음으로 관계를 맺은 사람들에게 작게나마 기쁨을 줄 수 있어요.

이 편지를 받고, 나는 어머니에게 질문을 하나만 더 전해달라고 라메스에게 부탁했다. "절망에 빠진 나이 든 이들이(우리가 편지를 1994년에 시작했을 때 당신이 그랬던 것처럼) 당신에게 다가간다면, 그들에게 무슨 말을 해주겠습니까? 그들이 삶의 가치를 이해하도록 어떤 말을 해주겠습니까?" 루비의 대답은 10일 후에 도착했다.

나와 비슷한 상황에 처한 사람들이 12년 전에 내게 다가왔다면, 나는 그들에게 내가 하고 싶어 했던 그 일을 하라고 조언해 줬을 것입니다. 그러나 우리의 편지 교환 이후 모든 것이 바뀌었습니다. 나는 내가 생각하는 것만큼 상황이 어둡지 않다는 사실을 깨닫게 됐습니다. 나는 이제 그들에게 삶은 의미가 있다고 말하고 싶습니다. 우리는 인내심을 가지고 다른 각도에서 삶을 바라보도록 노력해야 합니다. 나는 이제 나중에 생각하면 후회할지도 모르는 일들은 피하려고 노력합니다. 이런 후회는 상당히 고통스러울 수 있기 때문에 내가 질병에 시달리며 조금 힘들어하는 것이, 사랑하는 이들에게 도움이 된다면 차라리 겪는 게 낫습니다. 이것은 내가 견뎌야 하는 작은 고통보다 훨씬 더 큰 만족감을 줍니다. 당신은 이런 사실을 잘 알고 있어요. 내 말엔 새로울 것도 없어요. 나는 내가 사랑하고 정서적인 관계를 맺고 있는 사람들을 좀 더 염두에 둬야 합니다. 그것이 삶의 핵심입니다. 이것은 나를 계속 앞으로 나아가게 하죠. 나는 여행을 좋아하고 재미있는 장소에 가는 것을 즐기지만, 이제는 이런 일들을 더는 할 수 없습니다.

나는 맛있는 음식을 즐겼지만, 이제는 엄격하게 절제하고 있습니다. 내가 가진 것은 80년이 넘는 인생 경험이죠. 이런 경험을 통한 배움은 미래를 직시하는 데 도움을 줍니다.

편지를 읽으면서 나는 로버트 루이스 스티븐슨Robert Louis Stevenson이 쓴 《보통 사람을 위한 윤리학Lay Morals》의 한 구절을 떠올렸다. "누군가를 사랑하는 한, 우리는 그에게 도움이 된다. 누군가로부터 사랑을 받는 한, 우리는 없어서는 안 될 존재가 된다. 친구가 있는 한, 그 누구도 쓸모없는 존재가 아니다."

우리는 도움이 된다. 우리는 없어서는 안 되는 존재다. 또 우리는 상대에게 가치가 있기 때문에, 우리 존재 자체만으로도 가치가 있다. 누군가에게 우리가 필요하다는 것, 이는 우리가 찾아야 하는 삶의 목적이다. 우리는 타인을 귀히 여겨야 하며, 귀히 여기는 가운데 우리 또한 귀한 대접을 받는다.

루비가 80년 넘게 살면서 얻은 것은 우리가 지혜라고 부르는 지식과 경험이 연금술처럼 더해진 것이다. 우리가 편지를 주고받으면서 그가 새로운 것을 배우게 된 것이 아니며, 그동안의 인생에서 알지 못했던 내용을 깨닫게 된 것도 전혀 아니다. 그러나 우리가 편지 교환을 시작하기 전, 그는 자기 연민이라는 홍수 속에 흠뻑 빠져 분별력이 떨어져 있었다. 그는 헤아릴 수 없는 수많은 모순에 부딪히는 결정에 위태롭게 다가가 있었다. 이는 그의 삶의 근간이 됐던 원칙과 맞지 않았다. 절망 때문에 그는 삶의 원칙을 잊고 있던 것이다. 원기를 잃었고 병을 얻었다는 강박관념은 그를 절망의 구렁텅이로 깊이 밀어 넣었다. 채터지는 그 위로 고개를 내밀 그 어떤 시도조차 할 엄두를 내지 못했다. 고질적인 절망에서 빠져나와 보상을 받는 사람들은 보상이 얼마나 천천히 이뤄지는지 알고 있다. 그들의 몸에 밴 잘못된 판단과 의심을 뚫고 지나가는 동안 보상은 천천히 이뤄진다. 이런 의미에서 보면, 절망에서 헤어나오려는 일련의 행동들은 앞에서 논의한 것처럼 평생 자신에게 역효과를 낳아온 행동을 바꾸려는 시도와 비슷하다.

루비는 편지를 주고받으면서 도움을 받았다. 도움을 받지 않고 홀로 설 수 있는 사람이라고 해도, 친구든 연인이든, 혹은 전문적으로 훈련받은 사람이든, 도움받을 수 있는 사람이 적어도 한 명은 있게 마련이다. 루비가 첫 번째 편지에서 부탁했던 것은 옳은 길로 안내받는 것이었다. 그는 자신과 같은 사람들을 안내하도록 훈련된 누군가가 필요한 상황이었다. 그런 상황에서 치료자는 친구의 역할을 한다. 절망에 빠진 사람이 수면 위로 고개를 내밀고 있다는 첫 번째 증거는 그가 자신에게 도움이 필요하다는 사실을 알고 그것을 얻으려는 선택을 하는 것이다.

가장 친한 친구든, 돈을 내고 얻게 된 친구든 간에, 이들 관계에서 반드시 달성해야 하는 것은 레오 쿠니가 말한 유대감이다. 만약 유대감이 생기지 않는다면, 다른 사람을 다시 찾아야만 한다. 이것은 영혼을 건강한 상태로 유지하는 자양분이며, 우리 영혼의 세포를 씻어주는 큰 강이다. 우리는 개인이든 단체든 타인에게 유대감을 얻길 원한다. 이런 식으로, 우리는 외로움이 사주하는 지독한 무기력을 피하거나 극복한다.

다른 사람과의 유대감을 메마르게 하거나 거기서 고립될 정도로 우리의 인생과 인간관계가 악화하는 것을 막으려면 반드시 해야 할 일, 반드시 수리해야 할 일이 있다. 고대 히브리의 현인들이 말한 "티쿤 올람tikkun olam", 즉 "세상을 수리해라"는 격언은, 바깥세상은 물론 내면의 세상까지 아우르는 말이다. 즉 우리와 친밀한 관계도 포함하고 있다. 단절된 관계를 수리할 때는 유효기간이 없다. 타인을 용서하고, 자신을 용서하는 일은 언제 해도 절대로 늦는 법이 없다. 용서할 때 필요한 것은 결별했던 이유를 상기하고 드러내는 것이 아니라, 오히려 용서를 통해 그 관계의 중요성을 현실 너머로까지 확대하는 것이다.

인생의 어느 시기에 이런 문제는 특히 중요하다. 그러나 이런 문제는 나이가 들면 더욱 중요한 비중을 차지하게 된다. 내면의 완고함은 유해하므로 극복해야 한다고 깨달아야 한다. 독선은 그것을 부리는 대상에게만큼 스스로에게도 해가 된다. 우리는 나이를 먹으면 현명해진다고 생각하지만, 마음속에 원한이나 유감을 쌓아두는 일은 미성숙의 꼬투리가 된다.

루비가 새롭게 현실을 바라보도록 도움을 주고, "여전히 인생은 매력이 있어요"라고 말할 수 있도록 계속해서 자신감을 북돋는 것이 무엇일까 곰곰이 따져보니, 한 친구가 떠올랐다. 이 친구는 내가 대단히 아끼는 친구로, 최근 자신의 아흔 번째 생일 파티에서 짧게 소감을 말했다. 마이클 베시Michael Bessie는 제2차 세계대전 이후 출판계의 황금기라고 불리던 수십 년 동안 활약한 뉴욕의 전설적인 편집자 중 한 명이다. 만약 출판계에도 명예의 전당이 있다면,

그는 분명히 그곳에 올랐을 것이다. 든든한 체력과 티타늄처럼 단단한 무릎 덕분에 그는 현업에서 손을 떼야 할 이유가 딱히 없어 보였다. 그는 코네티컷주의 라임이라는 아주 작고 전형적인 미북부 스타일의 마을에 아내와 같이 산다. 그는 오래전에 뉴욕의 워싱턴 스퀘어에 무척 우아한 임시 거처를 마련했다. 2006년 거센 바람이 불던 1월의 어느 늦은 오후, 그 아파트에 모인 사람들은 대략 40명 정도로, 참석자 대부분은 마이클과 비슷한 연배였다. 이들이 참석했다는 사실은 그가 커리어에서 뛰어난 이정표를 세웠으며, 그 길에서 끈끈한 우정을 쌓았다는 것을 보여줬다. 파티가 절정에 달하자, 주인공은 개성 넘치며 위트 있는 말을 몇 가지 했는데, 그중에는 오래된 우정의 가치도 있었고, 꽤 많은 나이까지 살면서 아직도 이 세상이 다 내 손 안에 있는 듯한 기분을 느끼려면 꼭 알아야 하는 비밀도 있었다. "때론 모험을 하는 것이 중요하죠. 여기서 모험이라는 것은 무슨 일이 벌어질지 전적으로 모르는 경험을 의미합니다." 그는 전에도 이런 이야기를 여러 차례 한 적이 있었기 때문에, 나는 이게 그저 우스개가 아니라 그가 확신하는 삶의 당연한 원칙이라는 것을 알 수 있었다.

물론 이런 생각이 누구에게나 적용되는 것은 아니다. 사실 미리엄 개블러가 지닌 평정심의 근간은 그와 정반대다. 미리엄은 일상을 보내며 얻는 마음의 평화에서 만족감을 찾는다. 그도 어쩌면 모험을 즐길지 모르지만, 미래를 위한 희망이나 목적의식 때문에 모험이 필요하지 않다. 그러나 세상을 바라보는 관점에 새 생명을 불어넣고 싶을 때, 찰스 킹즐리의 "진정으로 행복해지려면 열정을 느낄 대상이 필요하다"라는 말을 실현하려고 할 때, 몇몇 이에게 모험은 효과가 대단히 크다. 미리엄은 인생이라는 시간을 유연하게 해주는 일상에 열정을 느낀다. 그에게 중요한 것은 우리가 품위와 우아함을 간직하는 것이다. 그러나 많은 사람은 때론 폭발적인 무엇인가 필요한데, 그들에게는 마이클 베시의 이야기가 딱 들어맞는다.

루비에게 모험은 동행 없이 혼자 다니는 여행이었다. 여행의 하이라이트가 아프리카 초원에서 벌어졌든, 아니면 여행을 다니는 도중에 들른 복잡한 공항에서 벌어졌든, 그는 종종 '무슨 일이 벌어질지' 전적으로 몰랐던 적이 있었다. 그의 편지에서 나는 그가 한 장소에서 다른 장소로 길을 나서면서 모험은 복잡해졌어도, 바로 그 예측 불가능성 속에 숨겨진 도전을 즐겼다는 사실을 알 수 있었다.

마이클 베시는 그날그날의 목표가 필요한 이유도 말했다. 그에게 목표란 새로운 책을 출간하는 것이지만, 그는 직업적인 것만으로 목표의 의미를 제한하지 않는다. 아흔 번째 생일을 맞이하기 3년 전쯤, 마이클은 그의 집 근처에 그가 사는 도시 두 곳 여기저기에서 수십 년간 모아온 방대한 규모의 서적을 수용할 웅장한 도서관을 짓는 어려운 목표를 시작했다. 목표는 일종의 모험이며, 모험 또한 일종의 목표다. 여행 계획을 짜는 날부터 여행을 실제로 끝내고 집으로 돌아오기까지 루비의 여정도 하나의 목표다. 그가 무기력에서 빠져나왔다는 사실을 내가 처음으로 느꼈던 때는, 마치 모험하듯 그가 나이지리아에 다녀왔다는 이야기를 들었을 때였다.

루비의 이야기를 통해 배울 수 있는 몇 가지 교훈 중에서 나이가 들며 점점 더 비관적이 된 이들에게 가장 필요한 것은 단 한 문장이다. "절대로 절망이라는 사치를 스스로에게 허락하지 말라." 물론 모든 걸 포기하고 자기 하고 싶은 대로 살 수도 있다. 비관에 굴복하는 것은 쉬운 길이기 때문에, 어두운 구름이 다가올 때면 계속 정진하겠다는 강한 의지와 대담한 심장 또한 이에 휩쓸려버리기 십상이다. 그러나 루비도 동의하는 것처럼, 나이 든다는 것에 대한 두려움은 나이 들어간다는 사실 자체보다 더 나쁘다. 선택이 한정돼 있다고 결론을 내리기 전에, 그저 할 수 없다고 많은 일을 포기할 게 아니라, 구체적으로 무엇을 할 수 없는지 살펴봐야 한다.

비관주의를 극복하고 계속 살아야 하는 이유를 뒷받침하는 증거가 상당히 많다. 내가 주고받은 이메일까지 뒤적거리며 그 증거를 찾을 필요가 없을 정도다. 그래도 루비로부터 그 증거를 받아 들게 되니 기분이 꽤 좋았다. 루비는 다음 편지에서 건강과 관련한 일시적인 문제에서 회복됐으며, 파킨슨병이 아니라는 진단이 나왔다고 알려왔다. 그는 이미 다음 모험을 계획 중인데, 이번에는 런던에 사는 손녀네 집에서 3주간 머무른 뒤, 미국에 와서 콜로라도에 사는 아들네에서 진득하게 지낼 것이라고 했다. 2006년 11월 20일, 루비는 여든다섯 번째 생일을 맞았다.

나이가 들어 좋은 점은 그동안 살아온
모든 나이의 나를 잃지 않는다는 것이다.
- 매들렌 랭글

7.
나이 듦

인생은 유한하기 때문에 가치 있다

지금까지 나는 우리가 알고 있는 삶을 다뤘다. 삶에서 노화란 인간에게 피할 수 없는 동반자이며, 우리는 호모사피엔스에 속하기 때문에 인생의 나날들은 자연의 한계를 지니고 있다는 사실 말이다. 호모사피엔스는 언젠가는 죽음이 닥친다는 사실을 알고 있는 유일한 동물이다. 따라서 자기 보존의 본능과 죽음에 대한 두려움은, 마치 환영받지 못하는 불청객이 진행 중인 조용한 공연을 방해하려고 무대 위로 뛰어들기만을 기다리는 것처럼, 언제나 우리 생각의 날개 속에 웅크리고 있다.

나이 듦에 대한 두려움은 쇠약해짐에 대한 두려움보다 크다. 궁극적으로, 이는 죽음에 대한 두려움이다. 세포는 물론 완벽하게 형성된 유기체에 이르기까지 모든 생물 조직과 체계 안에는 죽음을 피하려는 갈망이 있다. 이것이 '자연선택'의 기저에 깔린 것이다. 헤아릴 수 없을 정도로 많은 물리화학적 메커니즘이 모든 행성의 크고 작은 생명체의 생명을 보존하려고 진화했다. 우리 몸의 체계 및 생리학, 마음이라고 부르는 비범한 개념은 죽음에 순순히 굴복하지 않는다. 그런데도 인류가 생명 연장과 영생이라는 개념에 집착하는 것이 과연 놀랄 만한 일일까?

어떤 이들은 인간의 종교가 죽음이 끝이 아니라 무언가가 계속되리라는 안도감을 주려고 발전했다고 주장하기에 이르렀다. 신을 믿는 것은 초자연을 믿는 것이다. 만약 초자연적인 힘이 있다면, 특히 그것이 자애롭고 인정이 많은 힘이라면, 우리는 우리가 알고 있는 필멸의 모습을 초월해 어떤 형태로든 생존하는 희망을 품을 수도 있다. 그렇다면 신앙 덕분에 우리는 운명을 빗겨가고, 자기 보존의 본능은 갖가지 형태로 계속될 것이다. 이렇게 보면, 종교는 타고난 생물학적 충동의 역설적인 산물이 된다. 우리도, 신도 결코 죽어야 할 필요가 없다.

초기 문명의 기록은 영생의 방법으로서 내세에 집착했다는 증거를 보여준다. 그러나 몇몇에게는 영적·종교적 믿음만으론 불충분했기 때문에, 자신에게 뭔가 조치를 취하려고 했다. 역사를 통틀어 보면 우리의 조상들은 회춘이나 생명 연장의 방법을 상상했고, 이를 위해 지식과 기술을 사용해 왔다. 원시시대, 이집트시대, 그리스시대, 중세, 르네상스, 과학혁명, 계몽시대, 19세기의 현대 과학의 탄생, 그리고 20세기 혁신적인 발견 등 이 모든 역사적 시기는 죽음을 부정하는 타고난 인간의 욕구를 표출하려고 그 나름대로 접근 방식을 찾아왔다. 마술과 주문, 비법과 묘약은 몇 세기 후에 고안된 고환 추출물과 동물 분비 기관의 외과 이식, 젊음과 영생을 약속하는 각종 서비스 사업에 무릎을 꿇고 말았다. 20세기 중반 이후 과학과 임상 적용이 놀라울 정도로 세련돼지자, 회춘하는 것에 대한 관심이 노골적으로 집중됐다. 그러나 젊음과 영생을 향한 이 모든 분투는 그다지 인정을 받지 못했고, 노쇠함과 죽음에 대한 본능적인 두려움만을 남기고 말았다.

하지만 1953년 DNA 구조가 발견되면서, '나이 듦'이라는 오래된 게임의 법칙은 급격한 변화를 겪었다. 이제는 노화에 대한 유전자 성향을 바꿀 수 있다고 생각하게 됐다. 들뜬 분자생물학자들의 머릿속에서는 달콤한 생각들이 춤추기 시작했고, 이들은 인간 게놈을 만지작거리며 250세 이상으로 생명을 연장하겠다는 꿈을 꾸기 시작했다.

이런 노력은 노화 과정을 조정하는 유전자를 밝히고, 이를 늦출 수 있도록 유전자 구조를 수정하려는 야심 찬 탐구로 이어졌다. 실제로 샌프란시스코에 있는 캘리포니아주립대학교의 분자생물학자 신시아 케니언Cynthia Kenyon은 예쁜꼬마선충Caenorhabditis elegans이라는 작은 선충류에서 그 우두머리 유전자를 발견했다. 이 유전자는 연속으로 일어나는 신진대사의 변화와 관련된 기타 유전자의 활동을 규제하는 것으로 보인다. 케니언 박사는 'daf-2'라고 불리는 이 유전자를 수정해서 평균 20일에 불과한 예쁜꼬마선충의 수명을 6배 이상 연장했다.

고등동물에는 그런 유전자가 존재한다는 증거가 없다는 사실에도 불구하고 그것을 찾아내겠다는 케니언의 노력은 조금도 멈추지 않았다. 또 이를 통해 학문적 성공과 함께 돈방석에 앉겠다는 그의 열정도 수그러들지 않았다. 그는 현재 몇몇 사람들과 동업해 지난 수천 년간 우리가 꿈꿔왔던 영생의 비법을 만드는 '엘릭서 제약회사Elixir Pharmaceuticals'*를 창업했는데, 이 회사의 목표는 오직 한 가지다. 노화를 막거나 늦출 수 있는 약을 개발하는 것이다.

몇몇 과학자들이나 투자자들이 애타게 찾는 것은 바로 '텔로미어telomere'라고 불리는 구조가 지닌 잠재력이다. 텔로미어는 DNA 각각의 분자 말단에 모자처럼 붙어 있는 부위를 말한다. 세포가 분열할 때마다 텔로미어의 길이가 짧아진다. 이렇게 짧아지는 현상은 효소 텔로머레이스telemerase와 접촉할 경우 중단되거나 심지어는 복귀된다. 텔로머레이스는 세포를 지속해서 분열하기 때문에 생명을 오래 연장할 수 있다. 실험실 배양에서 텔로머레이스 기술을 적용하자, 세포 하나가 최종적으로 사망하기까지 재생되는 횟수가 상당히 늘어나는 결과가 나타났다. 텔로미어가 짧아지거나 늘어나는 것이 전체 유기체나 인간 수명에 영향을 준다는 증거는 없지만, 다수의 생물노인학자는 노화에 대한 만병통치약으로서 이것의 가능성을 맹렬히 믿고 있으며, 벤처기업가들의 지갑은 이를 뒤따라 활짝 열려 있는 상황이다.

'우두머리 노화 유전자'를 찾으려는 쟁탈전이나, 텔로미어를 연장하는 세포 효과가 인간 생명을 조금이라도 연장할 수 있는 잠재력을 가졌다는 증거는 전혀 없다. 그러나 먹이사슬 속에서 높은 위치에 있는 포유류(호모사피엔스까지도 포함해)에서 그 유용성을 입증하려는 연구는 이미 등장했다. 나는 여기에서 1935년 이후 쥐의 평

---

* elixir는 불로불사의 영약을 의미한다.

균 수명을 늘리는 방법으로 알려진 식이 제한을 언급하겠다. 이 연구에서는 쥐들에게 정상 칼로리 섭취량의 50퍼센트만 먹였지만, 이보다 더 적게 줬어도 장수에 상당한 영향을 끼쳤을 거라는 사실이 밝혀졌다. 이 사실이 수긍이 가는 증거는 오키나와 거주민들을 상대로 한 연구에서 밝혀졌다. 이들의 평균 수명은 남자는 78세, 여자는 86세로, 이 수치는 산업화된 그 어떤 사회보다 높다. 여기에는 수많은 요인이 있지만, 식단이 가장 중요한 요인으로 꼽힌다. 오키나와 거주민들은 적은 칼로리를 섭취하고 지방을 적게 먹는다. 100세가 넘는 그곳 거주민들은 평균 미국인들보다 10퍼센트에서 20퍼센트가량 음식을 적게 섭취한다. 이렇게 적게 칼로리를 섭취하면 장수에 중대한 영향을 미치는 것은 물론, 근골격계, 신경계, 내분비계의 노화를 늦추고, 암 발생과 기타 특정 퇴행성 질환을 줄인다.

식이 제한이 장수에 영향을 미치는 생물학적 이유는 아직 밝혀지지 않았지만, 몇몇 논리적인 설명과 이유가 거론되고 있다. 예를 들어, 적은 칼로리를 섭취하면 어쩌면 닥칠지도 모를 기아에 대비해 신체의 생존 메커니즘이 자동으로 신진대사율을 늦춘다는 사실은 예전부터 잘 알려져 있다. 이런 저하는 정상적인 신진대사의 부산물인 활성산소free radical(유리기)의 생성 또한 낮춘다. 활성산소는 DNA 분자에 손상을 가해서 조직과 기관을 노화시키는, 돌이킬 수 없는 세포 손상을 누적하는 데 기여한다. 활성산소는 고도로 민감한 산소 함유 분자인데, 사람들은 산화방지제를 복용해서 그 기능을 막아왔다.

조금 더 이론적으로 그럴듯한 설명을 하면, 적은 칼로리의 식단이 유전자의 스위치를 끄고 켜는 조절을 하면 특정 유전자의 발현에 영향을 준다고 볼 수 있다. 케니언 박사는 연구를 통해 그런 유전자가 노화율을 결정한다는 사실을 밝혀냈다. 어떤 메커니즘이든 간에, 파리에서 쥐에 이르기까지 각종 동물군에서 식이 제한이 효과가 있다는 것은 잘 알려진 사실이다. 인간을 대상으로 한 장기적인 연구는 아직 진행되지 않았지만, 단시간 관찰한 비만 성인 집단에서 예비적 증거를 찾아볼 수는 있다. 이들의 식이 제한은 인슐린 수치, 체온, 갑상선호르몬, DNA 손상의 감소로 이어졌는데, 이런 모든 결과는 장수의 표시로 여겨진다.

물론 이런 제한에서 키워드는 '엄격함'이다. 혹은 '극심함'이나 '가혹함'이라 말할 수도 있다. 실험실 동물의 경우 제한량은 약 50퍼센트인데, 이 수치를 참아낼 수 있는 사람은 거의 없다. 현재로서는 그런 식이요법은 실제 적용이 불가능하다. 하지만 상황은 바뀔 수 있다. 어쩌면 다양한 약품이 개발돼, 메커니즘은 정상적인 일상이 주는 미각의 기쁨을 기꺼이 내버릴 사람들이 견딜 만한 프로그램을 만들어낼지도 모른다.

먼 미래에 무슨 일이 생긴다고 한들, 합리적인 과학자들이라면 반드시 동의할 만한 한 가지 확실한 사실이 있다. 현재 노화와 싸울 수 있는 약은 없으며, 있다고 해도 그렇게 금방 만들어질 것 같지 않다는 것이다. 금전적인 이윤을 노리는 투자자들과 경영팀이 협심해 영원한 젊음과 건강을 보장하는 것처럼 보이는 그럴싸한 이름을 내건 회사를 설립하더라도, 제아무리 낙관적인 연구원들이라도 실험실이 됐든 주식시장이 됐든, 그들의 목표가 임박했다고 주장할 수는 없을 것이다. 노련한 생물노인학자들 몇몇은 '노화 유전자'를 결코 발견할 수 없을 것이라고 확신한다. 몇몇 사람들은 텔로미어를 조작하는 것을 암의 발생 빈도나 고통을 수직 상승시키는 세포의 재생적 변화라는 통제 불능의 급류를 터트리는 무서운 잠재력을 지닌 것으로 본다. 또 이런 조작은, 본인이나 그 자녀들의 성장과 발달에 예측할 수 없는 영향을 줄 수 있다고까지 지적한다.

극단적인 칼로리 제한 자체는 실제로 가능할지도 모른다. 그러나 그 결과 얻게 되는 불이익들은, 아주 독한 의지를 지녔거나 정말 어리석은 사람들을 제외하고는 거의 모든 사람의 결심을 단념시킬 것이다. 돈이라면 뭐든 하는 무책임한 사람들이 만병통치약 시장(성장호르몬부터 태아 세포에서 추출한 냉동건조된 추출물 주사에 이르기까지)에서 큰 목소리를 내고 있지만, 현재까지 발견된 사항 중 유용한 것은 전혀 없으며, 일부는 위험수위를 넘기까지 한다는 것은 분명한 사실이다.

젊음과 영생을 향한 과학의 도전

이 모든 것들이 성급해 보인다. 그런데 여기 한 사람, 시야를 수백 년, 혹은 그 너머에 두고 있지만, 별로 성급해 보이지 않는 사람이 있다. 오브리 드 그레이Aubrey de Grey는, 1,000년 혹은 이를 훌쩍 넘은 영원까지도 생각한다. 그는 노화에 대한 분자의 근거를 발견했다고 믿고 있다. 그는 노화를 막을 수 있다고 믿는다. 드 그레이는 우리 중 그 누구라도 원치 않으면 죽을 필요가 없다고 영혼 깊숙이 믿기 때문에, 우리 몸이 시간의 흐름이나 유전, 생명의 작용에 반응하는 것을 재조종할 수 있다고 믿는다. 그는 최소한 노화의 과정만은 반드시 막아야 하며 되돌릴 수 있다고도 믿는다. 그의 설명에 따르면, 노화는 '불쾌한' 것이며 그 결과인 죽음은 '원시적'인 것이다.

그의 이런 원색적인 단어 선택을 이해하려면 드 그레이를 이해하고, 죽음의 필연성이라는 강박관념에 사로잡혀 그런 운명을 어떻게든 막아보려는 광신자들을 이해해야 한다. 그들은 생물학과 생태학적 명령, 인간의 본성을 초월하려고 한다. 오브리 드 그레이의 주장을 따져볼 때는 최대한의 생명 연장이 가치 있는 노력이라고 확신하는 소수 과학자의 철학 전반을 곰곰이 생각해 봐야 한다. 그 일이 과연 그들의 재능을 쏟을 만한 가치가 있는지, 전 세계가 당면한 건강 문제를 등한시하고 막대한 돈을 그쪽에 퍼부을 가치가 있는지, 그런 목표가 과학을 추구하는 기업의 전통적인 목표가 될 만한 가치가 있는지 따져봐야 할 것이다. 노화의 어떤 분야를 연구하든 간에, 그 종種에서 정해진 시간을 뛰어넘으려는 자들, 혹은 영생을 꿈꾸며 생명 연장을 위한 방법을 모색하는 자들은 반드시 이 점을 고려해야 한다.

MIT 대학교의 〈테크놀로지 리뷰Technology Review〉의 편집자 제이슨 폰틴Jason Pontin의 요청을 받아, 나는 2004년 가을 케임브리지 대학교로 출장을 가서 드 그레이와 이틀을 함께 보냈다. 지금부터 나는 그 이야기를 하려고 한다. 나는 2005년 여름 이탈리아 스폴레토에서 열린 컨퍼런스에서 드 그레이를 몇 시간 동안 만났다. 그때 우리는 '인간의 운명 바꾸기'라고 명명된 컨퍼런스에서 각각 반대편

의견을 대변하고 있었다. 생명이 공학적 문제라는 확신과 세계관이 담긴 SF소설 같은 그의 설명을 들을 때마다, 나는 우리가 사는 행성의 생명 작용을 굳게 믿는 내 신념을 더욱 공고히 다졌다. 지구는 자신이 존재할 수 있도록 섬세하게 균형을 잡고 있지만(지구는 46억 년 동안 존재해 오며, 그 위에 사는 생명체와 35억 년을 함께 살아오면서 그런 균형에 다다랐다), 이런 법칙이 뒤틀려질 위험에서 절대적으로 안전한 것은 아니다. 자연에는 생명체가 번성하도록 하는 불변의 법칙이 있는데도, 우리는 위험을 각오하고 그 법칙을 거스르려 한다.

17세기 과학적 방법론의 아버지, 프랜시스 베이컨은 다음과 같이 적었다. "자연을 지배하려면, 복종해야 한다." 약 500년 전 몽테뉴는 훨씬 이후에 등장할 미래학자들을 향해 생명 연장에 대해 미리 언급했다. 그는 독자들과 후손들에게 인간은 절대로 자연의 일에 간섭해서는 안 된다고 예지적인 경고를 했는데, 그 이유는 "자연이 우리보다 자신의 일을 더 잘 알고 있기 때문"이었다.

드 그레이를 만나려고 케임브리지에 도착한 어느 일요일 오후, 나는 대학교의 안뜰과 중세 건물들을 배회했다. 나는 17세기 세계관과 인간관을 뒤흔든 과학혁명에 큰 기여를 한 이 숭엄한 장소의 역할을 곰곰이 생각하고 있었다. 케임브리지가 세상을 획기적으로 변화시킨 개념의 발상지라는 생각은 그날 내 마음속에 상당 부분을 차지했는데, 그건 내가 프랜시스 베이컨, 아이작 뉴턴, 윌리엄 하비

William Harvey가 과학사에서 이룩한 업적과 유사한 일을 해내기를 갈망하는 사람을 만나려고 영국에 왔기 때문이었다. 오브리 드 그레이는 우리 인간이 수천 년, 어쩌면 영원히 살 수 있는 방법을 이론적으로 완성했다고 확신한다.

'이론적'이란 말은 어쩌면 너무 소박한 단어일지도 모른다. 드 그레이는 자신의 주장을 치밀하게 준비했기 때문에, 지금으로부터 약 35년 후에는 그의 목표가 당연히 이뤄질 것으로 믿는다. 그쯤이면 현재 살아 있는 사람들 중 많은 수가 이를 이용할 수 있을 것이다. 물론, 현재 마흔한 살인 그 자신도 이 공식을 이용할 수 있다. 프랜시스 베이컨처럼, 드 그레이가 인간생물학 분야에서 실제로 실험을 수행하려고 연구실에 앉아 있었던 적은 단 한 번도 없다. 그는 그런 자질이 있지 않으며, 진짜 자기 모습(그는 자연과학을 독학한 컴퓨터과학자다) 이외의 다른 모습을 내보이며 허세를 떨지도 않는다. 오브리 드 그레이는 아이디어가 넘치는 사람으로 인간이라는 개념의 근간을 뒤바꿔놓을 목표를 향해 매진하고 있다.

왜 그랬는지 그 이유를 떠올릴 수는 없지만, 드 그레이는 어렸을 때부터 노화란 '우리가 수리해야 할 것'이라고 확신했다고 한다. 1991년 유전학자와 결혼한 후 생물학에 관심을 두게 되자, 책을 파고들며 독학해 이 분야를 통달하게 됐다. 이 분야를 깨달을수록, 그는 죽음을 연기할 수 있는 진정한 해결책이 있을지도 모른다고 확신하게 됐고, 시간만 충분히 주어진다면 그 해결책을 찾는 사람은 자신이 될 수도 있다고 믿게 됐다. 그는 최근 몇십 년 사이 획기적인 분자 및 세포 발견이 이뤄졌지만, 노화를 '수리'하는 과정에는 거의 진전이 없는 이유를 검토했다. 그리고 마침내 그는 차라리 맨손으로 호두의 껍질을 깨는 게 일부 과학자들의 사고의 껍질을 깨는 것보다 훨씬 쉬울지도 모른다는 결론을 내리게 됐다. 이 주제에 진전이 없다는 사실은 과학자들의 동기 부여에 대한 문제를 논의할 때 이 주제가 은근슬쩍 뒤로 밀리는 이유와 관계가 있어 보였다. 다시 말하면, 커리어 지상주의가 요구하는 것처럼 일정 기간 내에 약속된 결과를 낼 가능성이 낮다는 것이었다. 그는 이렇게 표현했다. "고위험 분야는 고속 승진에 절대로 도움이 되지 않죠."

드 그레이는 1995년 후반에 이 주제와 관련된 논문을 읽기 시작했고, 몇 달 후 미토콘드리아의 돌연변이에 작용하는, 이전에는 확인되지 않았던 영향들을 설명할 지식의 상당 부분을 터득했다. 미토콘드리아는 특정 화학적 과정이 세포 기능을 위한 에너지를 공급하는 세포내 구조를 이루고 있었다. 이 분야의 전문가를 만나 그가 기존 데이터와 일맥상통하는 새로운 발견을 했다는 소견을 들은 후, 드 그레이는 1997년 처음으로 동료 과학자들이 검토하는 〈바이오에세이스BioEssays〉라는 저널에 '미토콘드리아의 활성산소 노화의 이론에 대한 개선 제안'이란 생명 연구 논문을 발표했다. 2000년 7월, 더욱 열정적으로 이론을 적용한 그는 일부 사람들이 드 그레이의 '유레카의 순간'이라고 부르는 깨달음을 얻었다. 그는 "노화란 신체 내 상당히 작은 변화가 축적돼 결국 병원성 분자 및 세포 변화가 일어나는 일련의 과정으로, 이것은 잠재적으로 치료될 수 있다"라는 사실을 깨달았다고 말한다. 이 개념은 그가 그날 이후 하려던 모든 이론적 연구의 주제가 됐다. 그는 장수를 오로지 공학적 문제로

만 접근하기로 결심했다. 만약 동물 세포의 노화를 일으키는 다양한 과정의 모든 구성 요소를 파악할 수 있다면, 그 치료도 가능할 것이라고 판단했다.

연구 내내 드 그레이는 비교적 어렵지 않게 필요한 지식을 터득할 수 있다는 사실에 연거푸 놀랐다. 적어도 자신은 그렇게 생각했다. 무모한 행동을 하는 사람들과, 불가능해 보이는 묘기를 부리는 자동차 스턴트맨들이 등장하는 각종 텔레비전 광고에는 반드시 다음과 같은 경고 문구가 나온다. "절대 따라 하지 마시오. 대단히 위험하기 때문에 특별한 기술이 필요합니다." 오브리 드 그레이와 잠시라도 같이 시간을 보낸다면 단 한 가지 인상을 받을 것이다. 그건 그가 의심할 나위 없이 특별한 능력을 지닌 사람이라는 것이다.

드 그레이는 논문을 연구한 끝에 노화 과정에는 각각 일곱 개의 인자가 있으며, 분자생물학을 이해하면 언젠가 각각의 인자를 조작할 수 있는 적절한 기술을 제공할 가능성을 발견하게 될 것이라는 결론에 도달했다. 노화 과정에는 인자 일곱 개만 존재하며 다른 요인들은 찾기 힘들다는 결론의 근거는 노화의 과학을 다루는 생물노인학이라고 알려진 분야에서 셀 수 없이 많은 연구가 진행 중이지만, 지난 20년간 새로운 발견이 단 한 건도 없었다는 사실에 있다. 자신이 영생을 위한 성전聖戰을 이끌 사람이라고 드 그레이가 확신하는 이유는, 그가 이 문제에 임하는 의식구조가 다르기 때문이다. 그는 호기심이 가득한 기초과학자라기보다 목표지향적인 공학자의 모습으로, 지금까지도 그래 왔지만, 앞으로도 이런 형태로 연구를 지속해 나갈 것이다. 그는 자신을 분자생물학의 축복을 실용화할 응용과학자로 보고 있다. 의료역사학자들이 종종 사용하는 용어를 빌려 표현하면, 그는 '머리맡에 실험실을 끌어올 임상의'다.

사회를 바꾸겠다는 목표를 달성하려고 드 그레이는 자신부터 바꿨다. 그의 설명에 따르면, 그의 '본업'은 비교적 소박하다. 우리가 만났을 당시, 그는 유전자 연구팀을 위해 컴퓨터 지원 업무를 하고 있었는데, 작업실은 작은 실험실 한쪽 구석이 전부였다. 그러나 그는 이론의 대담성은 물론, 그것을 전파하려는 열정적인 설득력 덕분에 노화 분야에서 국제적인 명성(약간의 악명이 있기는 하지만)을 얻었다. 위상이 점차 올라가면서 그는 노화라는 주제를 놓고 벌이는 진지한 토론에서 빠지지 않고 등장하는 사람이 됐고, 수많은 과학 논문을 통해 그가 공헌한 것이 입증되기도 했다. 드 그레이는 동료 과학자들이 검토하는 여러 저널을 통해 인상적인 논문을 발표했는데, 이들은 〈사이언스〉〈생물노인학Biodgerontology〉〈생물공학트렌드Trends in Biotechnology〉〈뉴욕과학아카데미연보Annals of the New York Academy of Sciences〉, 그리고 앞서 언급했던 〈바이오에세이스〉 및 기타 저널 등에 실렸다.

드 그레이는 지치지 않고 자신의 대의를 위한 사절 역할을 해왔다. 적절한 전문가 집단에 합류했고, 가능한 모든 수단을 동원해 설파했으며, 그가 직접 만든 국제 심포지엄을 후원하기도 했다. 그의 주장이 독특하긴 하지만, 그는 외로운 철학을 들먹이고 천국이나 사막의 바람을 주야장천 읊어대며 뿌듯해 하는 고독한 수도사의 이미지는 아니다. 무엇보다도 그는 조직과 그만의 독특한 유대 관계에서 뛰어난 능력을 발휘하는 것처럼 보인다. 그의 글과 말에서 나오는 독특한 결과물은 대단히 충격적이다. 이런 저작물들이 과학적으로 가장 잘 수련된 독자를 위한 것인지, 아니면 생물학에 전반적으로 관심을 가진 독자를 위한 것인지는 알 수 없으나, 그 풍성한 수확물을 담은 문장들은 직선적이고, 명쾌하며, 명확하게 전달된다. 극단적인 장수를 향한 행진에 동조하지 않는 무리를 참을 수 없다는 식의 생각을 여과 없이 드러내며 거부감을 보이는(때론 혹평으로 이어진다) 그의 강력한 수사법에 사람들이 반감을 표시하면서 이의를 제기하기도 전에, 그는 능수능란한 토론가처럼 논쟁거리에 답해버린다.

드 그레이는 특정 과학자 사회에서 주관하는 회의에서 친숙한 인물로, 그곳에서 그는 기자들이 '미래학자'라고 명명한 다양한 이론가들과 많은 노인학자로부터 신임을 얻었다. 그의 연구 때문에 그는 '이론적 생물노인학'이라고 불리는 분야의 선봉에 서게 됐다. 게다가 그의 사고에 동조하지 않는 잘 나가는 과학자와 연구자들조차도 기꺼이 그의 논문에 자신의 이름을 올리는 것을 허락할 정도였다. 그중 가장 저명한 인물로는 캘리포니아대학교의 브루스 에임스Bruce Ames, 시카고대학교의 레오니드 가브릴로프Leonid Gavrilov, 시카고에 위치한 일리노이대학교의 제이 올샨스키S. Jay Olshansky 등이 있다. 드 그레이에 대한 그들의 태도는 유행병학 및 생물통계학의 선임 연구 과학자인 올샨스키의 말에서 가장 잘 드러난다. "전 오브리의 굉장한 팬입니다. 전 그와 논쟁하는 것을 좋아합니다. 우리는 그가 필요해요. 그는 우리에게 도전해 우리의 사고가 넓어지게 해줍니다. 전 그의 결론에 동의하지 않지만, 과학적으로는 괜찮다고 봐요. 그런 도전이 이 분야를 발전하게 하니까요." 드 그레이가 열정적인 노력을 쏟은 결과, 믿을 수 있는 과학자들이 모이게 되었다. 그들은 드 그레이의 연구의 이론적 가치를 충분히 검토했으며, 그의 참여를 독려했고, 그에게 조심스럽게 격려를 보내기도 했다. 프린스턴대학교 생물과학기술 분야의 미래학자인 그레고리 스톡Gregory Stock에 따르면, 드 그레이의 아이디어는 노화라는 생물학의 모든 면에서 과학적·대중적 관심을 불러일으켰다. 스톡 역시 드 그레이의 여러 논문에 자신의 이름을 넣도록 허락해줬다.

드 그레이는 대중적인 명성을 즐긴다. 그는 과학이 어떻게 노화를 방지하는지 전문가의 의견이 필요한 기자들의 방문을 종종 받고 있다. 그의 의견은 〈포춘〉, 〈파퓰러 매캐닉스Popular Mechanics〉, 런던의 〈데일리 메일Daily Mail〉에 실렸으며, 최근에는 텔레비전 다큐멘터리 등에도 출연하고 있다. 그는 지치지 않고 노력해서 자기 자신과 이론을 밀고 나갔다. 그리고 결국 인간의 마음속에 너무나도 흥미로운 생각을 불러일으키는 과학계의 선구자가 됐고, 전 세계의 노화 방지 과학에서 가장 중요한 사람 중 한 명이 됐다. 사실 그의 타이밍은 완벽하다. 역사상 가장 진지하게 자기계발에 몰두하는 세대인 베이비붐 세대가 60대 초반에 근접했을 때, 죽음에 맞서는 만병통치약을 열렬히 찾는 것은 자연스러운 단계였다. 드 그레이는 인간 이상의 위상을 지니게 됐고, 그 자체가 어떤 시대적 의미가 됐다. 인간의 영생에 대한 유구하고 영원한 갈망 말이다.

나는 자연이 우리에게 부여한 수명을 넘겨서까지 살고 싶은 마음이 없다는 사실을 여기에서 분명히 해야겠다. 실용적·과학적·인구학적·경제적·정치적·사회적·감정적으로 무관하고, 종교와도 무관하다. 나는 지구상에 사는 생명체의 개인적인 만족감과 생태적 균형은 타고난 수명이 우리의 마지막을 정할 때 죽음으로써 가장 성실히 충족된다고 생각한다. 나는 현대 생의학이 허용하는 최대치인 120세까지 살려고 최선을 다하는 동시에, 노화에 수반되는 질환과 장애를 앓는 기간을 단축하려고 노력한다. 그러나 나는 이를 뛰어넘는 일을 조금이라도 하는 것이 우리 자신에게는 물론, 지구상에 사는 다른 생명체에게도 도움이 될 것이라고 결코 생각하지 않는다. 내가 상상조차 할 수 없는 일이 있다면, 그것은 내가 드 그레이처럼 알코어Alcor에 등록하는 것이다. 이 회사는 돈을 지불하면 회원의 머리나 기타 부위를 냉동 보관해 언젠가 이를 되살리려는 곳이다.

이런 세계관을 가지고 있는 내가 오브리 드 그레이 같은 사람에게 흥미를 느끼는 것이 이상하게 느껴질 것이다. 그러나 이 남자를 직접 대면하면 어떨까? 그와 논쟁을 벌이려는 것이 아니라(나는 임상의이기 때문에 과학적으로 자격이 부족할지도 모른다) 그의 의중을 알아보고, 그가 평소에 어떤 생각을 하는지 알아보고, 내가 걱정하는 것에 대한 그의 대답을 듣고, 그를 판단하려고 말이다. 내겐 그의 철학이 기이하게 들린다. 하지만 내 철학도 그에게는 기이하게 들릴지도 모른다.

이런 생각을 품고 드 그레이에게 2004년 가을에 이메일로 연락하자, 그는 반가워하며 상냥하게 답장을 보내왔다. 그는 스스럼없이 내 이름을 부르며 나와 대화를 나누려고 이틀간 시간을 내겠다고 했다. 우리 사이의 윤활제로 기운 나게 하는 액체를 함께해야 한다고까지 제안했다.

> 맛있는 영국 맥주를 좋아하셨으면 좋겠습니다. 맥주는 제 지적 창의력(저는 그렇게 생각하고 싶군요)의 상당 부분을 차지하는 것은 물론, 끝없는 에너지의 중요한(혹은 은밀한) 원천이랍니다. 좋은 계획이 있습니다. (지난 몇 년간의 테스트를 거친 계획이라는 뜻이죠!) 18일 월요일 오전 11시에 케임브리지에서 가장 유명한 펍인 '이글'에서 만납시다. 제가 여기를 정한 이유는 여러 가지가 있습니다만, 그곳에선 케임강에 배를 타러 가기도 좋거든요. (날씨가 허락한다면요.) 배 타기는 제가 1982년에 이곳에 처음 도착하는 순간 첫눈에 반해버린 일이자, 이곳을 찾는 관광객들에겐 결코 잊을 수 없는 추억거리랍니다. 원하시는 만큼 이야기를 많이 나누도록 합시다. 그러고 나서도 만나야 할 이유가 남아 있다면, 화요일에 또 시간을 낼 수 있습니다.

글에는 약간의 무례함과 함께 그의 예스러운 취향이 묻어났다. 다시 내가 이메일로 추운 가을에 케임강에서 배를 타다 강에 빠진 적 있는 친구의 이야기 때문에 배 타기가 망설여진다고 하자, 그는 무례하게도 "아마 당신 친구는 전문 가이드 없이 배를 탔겠죠"라고 답했다. 내가 파악한 대로, 드 그레이는 뭐든 전문가 수준이 아닌

꼴은 못 보는 사람이다. 그는 그런 천재적인 에너지를 이메일 속에서 열정적으로 떠들어댔다. 그는 자신의 뛰어남을 감추는 사람이 아니었다.

물론 그의 이론이 장담하듯 그런 변화의 선구자라는 생각을 하려면 극도의 자신감이 필요할 것이다. 드 그레이는 조금도 부끄러움 없이 자신감을 내보이는 사람이다. 우리가 만난 지 얼마 되지 않아, 겸손이라곤 찾아볼 수 없고 자기 경멸이 뭔지도 모를, 세상에 둘도 없을 이 남자는 전혀 비꼬지 않고 다음과 같이 말했다. 상당히 공들인 일에 성공이라는 장식을 하려면 "사람은 반드시 다소 과장된 자기 의견이 있어야만 한다"라고 말이다. 그러더니 그는 강조하듯 덧붙였다. "제가 그래요!" 우리는 이틀 동안 10시간이나 같이 보냈다. 작별 인사를 할 때쯤, 나는 드 그레이가 높이 추앙을 받는 것이 과대포장은 아닌지 이성적인 의구심을 지니고 그를 예의주시하는 자들이 있으리라고 확신했다. 하지만 드 그레이를 미래생물학의 영특하고 예지적인 기획자라고 믿든, 아니면 그저 엉뚱하고 약간 얼빠진 이론가로 믿든 간에, 그의 재능이 놀라우리만큼 비범하다는 사실에는 의심은 분명했다.

드 그레이는 자신의 프로그램을 "무시할 수 있도록 설계된 노화를 위한 전략Strategies for Engineered Negligible Senescence: SENS"이라고 부르고, 연구에 착수했다. 여기에서는 그 순서와 무관하게, 그가 밝히는 일곱 가지 노화의 원인과 그 해결책을 위한 공식을 기술하겠다. 이는 일반 독자의 이해를 도우려는 것으로, 더욱 자세한 정보를 원하는 사람들은 그의 웹사이트(www.gen.cam.ac.uk/sens/index.

html)를 참조하길 바란다. 이 웹사이트에서는 그가 쓴 방대한 양의 논문도 찾아볼 수 있다.

1. 세포의 감퇴 혹은 퇴보 및 소실

노화에서 이 요소는 특히 조직 구성 세포가 사망할 경우 복구 불가능하다고 여겨지는 곳, 이를테면 심장이나 뇌 등에서 중요하다. 드 그레이는 세포 분할을 자극하는 성장 요인의 도입과 소실된 유형을 대체할 수 있도록 특별 설계된 줄기세포를 주기적으로 주입하면 치료할 수 있다고 생각한다.

2. 원치 않는 세포의 축적

지방세포는 증식하며 근육을 대체하는 것은 물론, 췌장 호르몬에 반응하는 신체 능력을 감소시켜 당뇨를 유발한다. 또 이들은 노화하면서 관절 연골에 축적된다. 이런 세포 표면의 감각기관은 드 그레이가 조만간 과학자들이 생성하는 법을 터득하게 될 것이라고 믿는 면역력 있는 신체에 의해 면역이 될 것이다. 혹은 다른 합성물에 면역이 돼 그런 독특한 감각기관을 가지고 있지 않은 다른 세포에 영향을 주지 않고, 스스로 죽을 수도 있다.

3. 염색체 돌연변이

돌연변이 때문에 발생하는 가장 큰 손상은 바로 암의 발병이다. 잘 죽지 않는 암세포는 텔로미어의 활동과 그 길이를 유지하는 텔로머레이스의 역할과 관련 있다. 만약 텔로머레이스를 생성하는 유전자를 없앤다면 암세포도 죽을 것이다. 이 문제에 대한 드 그레이의 해결책은 주기적으로 몸에서 재생되는 모든 줄기세포를 그런 유전자를 갖지 않도록 설계된 줄기세포로 대체하는 것이다(여기에서 제안된 주기란 특정 이론에 근거해 10년이다).

4. 미토콘드리아의 돌연변이

미토콘드리아는 세포 활동을 위한 에너지를 생성하는 미세 기계다. 미토콘드리아는 소량의 DNA를 가지고 있는데, 이는 핵 염색체 안에 들어 있어 보호받지 못하기 때문에 돌연변이에 취약하다. 드 그레이는 미토콘드리아의 13개 DNA의 유전자를 복제해 핵 내 DNA에 삽입하면 돌연변이를 야기하는 영향에서 훨씬 벗어나게 될 것이라고 주장한다.

5. 세포내 '쓰레기' 축적

여기서 말하는 쓰레기란 커다란 분자에서의 세포 파괴 때문에 복잡한 물체가 퇴적되는 것을 말한다. 리소좀lysosome이라고 불리는 세포내 구조가 이런 파괴를 위한 주된 미세 공간인데, 쓰레기가 그 안에 모여 세포의 특정 기능에 문제를 야기한다. 죽상경화증, 즉 동맥경화는 이런 합병증의 가장 큰 증상이다. 이 문제를 풀려고 드 그레이는 관련 세포의 리소좀에 부정적인 물질을 소화할 때 필요한 별도 효소를 생성하는 유전자를 공급할 것을 제안한다. 이런 유전자의 공급원은 특정 토양 박테리아로, 동물의 사체가 땅에 묻힐 경우 사체가 퇴화된 쓰레기가 축적된 곳에서는 보이지 않는다는 사실에 입각한 혁신적인 발상이다.

6. 세포외 '쓰레기' 축적

모든 세포가 몸을 담그고 있는 액체인 세포외액은 파괴할 수 없는 단백질 물질의 총체를 담고 있을지도 모른다. 그 결과, 아밀로이드amyloid라고 불리는 물질이 생성되는데, 이것은 알츠하이머병에 걸린 환자들의 뇌에서 발견되는 물질이다. 이것을 막으려고, 드 그레이는 아직 개발되지 않은 어떤 물질의 백신 접종을 제안한다. 이 백신은 면역 기관을 자극해, 아밀로이드를 흡수하고 먹어치울 세포를 생성할 수 있을지도 모른다.

7. 세포외 단백질의 교차 결합

세포외액은 유동적인 단백질 분자를 가지고 있다. 이 단백질 분자는 상당 기간 변하지 않은 상태로 존재하면서 유연성, 투명성, 혹은 높은 긴장 강도 등의 자질을 특정 조직에 부여한다. 그러나 일생을 거치면서, 때때로 발생하는 화학반응은 그들의 신체적·화학적 자질을 점진적으로 변화시켜서 단백질 분자에 영향을 준다. 이런 변화 중에는 서로 쉽게 미끄러진 분자 간 교차 결합이라고 불리는 화학적 결합이 발생하는 경우가 있다. 그 결과 탄성의 감소, 혹은 관련 조직의 농화濃化가 생긴다. 만약 그 조직이 동맥 혈관벽이라면, 비팽창성 때문에 고혈압이 생긴다. 이 문제에 대한 드 그레이의 해결책은 다른 부분을 손상하지 않고 교차 결합을 파괴할 화학물질 혹은 효소를 밝혀내는 것이다.

간단하게 요약했지만, 이것은 굉장히 복합적인 생물학적 문제이며, 해결 방법은 이보다 훨씬 복잡할 것이다. 또 앞쪽에 열거한 사항들 중 일부분은 극복 불가능하다는 사실이 증명됐으며, 뒤쪽에 열거한 사항 전부 혹은 일부는 실행 불가능하다는 것 또한 증명됐다. 게다가 드 그레이의 설명은 '성장 인자'와 '면역 기관을 자극한다'라는 모호한 개념으로 흐려져 있다. 아직까지 알려지지 않은 '다른 부분을 손상시키지 않고 교차 결합을 파괴할 화학물질 혹은 효소'를 들먹이는 것도 마찬가지다. 게다가 일곱 가지 문제 중 어느 하나도 아직 해결 근처에는 가지도 못했다는 점도 알아야 한다. 여러 문제 중에서 세포외 교차 결합 같은 경우는 연구자들이 장래성 있는 결과를 얻고 있는데, 그중 상당 부분은 뉴저지주의 파시패니에 있는 알테온Alteon이라는 회사가 임상 실험에 참가하고 있기 때문이다. 텔로미어의 길이가 늘어나는 것을 방지한다거나, 미토콘드리아 DNA를 핵으로 이전한다는 등의 문제들 앞에서 분자생물학자들은 그런 일이 가능할 날이 오기를 그저 꿈꿀 수 있을 뿐이다. 그러나 드 그레이는 이런 미완의 상태에 전혀 당황하지 않는다. 그런 식으로 시간을 허비하거나 비관해 봤자 아무것도 달성할 수 없다는 것이 그의 지론이다. 내가 나중에 자문을 구한 생물노인학자가 '그림의 떡'이라고 부른 그의 공식은, 드 그레이에게만큼은 영혼을 풍요롭게 하는 섬세하고도 맛있는 떡인 듯했다.

그러나 그가 상상한 공식의 가능성 때문에 오브리 드 그레이를 만나려고 케임브리지까지 간 건 아니었다. 사람들은 드 그레이의 과학과 그가 뒤늦게 발을 들인 생물학계를 그가 진실로 완벽하게 이해하고 있는지 확인하려고 그를 만나러 온다. 하지만 내 목적은 그들과 전적으로 달랐다. 그가 어떤 인성을 지닌 사람인지 알아보는 것과 더불어, 그런 연구에 열정적으로 헌신하는 뛰어난 머리와 지치지 않는 체력을 가진 사람은 대체 어떤 모습인지 알아보는 것이 목적이었다. 그의 과학은 추론적이지만, 그의 프로젝트가 근거로 삼는 가정은 이보다 훨씬 더 추론적으로 보인다. 그는 영생할 방법을 아는 것은 현재 지구상에 사는 사람들에게 좋은 일이 될 것이라고 생각한다.

나는 약속 시간보다 몇 분 빨리 이글에 도착한 터라, 입구 근처 기념 명판에 새겨진 글귀를 읽어볼 시간이 있었다. "1667년 이래 이곳에는 '이글 앤 차일드'라는 한 여인숙이 존재했다…1950년대 초반에 연구를 이어가는 동안, 왓슨Watson과 크릭Crick*은 휴식을 취하고 자신들의 이론을 논의하는 장소로 이글을 이용했으며, 맥주를 마시면서 머리를 식혔다."

이곳의 역사와 분위기에 젖어 있다가, 약속 시간이 되자 펍 안

---

* 왓슨과 크릭은 DNA 이중나선 구조를 밝혀내 1962년 노벨생리학·의학상을 받았다.

으로 들어갔다. 곧 창문 너머로 드 그레이가 좁다란 길 건너편에서 25년 된 중고 자전거를 세우는 모습이 보였다. '가느다랗다'라는 표현은 바로 이 남자를 두고 하는 말인 것 같았다. 그는 180센티미터가 안 되는 키에 67킬로그램 정도 나가는데, 한 번도 빗질하지 않은 듯한 덥수룩한 턱수염이 목 한가운데까지 내려오는 바람에 깡마른 체구가 더욱 강조됐다. 그는 지저분한 대학원생 같아 보였다. 옷 입는 것에는 거의 신경 쓰지 않는 듯했는데, 엉덩이까지 내려오는 두껍고도 시커먼 모직 반코트의 밑자락이 헤져 있었다. 그는 머리에 알록달록한 가로줄이 대여섯 줄 정도 쳐진 모직 모자를 쓰고 있었는데, 아내가 14년 전에 짜줬다고 했다. 그 세월을 증명하듯, 그 낡아빠진 모자에는(끈 같은 것이 달려 있어서 턱 아래로 묶을 수 있는 형태였다.) 구멍이 여러 개 나 있었다. 모자를 벗자, 붉은 털실로 묶은 긴 머리가 드러났다. 그러나 그런 겉모습에도 불구하고, 드 그레이는 남자답게 잘생긴 외모를 숨길 수 없었다. 해로스쿨과 케임브리지대학교를 거친 사람답게 말투 또한 아주 매력적이었다. 미국인인 내 눈에 그가 굉장히 눈길을 끄는 인물인 것은 너무나 당연한 듯했지만, 그의 독특함은 케임브리지 동료들 사이에서도 도드라졌다.

   드 그레이의 사진을 웹사이트에서 이미 본 터라 나는 내가 만날 대상의 깡마른 체격과 자유로운 태도를 예상하고는 있었다. 그러나 창백해 보이는 외모나, 날카롭고 강렬한 푸른 눈, 번뜩이는 얼굴은 예상하지 못했다. 우리가 첫날 좁은 펍 테이블을 사이에 두고 마주 앉아서 쉬지 않고 연달아 여섯 시간 동안 대화를 나누는 동안, 그는 한곳에 집중하는 열정적인 모습, 예를 들면 전도자 같은 모습을 한시도 놓지 않았다.

웹사이트에 걸린 사진 속 그의 눈빛은 포근했는데 나는 그에게 보내는 이메일에도 이런 이야기를 언급하기도 했다. 그러나 우리가 총 10시간을 같이 하는 동안, 난 단 한 번도 그에게서 그런 눈빛을 보지 못했다. 그러다가 이글에서 만남을 끝낸 뒤 실험동 사이에 있는 안뜰에서 아내인 아들레이드 드 그레이와 이야기를 나누는 15분 동안의 모습 속에서, 나는 그런 눈빛을 찾을 수 있었다.

아들레이드 드 그레이는 성공한 미국의 유전학자이자, 전자현미경 전문가로 남편보다 열아홉 살 연상이다. 두 사람은 1990년, 아들레이드가 캘리포니아대학교 샌디에이고 교수로 재직하던 중 안식년을 보내려고 케임브리지를 방문했을 때 처음 만나 1991년 4월 결혼했다. 부부는 아이를 원치 않는다.

"자식을 키우는 데 소질을 보이는 사람이 있어요." 이 이야기가 나오자 드 그레이가 설명했다. "아이가 있으면 못하는 일들이 이래저래 많아요. 시간을 낼 수 없을 테니까요." 예술적인 기질과 괴팍한 성미를 지닌 싱글맘 슬하에서 외동으로 자란 그는, 여덟 살 무렵에 그가 아닌 그 누구도 달성할 수 없는 변화를 만들어내는 삶을 살기로 결심했다. 남들도 다 하고, 심지어는 남들이 더 잘하는 일에 뭐하러 힘을 낭비한단 말인가? 그런 마음을 계속 간직한 채, 드 그레이는 자신이 세운 목표에서 벗어난다거나 불필요한 생각, 활동은 과감히 잘라냈다. 그와 그의 아내는 둘 다 대단한 집중력을 지녔는데(누군가 투지가 넘친다고도 한다), 이런 비슷한 동기와 유사점 때문에 두 사람의 연구(아내는 유전학, 남편은 생명 연장)는 그들의 인생에서 압도적인 촉매제로 서로에게 힘을 발휘한다.

그러나 이 별난 부부는 서로에게 너무 다정하다. 고작 15분뿐이었지만 아들레이드가 옆에 있자, 여느 때 같으면 단호했을 드 그레이의 얼굴에 부드러움이 넘쳐흐르는 것을 알아차릴 수 있었다. 그의 아내도 마찬가지였다. 나는 그의 웹사이트 속의 사진이 부부가 서로를 바라보거나. 그가 아내를 떠올리고 있을 때 찍힌 것이라고 생각한다.

158센티미터로 남편보다 키가 훨씬 작은 아들레이드는 남편과 완벽하게 어울리는 옷차림을 하고 있다. 그는 남편과 비슷하게 외모나 꾸미기에 거의 신경 쓰지 않는다. 오브리의 말대로 두 사람의 데이트가 어땠는지 쉽게 상상이 간다. 그는 14년 전 두 사람이 결혼할 당시 이 집을 룸메이트로부터 사들여 지금까지 살고 있다. 그리고 동네 빨래방에서 세탁기가 부부의 낡은 옷을 빠느라 시끄럽게 돌아가는 동안 과학 이야기를 나눈다. 두 사람은 인생을 즐기며 사는 부류가 아니며, 그럴 마음도 없다. 두 사람은 확실히 그들과 비슷한 것들을 좋아한다. 부부는 돈을 벌고 쓰는 데 전혀 관심이 없어 보인다. 이들 부부는 세속적인 삶의 보상에도 관심이 없다. 하지만 오브리 드 그레이는 그 누구도 상상하지 못한 방법으로 세상을 바꾸는 일에 뛰어들었다.

여섯 시간 내리 이야기를 하고(그가 달변을 쏟아내면, 중간중간 내가 끼어들어 질문하고 의견을 냈다) 맥주 여러 잔을 마시고 나서야, 나는 아들레이드를 만났고, 그가 '직업적으로' 연구를 수행하는 연구실까지 가게 됐다. 첫째 날 아침 11시에 만나 이야기를 시작한 지 한 시간 만에, 나는 그에게 넌지시 다음과 같이 질문했다. 그의 이론을 이해할 만한 수많은 노인학자와 많은 이가 그의 공식, 심지어 그의 이름까지 들먹이며 분노하는 이유가 무엇일까? 우리의 대화가 시작되던 순간부터, 내가 전문가 혹은 평범한 사람들이 1,000년까지 산다는 개념에 가지고 있을 법한 반대 의견을 언급할 때마다, 그는 여러 번 짜증스럽다는 듯 대답했다. "역시 이번에도 마찬가지군요." 그는 퉁명스럽게 말했다. "사람들의 반대는 단순한 무지에서 기인하는 것입니다." 드 그레이는 자신이 확신하는 것을 감추려고 하지 않는다. 그는 자신의 생물학적 공식을 제대로 이해할 수 있는 능력을 지닌 이가 거의 없다고 확신한다. 그의 말에 따르면, 그의 공식은 광범위한 과학적·사회적 논리에 기반을 두고 있으며, 그 막대한 잠재력은 우리 인류에게 도움이 될 것이라고 한다.

드 그레이에게 질문할 때 내가 어려움을 느낀 점은 수천 년을 사는 것이 좋다는 그의 신념을 그가 스스로 정당화시켜야 한다는 사실이었다. 분명한 것은 만약 누군가가 이런 그의 관점을 받아들인다고 해도, 다음과 같은 문제들이 전부 뒤따라온다는 것이다. 먼저 노화의 생물학적 과정을 단순히 설명하는 것을 뛰어넘는 연구를 해야 한다. 그것을 달성하고 적용하려면 뛰어난 인재와 막대한 투자가 있어야 한다. 이와 더불어 유한하고 비교적 짧은 수명이 지평선 너머 무한대로 늘어날 수도 있다는 기대감에 근간을 두게 될 때 문화가 어떻게 변화할지, 드 그레이가 제안한 것의 결과로 모두가 젊음과 영생을 얻으면 모든 인류가 생리학적으로 거의 동갑이 될 수도 있다는 것, 이에 따라 인간성이 형성되는 1차 그룹인 가족 내 모든 관계 속에서 위상이 어떻게 변화할지 등에 대한 고민도 수반돼야 한다.

오래 살고 싶은 것은 인간의 본능일까

이런 도전에 대한 드 그레이의 대답은 완벽한 짜임새를 갖춘 그의 글처럼 논리정연하다. 그는 명료하고 철저하며, 막힘없이 자신의 생각을 말과 글로 표현하는 능력을 타고났기 때문에(의식하지 않고 말하더라도 그렇다) 듣는 이는 연달아 쏟아지는, 겉보기에는 논리적인 그의 설명에 홀리고 만다. 목표를 향해 나아가는 그의 삶처럼, 드 그레이는 대화에 막힘이 없다. 그의 말 하나, 하나가 논쟁에 적절하고 '논리적인 짜임새'를 갖추고 있어서, 우리의 눈과 귀에 도달하기도 전에 그 다부진 구성에 모두들 매료당한다. 나조차도 그가 말할 때 내 모든 관심을 그에게 쏟을 수밖에 없었다. 사람들이 오가고, 크게 웃고 떠들며 먹고 마시고, 담배를 피우고 기침을 하는 정신없는 펍 테이블에 서로 마주 앉아 여섯 시간 내리 대화를 나누는 동안, 음식(나는 식사를 했고, 그는 간식을 먹었다)과 술을 가지러 간 경우를 빼고는 난 단 한 번도 그에게서 시선을 뗀 적이 없었다. 그의 이론이 토대가 되는 가정을 다시금 떠올리면서, 나는 '논리적'이라는 말 앞에 '겉보기에는'이라는 단어를 달아야 했다는 사실을 발견한다. 드 그레이는 다음과 같이 말했다.

"우리가 가능한 한 빨리 이 치료법을 개발해야 하는 이유는 미래의 세대에게 선택할 수 있게 해줘야 한다는 의무를 지니고 있기 때문이죠. 사람들은 원하는 만큼 살 권리가 있어요. 사람들은 다른 이들이 원하는 만큼 살 수 있는 기회를 그들에게 줄 의무가 있습니다. 저는 이것이 돌봄 의무duty of care라는 개념의 직접적인 연장이라고 생각해요. 사람들은 자기를 대우하듯 대우받아야 할 자격이 있습니다.

이것은 직접적이고도 최종적인 방식으로 황금률을 따르는 것입니다. 우리가 생명 연장법의 개발을 망설이면, 우리보다 더 오래 살 수 있는 많은 이의 선택권이 부정되는 것이죠. 우리는 사람들의 그런 선택권을 부정하지 않아야 할 의무가 있습니다."

내가 극단적인 생명 연장에 윤리적·도덕적으로 반대하는 의견이 있다며 질문을 던지자, 그는 겉보기에 논리적이고 딱 들어맞는 듯해 보이는 대답을 했다.

"만약 그런 반대가 있다면, 이 논쟁에 확실히 포함해야겠죠. 하지만 정말 중요한 것은 원하는 만큼 오래 살 권리는 이 세상에서 가장 기본적인 권리라는 점입니다. 이건 제가 규정한 게 아닙니다. 세속적이든 종교적이든 간에 모든 도덕적 규범은 '생명에 대한 권리가 가장 중요한 권리'라고 동의하고 있으니까요."

그러나 내가 도덕적 규범은 우리의 현재 수명을 가정하는 것이지, 수천 년에 이르는 수명을 가정하고 있지는 않다고 지적하자, 그는 명백히 반대되는 듯한 이야기를 했다.

"그건 부차적인 문제죠. 얼마나 오래 살아야 하느냐 하는 문제가 아니라, 행동을 하느냐, 하지 않느냐에 의해 얼마나 죽음이 재촉되느냐가 달린 문제라고 할 수 있습니다."

여기에 궤변가들도 자랑스러워할 만한 천재적인 논리의 비약이 있다. 그는 우리가 수천 년까지 살 수 있는 생명 연장의 가능성을 추구하지 않기 때문에 스스로 죽음을 재촉하게 되며, 따라서 할 일을 하지 않는 것은 과실죄가 된다고 주장한다.

내가 앞서 인용한 말은 단 한마디도 수정하거나 바꾸지 않았다. 드 그레이의 말은 잘 짜여 있다. 인터뷰에 능수능란한 이들은 자신들의 말이 활자화되거나 화면으로 인용될 때 얼마나 왜곡되는지 훤히 알고 있기 때문에, 발표할 때 청중이 잘 이해하게 하려고 자신의 모든 문장을 가다듬는다. 드 그레이는 그런 사실들을 굳이 의식하지 않아도 글을 쓰는 것처럼 정확하게 말한다. 어떤 이들은 그가 늘 똑같이 대답하기 때문에 그의 대답이 꼼꼼히 준비한 목사의 설교나, 물건을 팔려는 영업사원의 준비된 말 같다고 생각한다. 그러나 그가 예전에 비슷한 문제를 수십 번 겪었든 겪지 않았든, 혹은 그 대화가 그가 내게 유전자 연구실을 보여주는 동안 우리가 나눴던 대화만큼이나 평범한 내용이든 아니든 간에, 누구라도 그와 시간을 같이 보내며 그가 전에도 여러 번 똑같이 대답했다는 사실을 깨닫고 나면, 그런 생각은 사라질 것이다. 그의 생각은 완벽하게 짜여 있어서, 무심히 이런 문제를 바라보는 사람들까지도 놀라게 될 정도다.

드 그레이는 목적을 이루려면 막대한 노력이 필요하다는 사실을 잘 알고 있다. 그는 자신의 낙관주의가 어쩌면 단 한 번도 생물학자로서 연구를 수행하지 않았기 때문에 복잡한 생물 체계의 특질을 인식하거나 이해하지 못해서 비롯된 것은 아닌지, 혹은 그의 낙관주의가 그가 대충 생각한 개별 구성 요소의 총체적 결과를 깊이 고려하지 않았던 것에서 비롯된 것은 아닌지 의심하는 내 말에도 흔들리지 않았다. 그는 공학적으로 노화 문제에 접근해서 이를 해결하는 데 자신이 중요한 기여를 할 것이라 여긴다. 그러나 다른 사건에 전혀 영향을 주지 않은 별개의 실체로서 생리학적 사건을 접근할 수는 없다. 드 그레이의 개입은 그가 다루는 세포의 생화학과 물리학에서 예측할 수 없고 계산할 수 없는 반응을 낳을 가능성이 크다. 물론 그 일부분인 조직 및 기관과 세포외 환경은 언급할 것도 없다. 생물학에서는 모든 것이 상호의존적이기 때문에, 어느 하나는 다른 하나의 영향을 받게 된다. 아무리 우리가 복잡한 요인을 피하려고 현상만 따로 떼어내 연구해도, 체외가 아닌 체내가 되면 인자는 맹렬히 작동하기 시작한다. 오싹한 생각이 든다. 이쪽에서는 텔로미어를 연장하고 있고, 저쪽에서는 토양 박테리아에서 유전자 물질을 추출하고 있고, 한줌의 줄기세포가 개발되고 있다. 이들 다음에 올 것은, 당신이 짐작하는 것처럼 이 모두가 우리 앞에서 한꺼번에 폭발하는 일이다.

이 모든 것에 대한 그의 대답은 다른 질문들, 이를테면 인구의 과밀화라든지, 모든 이가 동일한 나이가 될 경우 가족과 모든 사회 체계 속에서 필연적으로 변화하게 될 관계라든지, 혹은 원기 왕성하고 건강한 1,000살의 사람이 어떻게 일자리를 찾을 것인지에 그가 답한 것과 유사하다. 그에 따르면, 이런 문제가 제기되면 자연스럽게 우리 사회가 이를 다루게 될 것이며, 잠재적인 세포 대혼란에 관한 것이든, 사회경제적 필요성의 복잡함이든, 필요한 조율을 하게 된다고 말한다. 그는 문제를 인식하게 되면, 각각의 문제를 손질하고 치료할 수 있다고 믿는다.

드 그레이는 인간의 본성을 상당히 흥미롭게 생각한다. 그는 인간은 누구나 영생을 누리려는 본능이 있지만, 아이를 낳고 싶어 하는 것은 본능이 아니라고 주장한다. 내가 모든 생명체의 형성에서 가장 중요한 두 가지 추진력은 생존하려는 힘과 DNA를 남기려는 힘이라고 반박하자, 그는 재빨리 그중 하나를 적절하게 이용하며, 다른 하나의 존재를 부정했다. 그는 많은 사람이 자신과 아내 아들 레이드처럼 아이를 낳지 않기로 선택하는 것을 봤다며 자신의 논쟁에 힘을 실었다. 그러고는 불편한 기색을 내보이며 흥분해 손을 휘저었다.

"당신의 개념은 우리가 번식하려고 하는 기본적인 충동이 있다는 것인데요. 자발적으로 무자녀를 택하는 경우가 늘어나고 있습니다. 번식하려고 하는 욕구는 사실 심리학자들이 주장하듯 그리 뿌리 깊지 않다는 뜻이죠. 번식은 어쩌면 그저 해야 할 일, 그러니까 그냥 전해 내려오는 일이었는지도 모릅니다. 이런 생각의 상당 부분은 단순히 주입된 것일 수도 있어요. 나는 여자아이들에게 인형을 주며 가지고 놀라고 하는 것에 찬성하지 않아요. 그건 모성애를 사라지지 않게 하려는 행위이기 때문입니다."

드 그레이는 우리가 선택할 수 있다면, 많은 사람이 아이를 낳고 평범한 가정생활을 하는 것보다 자신의 생명을 연장하는 길을 택할 것이라 믿는다고 몇 번의 토론회에 나가 발언했다. 이렇게 되면, 태어날 아이들이 훨씬 줄어들 것이다. 그는 망설임 없이 내게도 똑같은 말을 했다.

"인구 과밀화라는 문제에서 우리가 이를 조만간 번식하지 않는 것이 해결책이라는 걸 안다면, 우리가 어떻게 살지, 어디서 살지, 어떤 공간을 가질지에 관히 더 빨리 더 많은 선택을 할 수 있다는 사실을 깨닫게 될 것입니다. 따라서 문제는 '무엇을 하느냐'입니다. 더 오래 살면서 아이를 적게 낳을 것인가, 아니면 아이를 낳으려고 다시 젊어지는 길을 거부할 것인가? 제가 보기에 우리는 전자를 선택할 거라는 게 확실하지만, 중요한 건 제가 각각의 선택을 알 수도 없고, 알 필요도 없다는 것이죠."

물론 드 그레이가 알 필요도 없다고 말하는 이유는, 그가 계속해서 강조하듯, 가능한 결과에 상관없이 누구에게나 선택권이 주어져야 한다는 생각에서 비롯한다. 그는 우리가 알아야 할 문제란, 그 문제가 드러날 때 해결해야 할 일이 무엇인지 알게 되면 저절로 깨닫게 된다고 주장한다. 만약 선택할 수 없다면, 우리는 인간의 가장 기본적인 자유를 박탈당하는 것이라고 주장한다. 드 그레이는 무척이나 보기 힘든 부류의 사람이다. 그러므로 그가 마치 홀로 고립될 위험이 있는 씨앗을 뿌려서 얻게 될지도 모르는 수확의 잠재적인 독성을 언급하기보다 개인의 선택의 자유를 훨씬 더 강조한다는 것을 우리는 이미 알고 있다. 그의 공식과 더불어, 개인을 위한 속박받지 않은 선택의 자유라는 개념 또한 매우 개인적인 생물학적·사회적 환경의 맥락에서 나온다. 그는 다른 것들처럼 이것도 유전적 관계보다 환경적 관계로 다룬다. 드 그레이의 모든 공식은 생물학과 문화가 이렇게 작용한다는 위대한 가정에 기초를 두고 있다.

드 그레이가 세간의 관심을 끌게 된 가장 큰 요인은 그의 과학 때문이 아니라, 그 자신의 독특함 때문이다. 그를 두 번 만나 이글에서 맥주를 마시는 동안 발견한 사실은, 그를 좋아하지 않는 건 불가능하다는 것이다. 그는 자신의 의견에 동조하지 않는 이에게 거침없이 말을 쏟아내지만, 한편으로 이 남자에겐 뭔가 때 묻지 않은 달콤함이 있다. 여기에 무신경한 그의 외모와 삶에 생명력을 불어넣는 목표를 향한 진실함이 더해져 상대방을 무장해제시키기 때문에, 그는 쌀쌀맞거나, 자신을 어필하는 데 몰두하는 그릇된 구원자라기보다는 속 깊은 천재처럼 느껴진다. 내가 나중에 대화를 나눴던 사람

중에는 그를 폄하하는 사람들도 있었는데, 그런 사람들까지도 한편으론 그의 모습에 호감을 표시한다. 이런 모습은 누가 봐도 괴짜나 맹렬한 투지에 사로잡힌 사람에게서는 예상하기 힘든 것이다.

그는 여러 대륙을 가로지르며 캠페인을 벌이고 있는데, 자신의 이론에 대한 반대를 극복하는 것은 그저 부차적인 목표일 뿐이다. 주된 목적은 가능한 한 자신과 자신의 공식을 널리 홍보하는 것인데, 이것은 개인적인 영달을 위해서가 아니라 그의 계획이 일부라도 성공을 거두려면 필요한 연구 기금을 조성하기 위해서다. 그는 획기적인 사건이 일어나는 것을 보려고 계획을 짜놓았다.

그중 첫 번째는 쥐의 노화를 조절해 예상 수명을 세 배 이상 늘리는 것이다. 그는 적절한 기금이 마련된다면 지금으로부터 10년 안에 이를 실현할 수 있다고 믿는다. 7년 안에는 힘들겠지만, 20년까지는 걸리지 않을 것이라고 확신한다. 드 그레이의 믿음에 따르면, 여기서 얻게 된 성과는 '노화에 대한 전쟁'을 당장 시작하게 할 것이며, 이는 '막대한 사회 대변동을 위한 계기'가 될 것이다. 2002년 〈뉴욕과학아카데미연보〉에 그와 공동 저자 일곱 명의 이름이 실린 기사에서, 드 그레이는 다음과 같이 말했다. "쥐를 대상으로 한 명백한 노화 반전에 쏟아질 대중들의 의견과 (피할 수 없는) 공공정책의 영향력이 워낙 강력할 것이다. 그러므로 어떤 연구를 하든 간에, 적절한 신체 유전자 치료를 달성하는 일이 상당히 가속화될 것이라고 생각한다." 그뿐 아니라, 그런 위업을 추종하는 열광적인 대중 때문에 많은 이가 자신들도 그 나이까지 살 수 있다는 가능성을 염두하고 인생의 선택들을 하게 될 것이라고 주장한다. 이런 삶의 선택들에는 나처럼 회의적인 사람이라도 기뻐하며 바라보게 될 몇 가지 내용이 포함된다. 예를 들어 사람이 400년에서 500년까지 살 수 있다는 사실을 알게 되면(이 수치의 몇 배까지도 살 수 있도록 지속적인 연구를 하겠지만), 살인이나 전쟁, 범죄, 나쁜 운전 습관, 기타 위험한 행위에 연루될 가능성이 훨씬 낮아질 것이다. 그뿐 아니라, 독감 같은 질병에 걸려 200살에 죽는다 해도, 너무 이른 죽음이라고 여겨진다면, 전염병을 해결해야 한다는 절박함 때문에 정부와 제약회사들은 해당 분야의 기금을 늘리게 될 것이다.

적절한 임상 적용 연구에 대한 요구가 점차 늘어나는 것은 물론, 실험에 사용되기도 하는 쥐는 최장 9년까지 생존하기 때문에 이와 관련한 연구에 새로운 기금이 조성될 것으로 예상된다. 하지만 정부와 제약회사들은 비교적 단기간에 쓸 만한 결과를 내는 연구를 선호하기 때문에 드 그레이는 그들을 기금 모금의 원천으로 여기지 않는다. 그가 생각하는 '전쟁'을 성공적으로 수행할 수 있도록 그는 연간 1억 달러를 공급해 줄 개인 투자자를 기대하고 있다. 그는 일단 쥐 연구가 성공하면, 억만장자들은 최대한 오래 살기를 원하기 때문에 이를 실현할 만한 연구를 지원하게 되리라고 주장했다.

물론 전 세계 모든 신문의 1면을 장식한, 그가 가진 장수하는 쥐의 사진이 역효과를 낳을지도 모를 가능성을 보자면 이런 낙관적인 허상은 별로 가능할 것 같지 않다. 그의 예언대로, 전 세계인이 그런 결과를 만장일치로 열렬히 환호하며 라벨이 붙지도 않은 벌레 통조림을 따서 그 내용물을 기꺼이 먹을 것이라고 상상할 수 있을까? 글쎄다. 게다가, 한 사람의 환호는 다른 한 사람에게 공포가 될 수도 있다. 윤리학자, 경제학자, 사회학자, 수많은 성직자, 우려하는 많은 과학자에게 의지하는 수많은 선량한 대중은 '인간 복제'라는 호들갑스러운 주제를 놓고 마치 점잖은 체하는 차담회에 참석한 듯한 반응을 보인다. 물론, 우리가 드 그레이의 첫 번째 원칙인 영원히 살고 싶은 욕망이 모든 의사 결정의 고려 사항을 능가한다는 말을 논리적으로 따르면, 이기심(혹은 나를 포함한 몇몇은 나르시시즘이라 부르는 것)은 결국 성공할 것이다. 그러나 나는 그런 믿음보다 인간 본성을 더욱 신뢰한다.

드 그레이는 최장 1세기까지 걸릴지 모른다고 동의하면서도, 15년간 쥐를 연구한 결과를 토대로 인간의 기대 수명을 세 배로 늘리는 일은 달성할 수 있다고 예측한다. 그가 동의하지 않는 것은 그런 일이 절대로 일어나지 않으리라는 시각이다. 그는 가능성이(그 과정에서 현실적인 위험을 모두 고려해도) 그보다 멀리 떨어져 있다는 사실은 상상조차 하지 못하는 것 같았다. 그는 또한 그 가능성은 물론 사회 자체가 그에게 유리한 쪽으로 풀리지 않으리라곤 상상하지 못하는 것 같았다. 그는 너무나 확신에 차 있었다. 그는 죽음을 정복하겠다는 충동이 다른 사고(여기에는 우리 문명이 파괴될 가능성이 포함되는데, 이런 가능성은 점점 더 커질 것이다)를 대체할 만큼 너무나 강렬했는데, 유력한 노인학자들이 그에게 힘을 실어주지 않게 되더라도 자기합리화에 가까운 이유들을 줄줄이 댈 준비가 되어 있었다. 그는 얼굴이 알려지고 자신의 주장을 많은 곳에서 펼치게 되었지만, 자신의 제안을 일부라도 재고할 여지가 있는 세련된 비판이 제기될 라치면 얼른 방패막이를 쳐놓았다. 그는 자신만의 세계관이 침범당하지 않도록 자기 보호에 대비했다. 그는 자신의 계획을 조금이라도 바꾸는 걸 고집스레 거부한다. 그는 계획이 성공하는 걸 가로막는 어떤 장벽은 그가 평생 극복하기 힘들지도 모른다는 일말의 가능성에 절대로 굴복하지 않을 것이다.

수십 년 전 단순함과 무지 때문에 난 우리 지구가 하늘의 재앙(거대한 운석의 충돌이나 태양열)과 같은 중립적인 힘으로 인해 멸망하리라 생각했다. 그 얼마 후에는 우리의 종말은 핵무기의 발사 버튼을 누르고 생화학 무기를 살포할 미친 독재자의 악행에서 올 것이라고 믿었다. 그러나 최근 들어 '그런 요인'들의 성격이 바뀌고 있다. 만약 우리가 파멸한다면, 그것은 어떤 천재지변이나 사악한 인간 때문이 아니라, 지나친 인류애, 즉 우리 생명을 늘리고, 우리의 문명을 개선하려는 바로 그 힘이 동기가 되리라고 확신하게 됐다.

우리가 제물로 바쳐지든, 아니면 스스로 희생물이 되든 간에, 지구의 종말은 진심으로 우리에게 많은 관심이 있는 선의의 과학자들의 노력 때문에 올 것이다. 우리는 이미 그들이 누구인지 알고 있다. 그들은 DNA 조작자들로, 그들은 자녀의 유전자 조합을 선택해 그 다음 세대로 계승되도록 해서 인간을 더 강력하게 만들 것만 생각할 뿐이다. 그들은 각종 이종 번식이 인류의 생존과 지구상의 모든 생명체와의 관계에 필요한 인자를 바꿔놓을 가능성에는 세심한 주의를 기울이지 않는다. 또 그들은 생물노인학자들로, 극도로 칼로리를 제한당한 쥐를 연구하면서 이렇게 특별하게 길러진 쥐의 예상 수명을 20퍼센트까지 늘릴 수 있다고 약속한다. 그들은 매일 저녁 분자과학실험실에 모습을 드러내어 유전자를 조작하고, 텔로미어를 조정한다, 그들은 이런 조작 때문에 초래될 세포적·사회적 대혼란을 무시하는 전략을 펼치면서 우리가 250년까지 살 수 있다는 목표에 조금 더 가까워졌다며 낙관한다.

아직은 완전히 믿지 못하는 지지자들과 우리의 틈을 쉴 새 없이 헤집고 다니며 글도 쓰고 연설도 하는, 이 이상하리만치 독특하고 매력적인 인간, 오브리 드 그레이는 우리가 절대로 양도할 수 없는 권리란, 원하는 만큼 살려는 개인의 선택이라고 주장한다. 시간을 거스르는 혁명을 이뤄내겠다는 외골수 같은 열정을 지닌 그는 인간이라는 총체적인 개념을 향해 도전한다. 역설적이게도, 행동을 촉구하는 나팔 소리는 광인이나 악인에게서가 아닌, 똑똑하고 인정 많은 선의를 지닌 인간에게서 나왔다. 그는 오로지 문명이 미래를 위해 그가 간직해 온 가장 원대한 희망을 이룩하기를 바란다. 그의 큰 그림이 성공하지 않으리라는 사실은 다행스러운 일이다. 그렇지 않다면, 그는 우리를 보호하려다가 결국 우리를 파멸시키고 말 것이다.

일평생 잘 사는 방법을 배워야 한다.
뜻밖이라 생각할 수 있겠지만,
일평생 잘 죽는 방법도 배워야 한다.
- 세네카

8.
변화

달라진 나를 사랑하는 몇 가지 방법

 나는 오래전 세상을 떠난 브라운 세카르Brown Séquard라는 프랑스 남자를 가끔 떠올리곤 한다. 의사과학자였던 그의 명성은 노화가 성적 능력에 미치는 피해를 막을 수 있는 치료법을 발견했다고 자랑스레 발표하는 순간, 추락했다.

 브라운 세카르는 1817년 인도양의 모리셔스섬에서 미국인 아버지와 프랑스인 어머니 밑에서 태어났다. 뛰어난 연구자였던 그는 신경계와 신진대사를 이해하는 데에 상당한 공헌을 했고, 1878년 이런 공헌 및 기타 발전 공로를 인정받아 프랑스 국립대학에서 실험생리학 교수로 임명됐다. 그와 학과장이었던 클로드 베르나르Claude Bernard는 호르몬이라는 개념을 도입해 높은 평가를 받았다. 호르몬 단백질 물질은 내분비선에서 분비돼 혈류 안으로 들어가는데, 내부 장기 기능의 상당 부분을 제어한다. 브라운 세카르는 동물의 신체에 원기를 북돋우고 안정성을 유지하는 호르몬의 역할에 상당히 깊은 감명을 받아, 젊음을 되찾을 호르몬 실험을 시작했다.

1889년 브라운 세카르가 일흔두 살이 되던 해, 그는 프랑스과학아카데미에 자신이 젊음을 되찾는 법을 실험 중이라고 보고했다. 연구 방법은 기니피그와 개의 고환을 으깨어 얻은 용해된 체액을 자신에게 주입하는 것이었다. 치료를 시작한 지 3일 만에 그는 다음과 같이 자랑했다. "나는 최소한 예전만큼 원기를 되찾았습니다…소화력과 대장 활동도 상당히 개선됐습니다.…게다가 몇 년 전보다 정신노동도 훨씬 쉬어진 것 같습니다." 그리고 그는 성에 관한 능력도 되찾았다고 덧붙였다.

그러나 불행히도, 동일 물질을 다른 이에게 주입했지만 누구도 효과를 보지 못했다. 심지어 고환액은 그에게도 별 도움이 되지 않았을 수도 있다. 그는 70대 노인들이 일반적으로 나이를 먹는다는 사실 말고는, 그 과정에서 뭔가를 이뤘다는 최소한의 증거도 제시하지 못한 채 5년 후에 사망했기 때문이다.

젊음을 되찾겠다는 브라운 세카르의 노력이 비웃음을 사자, 그의 과학적 유산까지 더럽혀지고 말았다. 그러나 고환이나 난소 추출액을 주입하든, 그런 기관들을 직접 이식하든 간에, 다른 이들이 이와 유사한 실험을 하는 것을 막을 수는 없었다. 이런 실험을 하는 이들은 과학자들이 대부분이었지만, 그중에는 벼락부자를 꿈꾸는 장사치들도 있었다. 캔자스의 협잡꾼인 찰스 R. 브링클리Charles R. Brinkley는 노화와 발기부전은 물론 고혈압까지 치료한다며, 정신 나간 사람들에게 염소의 생식선을 이식해서 갑부가 됐다. 1920년대에서 1930년대까지 경제적으로 불황을 겪고, 한편으론 급성장한 시대를 산 의사들이나 기자들이 시끌벅적하게 그를 폭로했지만, 그의 유명세는 조금도 가라앉지 않았다. 그의 명성은 하늘 높이 치솟아 그는 결국 주지사 출마까지 나섰고, 심지어 자신의 라디오 방송에서 선거운동도 했다. 그 어떤 동물의 고환, 난소, 혹은 이와 비슷한 조직을 이식하거나 주입해도, 인간의 젊음이나 성적 능력을 되돌리거나, 열렬히 갈망하는 수치에 도달할 수 있게 해준다는 결과는 얻어진 것이 없다. 그 누구도 노화를 막지 못했고, 아무도 젊음을 되찾지 못했다.

브라운 세카르를 떠올리게 된 이유는, 6년 전 거의 수십 년 만에 만난 한 대학교 동창과 나눴던 대화가 떠올랐기 때문이다. 젊은 시절 활기찼던 모습에 비해 현재 삐걱거리는 관절, 늘어나는 뱃살과 씨름하는 모습을 비교하다가, 그는 뜬금없이 곧 음경 보형물 삽입술을 받을 예정이라는 소식을 전했다. 아내와 헤어져 1년 넘게 혼자 산 그는 새로운 사랑을 만났는데, 마음처럼 몸이 따라가질 않는다는 걸 알았다. 우리는 대학교를 졸업한 지 거의 50년 가까이 된 터라, 나는 얼마나 많은 내 또래의 남성들이 그런 생각을 하는지 몹시 궁금했다. 내 동창은 그의 비뇨기과 의사가 그런 수술을 받는 나이 많은 환자들과 동창이 상당히 다르다고 말했다고 했다. 그리고 그의 다음 말 때문에 나는 브라운 세카르를 떠올리게 됐다. "이건 그냥 성적인 문제라기보다는, 나이라는 현실에 굴복하지 않겠다는 기분이야." 순간, 옛 동창을 조금 더 자세히 들여다보니 그가 부분 가발을 쓰고 있다는 것을 발견했다.

짧은 대화를 나눈 후에, 그는 자신의 성생활을 예측 가능하고 만족스럽게 해줄 장치를 개발한 사람이 내 지인이라는 이야기를 덧붙였다. 물론 나는 그 사람을 잘 알고 있었지만, 그 사람을 이야기하려니 조금 조심스러웠다. 이 이야기는 혼자서 젊음의 증거를 열심히 찾던 대학교 시절 친구와 관계가 있다. 당시 우리는 그런 이식술을 발명한 그 친구를 '프랭크 스콧Frank Scott'이라고 불렀다. 그는 의대를 다니던 시절 나와 같은 수업을 들었는데, 그때부터 남달랐다. 나는 처음엔 그의 사람됨에 호기심을 가지고 있었다. 서부시대를 배경으로 한 책이나 영화에서나 접할 법한 독특한 카리스마 때문이었다. 그는 180센티미터가 넘는 키에 어깨가 약간 벌어졌는데, 몸은 약간 마른 편이었다. 책에 나오는 카우보이를 닮은 프랭크는 허리와 엉덩이가 호리호리했고, 작지만 예리한 눈을 가지고 있어서, 마치 산쑥밭에 누워 뜨거운 태양 빛을 받는 롱혼 떼를 하나하나 응시하고 있는 사람처럼 보였다. 공업도시인 샌안토니오 출신이지만 그에게 잘 어울리는 챙 넓은 모자를 쓰고 다녔기 때문에 그는 중남부 텍사스 전체를 아우르는 기운을 풍겼다. 그의 외모가 텍사스 출신임을 드러내지 못해도, 그와 한번 말을 해보면 질질 끄는 말투에서 확실히 알아차릴 수 있었다. 기본적으로 부드럽고 느린 말투였는데, 느릿느릿 일 처리를 하는 친구를 보거나, 한심한 짓거리에 참을성을 잃으면 느닷없이 질질 끄는 말투가 튀어나왔다.

프랭크의 모든 면모 중에서 나를 단박에 사로잡은 것은 말수가 적은 그가 어느 순간 돌변하는, 그러니까 마치 방울뱀이 먹이를 덮치듯이 예리하게 변모하는 능력이었다. 게다가 텍사스 출신 특유의 강한 의지와 자만도 있었는데, 어떤 사람들은 이것을 그의 에고ego로 봤다. 그는 매력이 철철 넘치고 쾌활한, 남자 중의 남자였지만,

사람들은 그를 다른 시대에 사는, 그러니까 언제고 총을 꺼내 들 태세를 갖춘 잽싸고 자신감 넘치는 총잡이로 상상하곤 했다. 대결을 마친 후 성큼성큼 걸어와 방금 전 소동 때문에 잠시 신경 쓰지 못했던 일을 마저 마무리하는 총잡이라고 말이다. 프랭크 스콧은 자신이 뭘 원하는지 늘 알고 있었고, 정확하게 그곳을 향해 가는 것처럼 보였다. 그는 갈 곳도, 할 일도 있었지만, 뭔가가 늦어지면 인내심이 사라졌다.

프랭크는 대학교 동창과 결혼했다. 신부는 상당히 똑똑하고 예쁜 텍사스 출신 여성으로 이름은 셜리였다. 그가 고집불통이고 거친 반면, 신부는 참을성 있고 온화했다. 그 당시 다른 젊은 아내들처럼, 셜리도 내조를 위해 자신의 커리어를 접었다. 당시 그는 뉴헤이번에서 4년 동안 의대에서 비서직으로 일하고 있었다. 그들의 재정적인 상태는 생각나지 않지만, 두 사람이 우리와 크게 달랐으리라고는 상상하기 힘들다. 당시 우리는 별다른 재정적인 도움이나 대출 없이 근근이 먹고 살았다. 힘든 생활이었지만 대부분은 어떻게든 버텨냈다. 스콧 부부도 둘이서 잘 해나가고 있었고, 거친 프랭크도 셜리를 향한 깊은 사랑을 감추지 못했다. 두 사람의 생활은 그가 사랑하는 남편과 미래를 위한 그의 높은 기대에 완전히 몰입해 있었다.

후일 나는 프랭크가 비뇨기학 연수를 받아 베일러 의과대학교에서 크나큰 존경을 받는 교수가 됐고, 휴스턴에 있는 세인트루크 성공회병원의 비뇨기학과 과장이 됐다는 소식을 들었다. 그는 우리 동기들 중 처음으로 이름을 날린 의료인으로 우뚝 섰다. 때 이른 명성을 얻게 된 이유는 그가 1973년 발기부전 치료용으로 개발한 장치 때문이었다. 나는 이 장치를 '수압 발기'라고 부른다. 프랭크는 유명해졌을 뿐만 아니라, 부자도 됐다. 그는 이 성공적인 개념과 디자인을 특허 등록한 후, 아메리칸 메디컬 시스템스American Medical Systems라는 회사를 설립해(나중에 화이자Pfizer에 매각된 후 결국 월스트리트 벤처 자본가에게 팔렸다) 인공 발기 보철물을 개발하고 제조했다. 또 그가 제공하는 고가의 교육 프로그램을 이수하지 않을 경우, 의사들이 이 장치를 삽입하는 복잡한 과정을 시술하지 못하도록 금지했다. 돈이 굴러들어 왔다. 남자들의 발기부전 덕분에 프랭크는 텍사스의 백만장자가 됐다.

    프랭크처럼 차분하지 않은 성격을 지닌 이에게는 이 기술을 미세하게 다루는 게 힘들었을지 몰라도, 수압 발기의 원리 자체는 상당히 간단하다. 이 장치는 작은 플라스틱 저수통을 아랫배 피하지방질에 삽입하는 구조로, 수술로 이식된 얇고 탄력 있는 실린더 두 개에 가느다란 튜브가 연결된다. 실린더는 사용하지 않으면 안이 텅 비게 되고, 성기는 평소처럼 아래로 늘어진 상태라 그 존재는 남들은 알 수가 없다. 그러나 성욕이 일 경우, 저수통에 단단한 압력이 가해지면 그 안의 용액이 실린더로 방출되고, 관계 중 에로스를 돕는 밸브에 의해 발기 상태가 유지된다. 절정이 쾌감으로 대체된 후에는, 손으로 건드리면 실린더 용액은 다시 저수통으로 들어가 텅 비게 되고 예전으로 돌아간다. 이 기적과도 같은 프랭크의 발명품은 반항하듯 흐물거리는 성기 속에 삽입돼 있다가 위축된 성기를 순간적으로 과거 단단하던 모습으로 만들어줬다. 이 시스템은 언제나 임무를 수행하며, 어느 때라도 리비도를 일으킬 준비가 돼 있다. 부분 가발을 쓴 내 동창처럼, 수천수만 명의 남성들과 그 배우자들은 프랭크 스콧의 천재성과 그의 급한 성미에 도움을 받았다. 그는 사랑에 실패하는 것은 물론, 기다리는 것조차 불필요하게 했다.

인공 발기 보철물의 개발은 그가 동시대 가장 유명하고 혁신적인 비뇨기과 의사로서 이뤄낸 수많은 공헌 중 하나에 불과했다. 1980년, 25회 동창회에서부터 그는 더는 프랭크로 불리지 않았다. 그는 F. 브랜틀리 스콧F. Brantley Scott으로 개명해, 지인들에게 이제 브랜틀리로 알려지게 됐다. 그는 이름만 바꾼 것이 아니다. 브랜틀리는 무려 스무 살 연하의 완벽한 미인과 동행해서 아내라고 소개했다. 많은 동창이 칭찬하던 셜리는 과거의 사람이 됐다. 동창회가 열린 그 주 주말, 동창들이 나지막이 수군댄 주제는 변해버린 프랭크 스콧의 모습이었다.

기술에 대한 프랭크의 열정은 실험실에서 혁명을 만드는 데에서 그치지 않았다. 그는 비행하는 법을 배웠고, 동창회가 열린 몇 년 뒤에는 키트를 사서 자신만의 비행기를 제작했다. 이 비행기를 타면 휴스턴에서 텍사스 해안 인근에 구매한 개인 섬까지 쉽게 오갈 수 있을 것 같았다. 그러나 그 누구도 그 최초의 비행이 잘못될 줄은 알지 못했다. 브랜틀리가 조종하던 비행기는 추락했다. 아름다운 아내는 미망인이 됐고, 자연스럽게 막대한 유산을 상속받았다. 그의 남편은 이후 진정한 비뇨기학계의 우상으로 자리 잡게 됐다. 세인트 루크 성공회병원의 비뇨기학과는 F. 브랜틀리 스콧의 이름을 필두로 내세우며(그 학과는 F. 브랜틀리 비뇨기학과라고 불린다), 미국 비뇨기질환재단은 해마다 비뇨기학에서 영예로운 혁신 및 창의성을 보인 의사에게 'F. 브랜틀리스콧상'을 수여한다. F. 브랜틀리 스콧으로서 프랭크가 남긴 유산은 우리 의과대학교 동창생들을 돋보이게 했지만, 그를 좋아했던 많은 동창은 그가 살아서 5년마다 한 번씩 열리는 동창회에 참석하는 쪽을 더 좋아할 것이다.

젊게 오래 살려는 욕망을 향한 이카로스의 날갯짓

프랭크의 사연과 비슷한 사례에서 도덕성을 찾는 사람들은 그리스 신화인 이카로스를 떠올린다. 이카로스는 깃털로 날개를 만들어 밀랍으로 몸에 붙이고는 크레타섬의 왕인 미노스의 미궁에서 아버지와 함께 탈출한다. 내가 수십 년간 참고 서적으로 애용하고 있는 1897년판 찰스 밀스 게일리Charles Mills Gayley의 《영국 문학의 고전 신화The Classic Myths in English Literature》에 따르면, "이카로스는 태양 근처에 너무 가까이 가지 말라는 경고를 받았다…그러나 그 소년은 자신의 재능에 크게 기뻐해 위쪽으로 날아올랐고" 그러자 밀랍이 녹아서 바닷속에 처박히고 말았다. 누군가는 기술을 혁신적으로 사용한 프랭크가 태양에 너무 바싹 다가간 결과라고 말한다. 뛰어나게 일군 '커리어에 너무나 흥분한 나머지' 그는 자신을 그렇게까지 높은 위치에 오르게 해준, 땅에 발을 붙이고 선 이들에 대한 책임을 경고하는 목소리를 무시했다. 프랭크가 그렇게 목숨을 잃은 것이 셜리를 떠난 대가라는 이야기는 아니지만, 도덕주의자들은 그렇게 생각할 충분한 이유가 있다고 믿을지도 모른다. 내 동창처럼, 프랭크도 자기 자신을 새롭게 가다듬어야 한다고 느꼈을지 모른다. 아마 재혼과 비행기 제작은 이를 위한 그만의 방식이었을 것이다. 프랭크가 발명한 발기하는 인공 보철물이, 내 친구의 표현대로라면 '나이에 굴복하지 않는' 친구만의 방식인 것처럼 말이다. 노화에 대한 모든 것이 그렇듯 이런 일들 또한 그들에게 플러스가 되기도, 마이너스가 되기도 한다.

'나이에 굴복하지 않는' 방식은 많은데, 안쓰러울 정도로 우스꽝스러운 수준에서부터 건강에 좋고 고상한 방법까지 다양하다. F. 브랜틀리 스콧, 브라운 세카르, 그리고 젊음을 되찾는 특효약을 파는 모든 장사치는 나이가 든다는 보편적인 두려움은 물론이거니와, 나이 든다는 모든 증거가 결국 우리를 죽음으로 데려가리라는 더 큰 공포심에 호소했다. 분자생물학자들이 유전공학을 통해 죽음을 늦추는 방법을 증명할 수 있다는 소식을 전하기 시작하던 몇 년 전까지만 하더라도 사람들은 대체로 이런 이야기를 듣고 기뻐하는 편이었다. 그러나 텔로미어 연구가 세포 노화 때문에 사망할 수밖에 없는 질병을 해결하는 방법이 될 수도 있다는 소문이 돌자, 예전에 느낀 기쁨은 앞으로 불어닥칠 흥분에 비하면 서곡에 불과한 것이었다. 그러나 앞에서 언급했듯이, 과학자들은 이런 연구의 초기 단계에 머물고 있을 뿐, 이 연구가 일부나마 성공했다는 주장을 증명해낼 가능성은 거의 없다.

인생의 지평선을 뛰어넘을 듯한 기적이 열렸다는 소리가 들리자마자, 많은 중년은(젊은이들까지도 그랬으리라) 서로 얼싸안으며 앞으로 닥칠 판타지를 꿈꾸었다. 성공할 것 같다는 분위기가 고조되자

(물론 지금도 그렇지만), 수명이 200년 이상으로 늘어난다는 주장은 더는 극단적인 이야기가 아닌 것처럼 여겨졌다. 그러나 그런 성과가 사회 전체는 물론, 개개인에게 미칠 것으로 예상되는 해로운 결과를 생각하는 이들은 거의 없었다. 여기에는 새로 200년을 살게 된 사람들이 죽기를 거부하고 욕심을 부리느라 지구를 난장판으로 만드는 경우도 포함된다. 오래 살 수 있는 능력이 좋은 것이라는 개념을 두고, 자기 자신도 그러고 싶은지 진심으로 질문하는 이는 너무나 적었다.

순수 생물학적 관점에서 보면, 우리도 다른 동물처럼 DNA를 다음 세대에 전달하려고 산다. 이것은 인간이 생존하고, 자연선택이 이뤄지는 방식이다. 일단 번식 능력과 젊은 세대를 양육하는 능력을 잃게 되면, 우리는 냉혹한 자연이라는 큰 틀에서 쓸모 있는 기능을 발휘하지 못한다. 자연에서는, 심지어 잘 길들인 동물이라 해도, 생식 능력이 없어지면 죽는 것이 법이다. 인간은 그런 시기를 뛰어넘어서까지 생존하는 몇 안 되는 동물이다. 이 지구에 살았던 대다수는 사실 잠재적 번식 능력을 소진할 만큼 오래 살지 않았다. 호모 사피엔스는 이미 4만 년 동안 이 땅에 살아왔지만, 로마시대가 돼서도 평균 수명은 30년 미만이었다. 전염병과 영양실조가 주요 사망 원인이었다. 그로부터 2,000년이 지나고 20세기 전환기가 돼 거의 모든 사람이 월등히 좋은 영양 상태를 유지하고 훨씬 더 적절하게 전염병을 예측하게 됐지만, 평균 수명은 여전히 45세를 넘지 못했다. 현재 미국인의 평균 기대 수명이 70대 후반에 달하는 것은, 깨끗한 수질, 예방주사, 향상된 식량 공급, 안전하고 청결한 주택 공급과 같은 공중위생 조치 때문이다. 최근 수십 년간 생물의학 분야가 비약적으로 발전했지만(20세기 후반에 이들 업적은 이뤄졌다), 그중 항생제와 심장 질환 치료의 발달만이 사망률 통계에 커다란 영향을 끼쳤다. 기타 신약과 외과 수술이 끼친 영향은 전 세계 인구 대비 수치에서 볼 때 비교적 미미하다.

이 말은 아무리 반복해도 지나치지 않을 것이다. "노화는 질병이 아니다." 이는 우리 삶에 주어지는 조건일 뿐이다. 나이 들어서 결국 죽음을 맞이하는 일은 이 지구의 계절이 바뀌는 것만큼 중요하다.

오브리 드 그레이와 그의 대담한 이론을 칭송하는 자들은 그런 불편한 진실을 무시하기를 좋아한다. 미국의 생명공학업체인 '휴먼게놈사이언스Human Genome Science'의 CEO이자 뛰어난 생물공학 기업가인 윌리엄 해슬틴William Haseltine은 다음과 같이 말한다. "나는 우리 세대가 영생 가능한 지도를 그릴 첫 번째 세대라고 믿는다." 우리는 이런 오만한 발언 자체는 물론, 이 개념이 인간에게 미칠 위험성에 역겨워하고, 공포심에 치를 떨어야 한다. 노화의 자연스러운 과정을 거스르는 현대 생물의학 연구는 인류의 미래가 변화하리라는 훨씬 더 큰 그림의 일부에 지나지 않는다. 미래에는 부모가 세포 안에 들어가는 DNA를 조작해 자녀의 IQ, 얼굴색, 키까지 원하는 대로 주문할 수 있을지도 모른다. 제약 없는 유전자 강화를 예언한 프린스턴대학교의 그레고리 스톡Gregory Stock은 이런 문제를 다룬 《인간을 디자인하다: 우리의 피할 수 없는 유전적 미래Redesigning Humans: Our Inevitable Genetic Future》라는 책을 썼다. 이 책의 첫 장은 그 제목부터 인간에 대한 자신감을 넘어서는 무서운 시각을 보여준다. 그는 책에서 실험실이 진화를 어떻게 통제하게 될지에 대한 예측을 기술한다. 그는 우리를 '마지막 인류'라고 부르는데, 이것은 자연 그 자체에 의해 형성된 몸과 마음이 남아 있는 사람은 우리가 마지막이 될 것이라는 의미다.

이런 예언이 얼마나 즐거운 것인지 떠들었다간 이들이 '진보progress'라는 개념에 반대하기로 정평이 난 문지기들로부터 경고장을 받게 되리라 짐작하기 어렵지 않다. 스톡의 연구는 클린턴 전 대통령이 만든 전미 생명윤리학자문위원회의 전 회장인 해롤드 T. 샤피로Harold T. Shapiro에 의해 부풀려졌다.

그러나 이는 미국의 의료 및 과학이 다뤄야 할 문제가 아니다. 생물의학자들의 적절한 임무는 자연이 정한 인간의 최대 수명(120년 언저리라고 추정된다)을 뛰어넘어 생명을 연장하는 게 아니라, 삶을 개선하는 일이다. 누군가의 삶에 개선이 필요하다면, 그 대상은 분명히 공중위생과 생물의학의 축복 덕분에 원기와 생식력을 잃고도 여전히 생존해 있는 나이 든 사람일 것이다. 노년층의 비율은 해마다 증가하고 있으며, 그들 중 대부분은 건강하지 못하다. 이전 세대부터 서서히 증가하던 예상 수명은 최근 급격한 상승세를 보이고 있다. 20세기에 예상 수명은 그전보다 33년이 증가했는데(1990년에서 2005년까지 15년 사이에는 단 2년이 늘어났다), 이것은 역사상 어느 시대와 견줘도 놀라운 수치다. 최근의 이런 변화가 있기 이전까지, 인구구조는 아래의 넓은 바닥에는 아이들이, 상부의 좁은 층위에는 고령층이 위치한 피라미드 형태를 띠었다. 이제는 많은 노인이 높은 층위에 도달하기 때문에 정사각형 형태가 그려진다. 질병을 치료하는 기술이 더 발전하고, 인구 대부분이 공공복지의 혜택을 받게 되면, 이런 추세는 계속 늘어날 것이다.

몇 가지 실례는 이런 패턴의 도식적 증거를 제공한다. 1990년대, 미국의 100세 이상 인구는 3만 7,000명에서 5만 명으로 늘어났으며, 누군가는 이번 세기 중반이 되면 그 수가 100만 명에 달할 것으로 예상하기도 한다. 영국의 엘리자베스 여왕은 통례적으로 100번째 생일을 맞이하는 자국민에게 축전을 보냈다. 1952년, 여왕의 재위 첫해에는 그 숫자가 225명이었다. 이제는 5,000명이 넘는다. 미국의 사회보장제도가 1935년 설립됐을 때, 대상자의 수는 2,500만 명이 넘지 않을 것이라고 예상됐다. 2000년, 수혜자는 3,800만 명을 넘어섰으며, 그들 중 몇백만을 제외한 대부분이 65세 이상이었다. 베이비붐 세대가 충분히 나이가 든 2011년에는 7,000만 명에 육박할 것으로 예상된다. 요즘 백발의 80세가 됐다는 말은 보험회계사가 앞으로 우리가 7년 정도 더 연금을 수령하게 될 것이라고 산정하는 것을 의미한다. 65세일 경우, 미국의 남성에게는 17년, 여성에게는 20년이 아직도 남아 있는 것이다.

우리가 이런 통계에 환호하는 만큼, 반대로 확실히 그 값을 치르고 있기도 하다. 일반적으로 노화는 평생 우리가 안팎으로 분주하게 활동해 점진적으로 마모된 결과거나 유전적으로 결정된 것이라고 해도, 가장 건강한 생존자조차 점차 쇠약해지고, 질병이 생기는 여정을 걸을 수밖에 없기 때문이다. 관절, 뼈, 심장, 두뇌 등 신체의 모든 부위는 원기를 잃고 쇠약해진다. 장기 치료 시설에 수용된 인구의 4.5퍼센트는 스스로 거동할 수 없기 때문에 화장실을 가고 옷을 입는 등의 아주 기본적인 일을 할 때조차 도움이 필요하다. 이들 대부분은 인지저하증 환자다. 노인학자들이 '초고령자the oldest old'라고 부르는 85세 이상의 고령자 수치는 평균 수명이 늘어나면서 해마다 증가하고 있다. 경제적 비용도 많이 들지만, 고령자 자신뿐만 아니라 그의 가족이 치르는 고통에 대한 비용은 이보다 훨씬 높다. 많은 이에게 장수의 비용은 너무나 막대하다. 중요한 변화가 일지 않는 한, 사회는 이런 부담을 감당하기 힘들어질 것이다.

이제 중요한 변화가 이어지고 있다. 그동안 사립 요양원의 수가 증가하고 집에 있는 연약한 노년층이 가파르게 늘어나던 시기를 수십 년간 거치면서도, 노년층의 환경을 개선하려는 시도는 거의 없었다. 그러나 노년층이 겪는 질병과 장애에 대한 연구가 늘어나던 25년 전부터 상황이 개선되기 시작했다. 동시에, 일부 노인학자들은 환자들이 겪는 힘든 시간을 줄일 수 있는 방법을 찾게 됐다.

이 분야는 1980년에 중대한 철학적 진보가 있었다. 스탠퍼드대학교의 노인학자인 제임스 프라이스James Fries 박사는 '병의 압축compression of morbidity'이라고 부르는 개념을 도입했다. 이것은 노년층이 질병을 앓는 기간을 단축하려는 시도를 의미한다. 일반적으로 우리 대부분은 인생의 마지막에 아주 약해지게 된다. 우리는 50세 이후로 명확하게 포물선 모양으로 하향 곡선을 그리며 쇠약해진다. 프라이스 박사는 인생의 곡선을 이렇게 점진적인 하향 곡선을 그리는 패턴에서, 비교적 수평선을 긋다가 사망 직전에 급격히 꺾이는 패턴으로 바꿀 수 있는 방법을 찾아낼 수 있다고 주장했다. 만약 성공한다면, 그는 "살다가 걸리게 되는 병을 단기간으로 압축

할 수 있고, 평생 축적될 병을 줄일 수 있다"라고 말했다. 다시 말하면, 병을 길게 앓으며 쇠약해지는 대신, 비교적 건강하게 몸을 유지하다가 죽음이 바싹 다가오면 세상을 떠나는 것이다. 이것은 올리버 웬들 홈스Oliver Wendell Holmes가 쓴 시 〈집사의 명작The Deacon's Masterpiece〉에 나오는 개념이다. 그는 이 시에서 '아름다운 한 마리 말이 끄는 마차/그것이…무너지네, 그러나 닳아 없어지지는 않네'라고 노래한다.

> 당신이 바보가 아니라면 보일 걸세.
> 이것이 단번에 산산조각 났음이.
> 느닷없이, 처음엔 아무것도 없었는데,
> 그들이 터지는 순간은 거품과 같았네.

물론 '갑자기' 죽고 싶은 사람도 있을 것이다. 하지만 거의 모든 사람이 오늘날 많은 이가 그렇듯 오랫동안 고통스러워하며 쇠락해지는 것보다 짧게만 고통스러운 것을 선호하는 것처럼 보인다. 이런 개념은 이미 미국인 대부분에게 받아들여지기 시작했다. 그리고 이런 '병의 압축'을 훨씬 더 많은 이가 쉽게 접하고 있다는 증거가 있다.

변화의 증거 중 첫 번째는, 문제는 질병 자체가 아니라 신체의 쇠약함의 정도라는 것이다. 즉 나이 든 사람이 스스로 돌볼 수 있고 이 사회에 중요한 도움을 주는 일원으로 남을 수 있는지가 가장 중요하다는 깨달음이다. 나이가 들수록 근력과 골밀도 등이 더욱 중요해진다. 이와 관련해 연구에 연구를 거듭한 결과로 가장 잘 결론지어진 논문을 꼽자면, 네덜란드의 일군의 노인학자들이 1997년 〈사이언스〉에 발표한 논문을 들 수 있다. "초고령자들이 근력이 줄어들면 개개인이 죽기 전까지 독립적인 생활을 할 수 있는 가능성도 줄어든다." 여기에서 가장 중요한 말은 '죽기 전까지'다. 네덜란드 학자들의 논문이 발표되기 전부터 실시됐던 이런 연구들은 적절한 운동 프로그램을 통해 노년층의 무력함을 막을 수 있을 뿐 아니라 심지어 이들의 능력을 되돌릴 수도 있다는 사실을 보여주고 있다. 초고령자가 자신을 지속해서 돌보며, 주변 환경을 즐기고, 사랑하는 사람들을 돕는 세상을 상상해 보라. 이 모든 행복한 일이 죽음 직전까지 계속된다고 상상해 보라.

노인 문제에 경험이 상당히 많은 의사들조차도 놀란 사실은, 일련의 연구를 통해 노년층이라도 필요한 근력을 키우는 것이 어렵지 않다는 사실이 입증된 것이다. 초고령층의 경우, 고강도 근력 훈련과 단순한 웨이트 트레이닝 프로그램으로 6주에서 8주 안에 근력을 2배로 키울 수 있다는 사실이 지속해서 확인됐다. 운동과 장수의 상관관계는 어떤 의미에서는 새로울 것도 없다. 그러나 비교적 최근에 와서야 근력 소실이 노화된 우리의 몸에 장애를 일으키는 주요 요인임을 인식하게 된 것은 주목할 만하다.

〈미국의학협회저널〉 1990년 발표된 논문에 따르면, 터프츠대학교 연구원들은 86세에서 90세 사이의 고령층 여성 10명의 다리 근력을 평균 174퍼센트나 향상할 수 있었다고 한다. 이 놀라운 사실은 이후 초고령층 모두를 대상으로 한 수많은 연구로 검증됐다. 이런 근력 향상은 8주간의 고강도 웨이트 트레이닝 프로그램을 통해 달성됐다. 실험에 참가한 여성들은 모두 고질병을 앓고 있었지만, 이들 중 이 프로그램 때문에 부상을 당한 이는 단 한 명도 없었다. 여성들의 균형 감각은 향상됐고, 걷는 속도도 빨라졌다. 이후 실시된 수많은 확인 연구 속에서 측정법과 동작은 더욱 개선됐고, 이를 통해 저항력 훈련의 효과는 더욱 명백하게 드러나게 됐다.

터프츠대학교의 논문이 발표된 이후 이를 뒷받침하는 수많은 연구가 실행됐다. 2006년 2월 〈노화 및 건강 저널Journal of Aging and Health〉에 실린 논문을 예로 들어보겠다. 사우스캐롤라이나대학교의 노인학자들은 평균 연령 84세인 자원봉사자 64명을 운동을 하지 않는 그룹, 일주일에 2회 산책을 하는 그룹, 일주일에 2회 저항력 훈련을 하는 그룹의 세 유형으로 나누었다. 참가자들은 대체로 건강했지만, 일부 참가자는 운동을 하려면 지팡이와 보행기가 필요했다. 16주간의 연구 끝에 나온 결과는 지난 15년 동안 노인학자들이 발표한 논문을 읽어온 사람들에게는 전혀 놀라운 사실이 아니었다. 운동을 한 두 그룹이 얻은 이점은 다만 근력 향상에만 국한되지 않았다. 비활동적인 그룹에 비해, 이들은 상체 및 하체 근육이 강화된 것은 물론, 유연성, 균형력, 조정력 테스트에서도 향상된 모습을 보였다. 그리고 전혀 기대하지 않았던 보상도 얻게 됐는데, 이들은 연구를 수행하는 동안 수축 혈압이 낮아졌다. 연구원들은 이런 결과가 운동의 종류보다는 운동 그 자체에서 비롯된 결과일지도 모른다고 지적했다.

근력과 혈압, 기타 신체 기능을 향상하는 것은 해답의 일부분에 지나지 않는다. 두뇌도 상당한 집중력이 필요한 영역이다. 잘 알려진 것처럼 지속적인 지적 자극을 가하면 집에 꼼짝 않고 있거나 시설에 수용돼 있는 노인들의 마음을 앗아가는 무감정과 인지저하증의 폐해를 피할 수 있다. 이 세상에 있는 책을 모조리 읽고 박물관을 탐험한다고 해서 중·경증의 뇌졸중 발생을 줄일 수는 없다. 하지만 이런 지적 활동은 시냅스를 유지하고, 나이와 상관없이 새로운 뇌세포를 만들어낸다. 이런 활동은 우리를 기민하게 유지해 주고, 정신적으로 생기 있고 호기심 넘치도록 해준다.

이렇게 원기 넘치는 정신적·육체적 운동과 같은 요인이 나이 든 사람들에게 큰 도움이 된다면, 만약 그들이 급속한 노화가 이뤄지는 시기보다 훨씬 전에 운동을 시작한다면, 상황은 얼마나 더 좋아질 수 있을까? 20대 후반에 시작되는 육체의 변화는 처음에는 미미하지만, 서른 살 무렵이 되면 되면 점점 속도를 내게 된다. CT 촬영은 줄어든 근육의 밀도와 쪼그라든 허벅지의 종단면은 물론, 근육 사이에 증가한 지방질과 같은 노화의 증거를 보여줄 것이다. 그리고 50세가 되면, 노화는 급격해진다.

근력 소실은 고령자의 독립성을 제한하는 요소이며, 대부분의 사람이 깨닫기도 훨씬 이전부터 우리의 여생에 심각한 영향을 끼친다. 그래도 힘을 내자. 피트니스 전문가의 말에 따르면, 초고령층(85세가 넘은 사람들)과 함께 시작한 연구가 더 젊은 대상으로 확대됐는데, 실제로 아주 새로운 결과가 나왔다고 한다. 그러니까 그들의 주장에 따르면, 그런 악화가 나이 든다고 해서 꼭 일어나는 것은 아니다. 그 열쇠는 우리 몸에서 산소부채가 발생하는 활동인 무산소 운동에 있다. 조깅, 트레드밀 위에서 달리기, 자전거 타기 혹은 고정형 자전거 타기와 같은 유산소 운동은 심장과 폐에 확실히 효과가 좋다. 하지만 근력의 쇠약함을 피하려면, 웨이트 트레이닝으로 시행하는 저항력 훈련이 가장 좋다. 아메리칸칼리지 스포츠의학과는 저항력 훈련의 확실한 효과에 큰 영감을 받아, 이제 50세 이상에게 웨이트 트레이닝을 권장하고 있다.

웨이트 트레이닝은 유산소 운동만을 할 때 얻을 수 있는 이점을 뛰어넘는 혜택을 준다. 웨이트 트레이닝은 걷기, 달리기, 수영 같은 활동보다 더 많은 칼로리를 소비한다. 심한 운동은 근섬유를 파괴하지만, 신체의 타고난 회복 과정이 이를 재건한다. 우리가 더욱 강력한 힘을 가지려면 상당한 에너지가 필요하기 때문에 웨이트 트레이닝을 하면 칼로리를 더 많이 태우게 된다. 그뿐 아니라, 새로운 근육은 그것을 유지하는 데에만 1파운드당 30칼로리에서 40칼로리가 필요하다. 이는 우리가 완벽한 휴식을 취할 때도 마찬가지다. 젊어서든 나이 들어서든 우리가 하루라도 일찍 가까운 헬스장으로 가야 할 이유가 바로 여기에 있다.

전형적인 헬스장의 분위기를 생각하면, 이런 운동이 정신을 향상하려는 생각에는 도움이 안 되리라고 생각할지도 모른다. 하지만 잘못된 생각이다. 최근 연구 결과에 따르면, 나이 든 사람이 유산소 운동을 하면 뇌세포의 감퇴를 막고, 뇌 기능을 향상할 수 있다고 한다. 이것은 2장에서 언급한 뇌 유래 신경 성장인자의 수치가 증가하기 때문이다. BDNF는 시냅스의 수량을 늘리고, 두뇌 내 새로운 모세혈관의 발달을 증진하며, 활성산소 때문에 발생하는 뉴런의 손상을 막는다. 게다가 BDNF가 성인 줄기세포에서 새로운 뉴런을 생성한다는 증거가 있다. 희소식은 거기에서 그치지 않는다. 웨이트 트레이닝에 유산소 운동까지 병행한 사람들을 연구한 것에 따르면, 이 두 가지 운동을 병행하면 단독으로 유산소 운동을 했을 때보다 인지 능력이 훨씬 더 향상된다고 한다.

연령대를 불문하고, 사람들은 이런 발견을 알고 있어야 한다. 특히 나이 들어가고 있는 사람들은 이런 사실들을 알고 말 그대로 달려야 한다. 연구에 연구를 거듭한 결과에 따르면, 심신의 운동은 수명은 물론 독립성을 연장하는 열쇠다. 일간지 독자들이라면 중년기 혹은 노년기에 원기 넘치게 활동하는 것이 장애나 질환의 상당 부분을 책임지는 근력 소실을 막거나 적어도 상당히 줄인다는 사실을 보여주는 수많은 기사를 읽었을 것이다.

지적 능력을 유지하는 최고의 길은 이를 계속 활용하는 것이라고 이미 언급했다. 하나의 세포에서 다른 세포로 충동을 전달하는 시냅스의 기능은 우리가 이를 빈번하게 사용할수록 강화한다. 시냅스는 변화하는 능력이 있는데, 시간이 지날수록 더욱 효과적이고 강력하게 변한다. 이것은 신경세포에도 적용된다. 신경과학자들이 '전기 발생'*이라고 부르는 충동을 생성하는 신경세포의 능력은 우리가 여기에 어떤 변화를 일으키느냐에 따라 반응이 달라진다. 전기 발생 기계류는 세포에 도달하는 자극의 발생 빈도에 따라 더 낮게 만들 수 있기 때문에, 전기 활동의 패턴도 바꿀 수 있다. 당신은 이

---

* 생체의 세포 조직에서 전기를 만들어내는 활동.

책을 비롯해 다른 책들도 많이 읽어야 할 것이다. 그럼 시냅스를 강화할 수 있고, 전기 발생 또한 증진할 수 있다.

사용하라, 그렇지 않으면 잃게 되리라

이 모든 이야기는 유명한 칼럼니스트였던 앤 랜더스Ann Landers가 생전에 종종 하던 충고와 맥을 같이 한다. "사용하라, 그렇지 않으면 잃게 되리라." 이 말은 모든 사람이 일상에서 관찰할 수 있는 것을 분명히 보여준다. 그러니까, 활동적인 사람이 더욱 활동적으로 사는 법이다. 우리는 생산성의 열쇠가 생산성이라는 사실을 아주 오래전부터 알고 있었다. 랜더스의 말이나 각종 실험과 학자들의 연구는 그런 사실을 재확인해 준 것에 불과하다.

우리가 파악하지 못했던 것은 세부사항이다. 처음에는 점진적으로 이뤄졌지만, 이제는 아주 빠르게 과학자뿐만 아니라 피트니스 전문가까지도 우리 자신을 지키려면 필요한 세부 사항을 배우고 있다. 고령자들만이 아니라, 인생의 후반전에 찾아오는 쇠약함에 별로 제약을 받지 않는 나이대의 사람들까지도 그렇게 하고 있다. '사용하기'가 우리의 인생을 연장하지는 못하더라도 마음과 근육의 원기 넘치는 활동은 더 나은 나이 듦, 혹은 노인학자들이 병의 압축이라고 부르는 과정의 비법이 될 수는 있을 것이다. 장기적인 목표는 인생의 종점에 도달하는 곡선이 괴롭게 서서히 하강하는 것이 아니라, 수평을 유지하다가 거의 직각에 가까운 각도로 수직 낙하하는 모습이 되도록 하는 것이다.

운동이 기대 수명에 좋은 효과를 미친다는 일화나 통계적 증거는 오랫동안 풍성하게 축적됐다. 예를 들어, 1916년에서 1950년 사이에 하버드대학교와 펜실베이니아대학교를 졸업한 남성 졸업생 5만 2,000명을 장기적으로 조사해 1998년 그 내용을 발표한 결과에 따르면, 일주일간 열정적인 활동을 하며 수년간 최소 2,000칼로리를 소비한 35세에서 74세 사이에 해당하는 남성들은 활동성이 떨어지는 남성들보다 심혈관 질병을 앓거나 사망에 이를 위험성이 25퍼센트가량 낮았다. 그뿐 아니라, 대학교 졸업 후 오랫동안 활동적인 삶을 살아온 남성들은 중년에 운동을 그만둔 사람들보다 건강이 더 나았다. 소파에서 뭉개며 지내는 사람들은 다음과 비슷한 뉘앙스의 제목으로 발표된 기사나 논문에 주목해야 한다. '스포츠 유행과 건강, 그리고 장수의 역사.'

당신이 내가 남에게 충고만 하고 남의 충고를 듣지 않는 사람이라고 생각하지 않도록, 나는 여기에서 내 경험을 풀어놓으려 한다. 일단 내가 운동을 시작할 때 고분고분하지 않았다는 점을 밝혀야겠다. 나도 다른 사람의 말을 잘 못 믿고, 머뭇거리며, 갈팡질팡하는 우유부단한 부류의 사람이었다. 앞에 나왔던 이야기들에 나 역시 상당히 깊은 인상을 받았지만 선뜻 발을 내딛거나 할 생각을 하지 못하고, "음, 당신에겐 상당히 좋겠네요, 하지만…"이라고 말하는 사람들처럼 말이다. 그러나 나는 마음을 바꿨고, 운동에 열정적으로 뛰어들었다. 나는 내 나이 든 몸을 이끌고 일주일에 세 번 체육관에 가서 운동하며 땀을 흘렸다.

장성한 아들한테 이런 소리를 듣고 싶어 하는 사람은(특히 외과의

만큼 허영기가 있는 사람이라면 누구라도) 아무도 없을 것이다. "아버지, 테니스 바지 좀 길게 입으시면 어떨까요? 아버지 대퇴사두근이 예전 같지 않아서요." 오랜 테니스 파트너를 네트 너머로 바라보며 '내 다리가 뼈만 앙상한 닭다리처럼 보이기 시작했군' 하고 깨닫고 나니, 30대 아들이 좋은 의도로 해준 충고에 약간 주눅이 들었다. 나는 이제야 귀가 따가울 정도로 아내가 해대는 잔소리에 귀 기울일 때가 왔다고 결심했다. 아내는 매일 아침 5시에 일어나 동네 체육관에서 바벨을 들어 올리고, 자전거를 타고, 트레드밀을 달렸는데, 그렇게 한 지 일주일 만에 날씬해진 것이다.

며칠 후, 나는 집에서 약간 떨어져 있는 '인 셰이프 피트니스센터 In Shape Fitness Center'라는 헬스장에 등록했다. 초심자에게는 롤 모델이 필요하다는 원칙에 충실해, 나는 오해를 살 만큼 친절한 트레이너를 발견했고, 그에게 당신처럼 되고 싶다고 말했다. 내가 그보다 무려 서른다섯 살 연상이란 사실을 우아하게 무시해 준 이 운동 멘토는 내 말을 있는 그대로 받아들여줬다. 몽상가가 되기엔 너무 늦었다는 것을 알면서도, 나는 데이브와 힘을 겨루는 환상을 품었다. 그러나 내 당면 목표는 내 다리를 원래 모습으로 되돌리고, 점점 나오는 배를 납작하게 하는 것이었다.

데이브는 긴 측정 리스트를 가져와 연신 계산하더니, 저항력 및 심혈관 훈련 프로그램을 짰다. 심장이 졸도할 만한 프로그램은 아니었지만 데이브의 이런 모습은 그가 점잖은 태도를 갖췄으면서도, 단호함을 지닌 젊은이라는 걸 느끼게 해줬다. 그는 헬스장 안에 나를 풀어놓으며 우리가 6주 후 다시 만나게 될 때 진전이 있기를 기대한다고 훈계했다.

　이때 수술실에서 30년을 보낸 덕에 생긴 강박증이 도움이 됐다. 나는 이 6주를 열심히 채웠고, 그 이후로도 쭉 운동하는 습관을 종교처럼 삼고 있다. 헬스장에 있는 남자들은 전부 20대, 30대인데, 그들이 나보다 두 배나 더 무거운 아이언을 든다는 사실에 신경을 써야 할까? 스물한 살 청년이 사용한 기계를 내가 바로 뒤이어 사용할 경우, 리프팅하기 전 최소 15킬로그램을 빼내야 했다는 사실에 마음이 상해야 할까?

　내 첫 번째 보상은 데이브가 6주마다 하는 검사의 두 번째 시도부터 나타났는데, 이후로도 그 보상은 지속됐다. 땀을 흘리고 스트레칭을 한 첫 8개월 동안 지방은 4킬로그램 줄었고, 근육은 2.7킬로그램 늘었다. 허리 사이즈는 2인치가 줄었고, 가슴은 1.5인치가 넓어졌다. 내 몸의 지방질은 21퍼센트(피트니스 차트에 따르면 '용인 가능한 범위')에서 16퍼센트('건강한'과 '적절한' 범주의 중앙에 해당)로 떨어졌다. 데이브가 짜준 식단을 기꺼이 무시하고, 기존의 식습관을 조금도 바꾸지 않았지만 변화가 일어난 것이다. 실제로 나는 '건강해졌다.' 30대 이후엔 달릴 수 없었던 테니스 코트를 달리는 내 자신을 발견했다. 아들이 다음번에 찾아왔을 때, 나는 가슴과 배에 새로 생긴 탄탄한 근육을 보여주려고 짧은 반바지를 입었다. 그쯤 되니 흉근과 복근이라고 부를 수 있었다. 나이 든 사람들이 마지못해서라도 운동을 하면, 잦은 근육통과 통증이 사라지거나 줄어드는 예상치 못한 배당금을 받는다.

　그러나 두 가지 실망한 점도 고백해야겠다. 꾸준한 운동이 콜레스테롤 수치를 떨어뜨린다고 해서, 나도 일정 시간 혈압을 측정했다. 그러나 내 콜레스테롤 수치는 처음에 약간 떨어진 후, 다시 예전 수준으로 올라갔고 현재도 그 수준 그대로 머무르는 중이다. 테스토스테론에 관한 이야기도 있다. 그동안 내가 읽은 기사들에 따르면, 무산소 운동이 테스토스테론의 농도를 올린다고 했다. 내 경우에도 운동을 시작한 지 네 번째 달에 수직 상승했고, 그 후에도 지속해서 올라갔다. 그렇다면 나는 테스토스테론에 힘입어 피가 끓어올라야 했다. 그러나 성욕은 그대로라는 사실을 깨달은 후 호르몬전문가 친구에게 문의했다. 그는 조심스레, 격렬한 운동은 테스토스테론과 결합하는 단백질 분비를 늘리고 이 때문에 혈압이 올라간다는 서글픈 뉴스를 털어놓았다. 그러나 갇혀 있는 테스토스테론 분자는 갇혀 있는 종마와 같아서 무리와 함께 내달릴 수 없다고 했다. 진짜 일하는 것은 '자유 테스토스테론'인데, 내 자유 테스토스테론은 10퍼센트 이상 오르지 않았다. 나는 남성호르몬 수치를 다시는 체크하지 않았다.

여기서 분명히 해둘 필요가 있는 사실들이 있다. 내가 체육관에 다니게 된 동기는 사실 건강 그 자체보다는, 분명히 허영심과 관계가 있었다. 그러나 그렇다고 해서 결과에 차이가 나는 건 아니다. 매력적인 사람이 되고 싶다는 욕망이 수단이 될 수도 있지만, 진정한 목표는 결과다. 허영심은 쓸모가 있어서, 노년의 욕구 때문에 브라운 세카르는 기니피그의 생식선에 관심을 쏟고, 나는 내 몸에 관심을 쏟게 됐다. 오랜 세월 땀을 흘리고 스트레칭한 결과, 나는 기동성과 조종 능력, 근력, 체중 조절 효과를 얻었고, 운동이라는 결심을 고집스레 지키면서 내가 얻게 된 것을 떠올릴 때마다 우쭐한 자부심까지도 함께 느낄 수 있었다. 그리고 증가한 BDNF는 시냅스와 뉴런에 언제나 놀라운 효과를 미친다. 여러 의학 잡지에서 읽은 논문에 따르면, 활기찬 운동은 우울증의 빈도와 정도는 물론 특정 암의 발병률도 줄인다는 통계적 증거가 있다. 운동을 시작한 후 나는 예상치 못한 보너스를 얻게 됐다. 사실 허영심과 자부심의 경계는 모호하다. 그래서 계속 헬스장에 다닐 수만 있다면, 그 동기는 별로 중요하지 않다고 생각한다. 그러나 그때 이후로 나는 운동이 건강한 삶에 상당히 중요하다고 생각하게 됐다.

금연, 적절한 식단, 특정한 의학적 수단(예를 들어, 매일 비타민이나 칼슘 보충제, 어린이 아스피린 등을 복용하는 것)과 같은 치료법과 활기찬 운동이 주는 혜택은 수십 년이 넘는 시간이 흐르는 동안 사람들에게 알려졌기 때문에, 미국인 수백만 명은 이런 삶의 방식을 고수하고 있다. 이런 혜택들은 이제 통계적 수치로 측정돼야 한다. 실제로 이런 혜택이 병의 압축을 가져왔을까? 1982년부터 1999년에 걸쳐 연구자들이 성인 남녀를 연속 추적 조사한 결과에 따르면, '그렇다'고 한다. 2002년 12월 〈미국의학협회저널〉에 발표된 논문에 따르면, 활동적인 사람에게서는 신체적·인지적·감각적 제약이 점점 줄어든다고 한다. 그뿐 아니라 노인용 시설에 수용된 병약한 65세 인구의 비율은 7년간의 연구 기간 동안 6.3퍼센트에서 4.5퍼센트로 감소했다. 이와 비슷한 결과를 보여주는 논문은 많다. 그중에는 평균 연령 65세의 펜실베이니아대학교 동창생들의 건강 상태를 연구한 사례가 있다. 이 연구에 따르면, 연구를 시작할 당시 운동하지 않고 흡연했던 그룹과 비교해, 운동하고 금연했으며 정상적인 신체용적지수를 가지고 있던 그룹의 경우, 쇠약한 상태가 평균 7.75년 뒤로 연기됐다고 한다.

이런 경향은 인구 변화에서도 자주 보인다. 보건복지부와 상공부가 합작으로 만든 〈미국의 65세 이상 인구: 2005〉라는 정부 보고서에서는 이런 노년층 연구를 총체적으로 정리할 수 있는 사실들이 잘 드러나 있다. 2005년 12월에 발간된 이 보고서는 미국인구조사국에서 수집한 정보를 활용해, 세계에서 가장 산업화된 나라인 미국의 현재 및 미래의 노년층 인구에 대한 총람을 제시하고 있다.

전체 보고서는 첫 장에 나오는 단 한 줄로 요약해 볼 수 있다. "노년의 인구가 바야흐로 붐을 이루려 한다." 이 말은 인구의 숫자가 붐이 일어나는 것뿐만 아니라, 나이 든 사람들의 건강, 교육, 부, 심지어 낙관론에서조차 붐이 일어난다는 것을 의미하고 있다. 사회 문제에 별 관심이 없는 사람조차 확실히 알아볼 수 있는 이런 붐 현상은 한동안 계속 진행될 것이다. '붐'이란 단어는 정말 제격처럼 보인다. 노년층이 수치상으로 증가하는 가장 큰 이유는 1946년에 떠오르기 시작한 베이비붐 세대의 노령화 때문이다. 오늘날 미국 노년층의 평균 건강 및 사회·경제적 수준은 이전 세대와는 확연히 다르며, 이런 모습은 앞으로 수십 년간 더욱 두드러지게 될 것이다. 이 보고서 내용의 대부분은 수명을 다루고 있지만, 삶의 질이 개선되고 있다는 증거도 곳곳에 보인다.

이 보고서에 따르면, 65세 이상 미국인의 수는 2030년이 되면 7,200만 명에 이를 것으로 예상(그 시기 인구의 20퍼센트를 차지하게 될 것이다)된다. 2050년이 되면 8,670만 명이 될 것인데, 이는 2003년 3,600만 명에 비해 훨씬 높은 수치다. 베이비붐 세대를 제외하더라도 초고령층의 수는 급증하고 있다. 2003년에 이미 470만 명을 넘어섰으며, 2030년에는 1,000만 명, 2050년에는 2,100만 명에 이를 것으로 예상된다. 100세 이상도 이와 비슷할 것으로 예상된다. 앞서 이미 언급한 대로, 100세 이상의 미국인은 1990년 3만 7,000명에서 2000년에는 5만 명으로 증가했다. 현재 미국인의 64퍼센트는 최소 75세까지 생존하며, 이 중 35퍼센트는 최소 85세까지 생존한다. 그뿐 아니라 남아 있는 기대 수명도 모든 노년층에서 증가하고 있다. 평균 75세 미국 남자는 현재 10년 이상 더 살 수 있으며, 그의 쌍둥이 여자 형제는 12년 이상 더 살 수 있다.

65세 이상 인구의 증가는 젊은이들의 인구 증가 속도보다 빨라, 현재 인구 8명당 1명을 차지한다. 이 모든 것들은 당연히 늘어나는 기대 수명에 반영돼 평균 기대 수명은 1900년 47.3년에서 2004년 77.9년으로 증가했다. 즉, 2004년 태어난 여아는 80세까지 살 수 있으며, 남아의 경우 75세까지 살 수 있다. 이 수많은 변화는 노년 인구의 사망률 감소에 기인한다(이는 젊은이들의 인구 증가 원인과 상당히 다른데, 젊은이들의 인구 증가는 영아 및 유아의 사망률의 감소에 상당 부분 기인하고 있다).

첫 번째 베이비붐 세대가 2011년에 65세가 되었다는 사실 때문에 이런 수치가 가중되기는 하겠지만, 사실 이들은 이런 수치의 전체적인 근거와는 거리가 있다. 이 보고서에 따르면, '미국인들은 그 어느 때보다 더 건강하고 오래 산다.' 주요 사망 요인인 심장병의 발병률과 사망률이 지속해서 떨어지고 있다. 이런 감소는 노년층 사망률의 전반적인 감소에 있어서 사실상 가장 중요한 요인이다. 게다가 이전 장에서 언급했다시피, 질병의 평균적인 발병률과 기능이 제한되는 현상 또한 상당히 줄었다. 보고서는 다음과 같이 밝히고 있다. "삶의 질을 논의하기 위해, '독립생활 기대 수명active life expectancy: ALE'이란 개념을 사용해 질병 없이 평균적으로 살 수 있는 예상 수명을 측정한다. ALE를 포함해 다양한 측정 및 분석 도구를 사용하는 최근의 연구는 현재 노년층이 더 오래 사는 것은 물론, 그들의 전 세대보다 더 건강하고 덜 무기력하게 생활하고 있다고 결론짓고 있다."

이런 변화는 노년층의 높아진 사회·경제적 위상과 순자산 등의 요인 때문에 가능해졌다(예를 들어, 1959년 빈곤선 이하 노년층 인구가 35퍼센트였던 반면, 2003년에는 10퍼센트로 감소했다. 게다가 65세 이상 가구가 벌어들이는 수입의 중앙값은 1967년 1만 2,882달러에서 2003년 2만 3,787달러로 상승했는데, 이는 인플레이션을 감안한 수치다). 개선된 식단(식품의 수입을 비롯해 더 나은 교육 수준, 의료 과학과 대중의 높아진 영양 지식이 반영되면서 향상된 생활 수준에서 기인한다), 신체적·지적 활동 및 기타 긍정적인 행위의 중요성에 대한 폭넓어진 이해, 흡연률 감소(담배는 젊은 층보다 노년층에게 훨씬 더 위험하다. 장기간 지속된 니코틴 중독은 이미 발병한 질환을 악화시키는 것은 물론, 노년층에서 종종 찾아볼 수 있는 고질병에도 영향을 미치기 때문이다), 생물학과 노화의 의학적 결과에 대한 끊임없는 과학적 연구 등의 요인도 이런 변화에 공헌했다. 앞서 언급한 대로, 20세기 전반부에 인간의 수명이 늘어나고 전반적으로 체력이 왕성해지는 데에 기여한 중요한 인자로는 예방주사, 수질 정화, 더욱 나아진 주거 환경, 개선된 의복, 강화된 위생 관념에 따른 공중위생 개선 등이 있다. 최근 몇십 년간 환자에게 도움이 돼온 의학의 발전은 더욱 중요해지고 있고, 이는 암, 폐 질환, 뇌졸중, 당뇨, 고혈압, 골다공증, 신부전증, 알츠하이머, 인지저하증, 관절염 같은 고질적인 병에 대한 효율적인 치료법을 약속하고 있다. 고질병을 막으려는 노력은 특히 삶의 질이라는 문제에서 중요하다. 노인 인구의 80퍼센트는 고질적인 질환을 최소한 한 가지 이상 앓고 있으며, 50퍼센트는 최소 두 가지 질환을 앓고 있다.

건강한 라이프 스타일과 운동에 대한 관심이 증가한 것을 제외하더라도 여러 요인이 이렇게 통계에 유익하게 기여하고 있다. 그럼에도, 노인학자와 동료 노인병 전문의가 이 두 가지를 장려하는 이유는, 이 비교적 간단한 방법이 그들의 목표 달성에 주요한 역할을 하고 있기 때문이다. 이런 수치는 낙관적으로 볼 만하다. 미래에는 노년층 중 요양원에서 살거나, 남에게 도움을 받아야만 일상생활을 할 수 있는 인구가 훨씬 줄어들 것이기 때문이다.

한정된 자원인 시간 속에서(우리가 언제 자원이 한정되지 않은 시대에 살았던 적이 있었던가?) 자기만의 생각에 골몰해 120년 이상 살 수 있도록 삶을 연장하겠다는 환상적인 목표를 세우기보다는, 인생 후반전의 질을 향상할 수 있는 지적·재정적 자본을 월등히 늘려야 할 것이다. 우리가 나이 든 사람들이 활기찬 상태를 유지하도록 돕는다면, 늘어나는 노인 인구는 우리 사회에 상당한 기여를 할 것이다. 현대판 브라운 세카르의 환상에 돈을 퍼붓거나(호르몬과 태아 세포를 주사로 맞고 산화방지제를 복용하는 클리닉에 다니는 등), 분자 조작으로 영생을 약속하는 열정적인 과학자들을 키우려고 막대한 돈을 투자하는 어리석은 짓을 하는 대신, 우리는 주변의 노인 인구를 살피고, 그들의 욕구와 우리의 욕구가 무엇인지 깨달아야 할 것이다.

일부 나이 든 사람들은 양질의 삶에 대한 잠재적 투자가치를 이미 보여주고 있다. 그들 중 상당수가 병의 압축, 약해지는 시기가 늦어지는 것(그리고 늘어나는 수명이)이 주는 혜택을 충분히 누리고 있기 때문에, 우리는 쉽게 그런 예를 찾아볼 수 있다. 그저 주위를 둘러만 봐도 우리는 그런 과학적 객관성을 제시할 통계적 연구를 확인할 수 있다. 우리가 일상생활에서 마주치는 나이 든 사람들은 한 세대를 먼저 살았던 그들의 선배들보다 훨씬 젊어 보이며 또 젊게 행동한다. 우리는 이들이 커리어에서 높은 위치까지 올라가면서 사회에 도움을 주며, 스스로 보상받는 삶을 사는 모습을 그전보다 훨씬 자주 본다. 그들은 지식과 자산을 이용할 수만 있다면, 우리가 어떤 삶을 살 수 있는지 모범적인 사례를 보여준다.

인생의 마지막까지 열정을 놓지 않는 삶

2002년 12월 여든일곱 살의 나이에 사망한 이매뉴얼 패퍼 Emanuel Papper는 나와 가장 가까우면서도, 내가 가장 존경하는 친구였다. 영웅적인 행동으로 은성 훈장을 받은 공군 의료 장교였던 그는 제2차 세계대전 당시 폭격기 고장 때문에 횡격막과 복부에 내부 손상을 입었고, 그 뒤로도 이를 완전히 회복하지 못했다. 당시 마취학이 비교적 발달 초기라는 것을 깨달은 그는 마취학을 공부하기로 결심했다. 그는 기초과학 연구의 원칙을 임상 치료와 레지던트 트레이닝에 도입했다. 이건 그를 비롯한 극소수의 선구자들이 1950년대에 대학교 연계 병원에 들여온 새로운 접근방식이었다. 모교인 콜롬비아대학교의 마취학과장이었던 그는 전 세계 동료 의사들의 관심을 불러일으킨 프로그램을 구성했다. 많은 사람이 그곳을 방문해 그의 방식을 배운 후 자신들의 병원과 대학교로 돌아갔다.

25년간 미국 최고의 의과대학교에서 자신의 전문 분야를 가르쳤던 패퍼는 이후 마이애미 의과대학교 학장 직위를 수락했다. 일흔 살의 나이로 퇴직하기까지, 그는 그곳에서 14년간 재직하며 마이애미 의과대학교의 학문적 수준을 상당히 끌어올렸다. 그는 오랫동안 레지던트와 의대생에게 마취학을 가르쳤지만, 그의 넘치는 호기심이 새로운 도전으로 그를 이끌었다. 그는 영문학 박사과정에 입학해 일흔여섯 살의 나이에 박사 학위를 받았다. 그가 몰입했던 낭만파 시인에 관한 논문은 그의 남은 생애 동안 다재다능한 자신에게 지적인 영양분이 돼줬다. 그는 지속해서 19세기 초기 작가들의 작품을 파고들었는데, 그들의 초판을 한번 손에 넣자 그의 컬렉션은 순식간에 무서울 정도로 불어났다. 그의 지적 관심은 폭넓었는데, 여기에는 종교, 고전음악, 각종 명화에 대한 연구, 그가 만나는 다양한 사람들이 추진하는 프로젝트에 대한 상당한 호기심까지 담겼다.

학문적인 삶을 살았지만 이매뉴얼 패퍼는 몸을 절대로 방치하지 않았다. 그는 정기적으로 열심히 운동했고, 세상을 떠나기 몇 년 전까지도 열정적으로 테니스를 쳤다. 그를 만나려고 마이애미를 찾은 사람들은 누구나 헬스장에 끌려가는 듯했다. 나중에는 사람들과 함께 긴 시간 동안 활기차게 산책을 하곤 했는데, 그보다 훨씬 젊은 사람들조차 그가 피로해 하기 전에 먼저 나가떨어지곤 했다.

80대 중반이 되자, 그는 점점 숨이 가빠졌고 예전보다 훨씬 더 쉽게 피곤을 느꼈다. 오래전 전쟁에서 입은 상흔 때문에 받아야 했던 복부 수술이 여러 가지 합병증을 낳았지만, 그는 금방 회복해 운동을 다시 시작했고, 지적인 호기심 또한 절대로 늦추지 않았다. 어느 날 검사 결과, 구멍 난 심장판막 때문에 호흡 곤란이 왔음이 드러나자, 그는 그 증세를 치료하려고 필요한 위험천만한 수술을 감행하기로 결심했다. 호흡 곤란은 삶의 즐거움을 방해하기 때문이었다. 그는 어깨 부상으로 그 몇 년 전에 마지못해 테니스를 포기했지만, 여전히 웨이트 트레이닝과 산책은 즐기고 있었다.

2001년 9월 11일에 발생한 테러로 이슬람에 대한 패퍼의 오래된 관심에 불이 붙었다. 그는 여느 때와 같은 강도로 공부하기 시작했고, 결국 오랫동안 위원으로 있던 아스펜 재단에서 이 주제에 대한 컨퍼런스를 열기까지 이르렀다. 2002년 12월 어느 오후(그는 심장 수술을 몇 주 앞두고 있었다), 이슬람 역사의 난해한 문제에 대한 해결책을 찾겠다는 희망으로 인터넷을 검색하던 도중, 패퍼는 갑자기 시야가 흐려진다고 호소한 후 의식을 잃고 바닥에 쓰러졌다. 일곱 시간 후, 그는 과다 뇌출혈로 사망했다.

물론 이매뉴얼 패퍼의 사례는 의지력과 재력이 주어진 경우에 가능한 드문 예다. 그는 좋은 배경과 개인적인 추진력은 물론, 자신이 바라는 거대한 희망을 채우면서 수년간 살 수 있는 재력을 갖추고 있었다. 그러나 그의 사연이 일러주는 가장 중요한 교훈은, 그가 즐긴 삶이 그리 흔한 것은 아니라 해도, 우리의 삶이 이 정도까지도 가능하다는 사실이다. 필요한 것은 우리가 삶의 질을 높이는 것은 물론 어쩌면 그 양까지 늘리면서 질병을 예방하는 비교적 간단한 원칙을 이해하는 일이다. 이와 더불어 나이 드는 모두가 스스로 예방할 수 있도록 몸과 마음의 기능이 떨어지는 원인을 지속적이고 집중적으로 연구하는 일 또한 필요하다. 이는 우리가 태어나는 그 순간부터 합류하게 되는 영역이기 때문이다. 정부는 거만한 태도로 영생을 찾는 데에 돈을 퍼부으며 낭비하는 것보다, 이런 연구에 돈을 쓰는 것이 훨씬 현명할 것이다.

일부 나이 든 사람들이 부분 가발이나 전체 가발을 쓰면 조금 더 젊어 보일 거라고 믿는다고 해도, 그건 우리가 비웃을 일이 아니다. 우리는 그런 행위를 그저 젊음을 유지하고 싶은 소망의 표현으로 보면 된다. 어쩌면 이런 소망이 오랫동안 가지고 있던 안 좋은 습관을 바꾸고 헬스장의 회원권을 구입하게 유도하는 첫 단추가 돼줄 것이다. 허영이란 아이들에게 시리얼을 먹이려고 들어 있는 건포도나 마찬가지이며, 자부심이란 아이가 시리얼을 계속 먹도록 하는 그 풍성한 맛과 같다. 내 동창이 계획했던 음경 보형물 삽입술 말인데…그게 그렇게까지 나쁜 게 아닐지도 모른다는 생각이 슬금슬금 드는 건 오직 나 혼자뿐인 것일까?

지혜는 말할 때보다 경청했을 때
얻을 수 있는 보상이다.
- 마크 트웨인

9.
지혜

어떻게 지혜를 얻을 것인가

나이 듦을 이야기하는 책에서 지혜를 고찰하는 것은 가치 있는 일이다. 오랜 세월을 산 덕분에 수많은 혜택을 누리는 한 사람으로서, 나는 지루한 설명을 하고 싶은 강렬한 유혹을 떨칠 수 있기를 바라면서도, 기꺼이 지혜를 고찰하려고 한다.

나이를 먹는다고 쉽게 지혜를 얻는 것도, 젊다고 지혜를 얻지 못하는 것도 아니라는 사실을 너무나 잘 알고 있으면서도, 모든 문화는 지혜를 나이 든 사람들과 연결한다. 그러나 나이 많은 이들 대부분은 절대로 지혜를 얻지 못할지도 모른다. 나이가 들어도 어리석으며, 어떤 이들은 나이가 들었다고 말할 수 있기 훨씬 전부터 어리석었기 때문이다. 살아온 세월에서 지혜를 이끌어내고 싶다면 일찍부터 지혜라는 품성과 사귀어서 우리가 되려고 노력하는 모든 것들 속에 지혜를 담아야 한다.

나이 든다는 것이 그렇듯이, 지혜를 얻는다는 것도 계속해서 진행되는 일종의 과정이기 때문에, 지혜를 얻는 것의 성공 여부는 바로 그 전 단계들에 달려 있다. 한 사람이 지혜를 키우려면 대체로 오랜 시간이 필요하기 때문에(물론 젊은이들 중에서 지혜가 있는 예외가 있지만) 나이 많은 사람이 젊은이보다 좀 더 현명하다는 이야기는 일반적으로 타당할 것이다. 지혜가 나이의 영역이란 믿음은 많은 문화에 반영돼 있다. 그러나 그 어떤 언어에서도 히브리어만큼 직접적으로 반영돼 있지는 않다. 히브리어로 '나이 든'이라는 뜻을 의미하는 'zaken'은 'zeh kanah hokhmah'라는 표현의 약어로, 글자 그대로 해석하면 '이것은 지혜를 얻었다'라는 뜻이다. 나이가 꼭 지혜를 가져오는 것은 아니지만, 그럼에도 나이가 들수록 지혜가 필요하다. 인생의 전반전에는 세상이 알아서 척척 돌아가는 것처럼 보인다. 이때에는 인생의 후반전을 살아가려면 꼭 필요한 세상에 대한 지속적인 관심과 세심한 주의 따위가 필요하지 않다. 젊을 때는 실수를 쉽게 따라잡을 수 있고, 잘못된 걸음을 쉬이 다시 내디딜 수 있다. 그러나 나이가 들면 두 번째, 세 번째 기회는 없다. 나이가 들면 삶의 균형을 맞추고 전진하기 위해 그전까지 훌륭하게 작동해 왔던 보상적 재적응을 사용할 수 없는 상황이 온다. 하지만 나이 든 사람들은 그럼에도 불구하고 살아나가는 법을 반드시 배워야만 한다. 마이클 드베이키가 분명히 말한 것처럼, 우리는 자동평형장치를 대신할 도구로서 지혜를 사용해야 한다. 만일 우리에게 지혜가 있다면 말이다. 시간이 흐르는 동안 지혜를 쌓지도 않았으면서 반드시 나이가 들면 자연스럽게 보상을 받을 것이라고 가정한다면, 지혜를 얻을 수 없다. 우리의 나날이 길어진 덕분에 지혜를 얻는 데 좀 더 시간을 벌 수 있게 되기는 했지만, 인생이 이렇게 길어지기 수십 년 전에도 우리는 지혜를 얻어왔다.

지혜에 도달하는 지름길을 찾는 방법을 질문받는다면, 나는 주저하지 않고, 의식적으로든 무의식적으로든 우리가 지혜롭다고 믿는 사람들을 본받아야 한다고 말할 것이다. 난감한 문제가 닥쳤을 때, 우리가 존경하고 따르는 사람들이라면 어떻게 해결했을지 한 번이라도 생각하지 않은 사람이 우리 중에 있기는 할까? 우리는 지혜로운 사람들을 만나면, 마치 샘의 수원을 알아보듯, 그런 사람들을 알아보게 된다.

과거의 모범 사례를 통해 배우는 것도 현명한 일이다. 존스홉킨스대학교의 초대 의과대학 교수인 윌리엄 오슬러William Osler는 다음과 같이 적었다. "한 인물이 다른 인물에게 미치는 침묵의 영향력이 어느 정도인지 알아보려고 우리는 역사를 공부한다." 그러나 현명함은 평범한 일상생활의 예상치 못한 장소에서, 의외의 인물에게서 발견되곤 한다. 우리는 지속해서 그들을 주시하고, 관심을 쏟아야 한다. 소설가 마크 트웨인은 "지혜는 말할 때보다 경청했을 때 얻을 수 있는 보상이다"라고 말했다. 꼬투리를 잡을 수 없을 정도로 완벽하게 지혜로운 자는 존재하지 않지만, 지혜라는 연속체는 우리 주변 곳곳에 널려 있다.

지혜를 얻는 것은 하나의 과정이라, 끝나는 시점이 존재하지 않는다. 지혜를 구하는 사람이 벌떡 일어나 "이제 나는 지혜롭다"라고 말할 수 있는 정점이란 없다. 그 과정은 어느 단계에서도 불완전하고, 그 결과 또한 모든 미덕이 그렇듯이 상대적이다.

나이가 들면서 우리가 구하는 지혜는 노력하지 않고도 얻을 수 있는 어떤 것이 아니며, 세월이 흐르면서 거저 얻는 위안도 아니다. 오히려 지혜는 반성의 결과물이다. 나이가 들면 조금 뒤로 물러서서 천천히 판단하는 것의 가치를 알게 되고 선택이 미칠 장기적인 결과를 조심스레 따져보게 된다. 나이 들어가는 뇌를 잘 이용하면, 지식을 통합해 고찰할 수 있는 성향과 기회가 늘어나듯, 지식 자체도 성장하게 된다.

우리는 매번 좋은 결론을 내리고 남들도 그렇게 하도록 돕는 방법을 아는 사람을 지혜롭다고 부른다. 그러나 이것은 지혜의 겉모습이자 외향적인 발현일 뿐이다. 이것은 지혜로운 자가 그런 요소를 통합해 어떻게 그들만의 성격과 행동으로 나타나게 하는지는 전혀 말해주지 않는다. 이제부터 나오는 모든 이야기는 다음의 명제를 바탕으로 한다. '지혜로운 자는 도덕적이고, 우리와 세상에 도움이 되며, 인생에서 보상받는 삶을 사는 법을 알려고 노력한다. 또 그렇게 산다' 인생을 살지도 않고 인생을 알려고 하는 것은 몸통 없는 머리가 되는 것이다.

지식은 지혜가 아니다. 지혜는 지식을 관리하는 일, 그리고 소유한 지식이 중요하다는 사실을 이해하는 일까지 포함한다. 지혜는 무언가를 판단할 때 사용하는 지식이다. T. S. 엘리엇은 〈더 록The Rock〉이라는 야외극에서 자신이 이해한 지혜를 다음과 같이 표현했다.

우리가 지식 속에서 잃어버린 지혜는 어디에 있나?
우리가 정보 속에서 잃어버린 지식은 어디에 있나?

지혜에 근원을 둔 많은 지식 중에 가장 중요한 것은 제일 얻기도 힘들고 대면하기도 힘든 자기 인식self-knowledge이다. 여러 익살꾼이 말한 대로, "자기 인식과 관련한 문제는 이것이 종종 나쁜 이야기일 때가 많다는 것"이다. 하지만 나쁜 이야기든 아니든, 우리는 반드시 자기 인식을 해야 한다. 이것의 특징은 회피다. 우리는 종종 자기 인식을 외면하려고 기를 쓴다. 지혜의 다른 요소에서는 찾아볼 수 없는 특징이다. 우리가 하고 있다고 믿는 자기 인식은 어쩌면 우리가 감추려고 하는 자기기만일지도 모른다. 우리는 위험을 각오하고 자신을 속이는데, 이런 위험은 나이가 들수록 늘어만 간다. 이런 진실을 아주 약간이라도 인정하는 양심이 바로 자기 인식의 시작이다. 이것은 아무리 어렵다고 해도 충분히 추구해야 할 가치가 있다.

플라톤의 책 《대화》에는 이렇게 적혀 있다. "자기 인식이 모든 지식의 핵심인 것이 틀림 없다고 믿기 때문에, 나는 델피의 신전에 '너 자신을 알라'는 명문을 헌정한 그 누군가에 공감한다." 자기 자신을 안다는 것은 자신 안의 불안, 공포, 편견, 야망, 경쟁심, 희망을 인식하고 인정하는 것이다. 이런 감정들은 우리가 적절한 판단을 내리려면 절대적으로 필요한 마음과 목적, 동기의 투명성을 일그러뜨리는 파괴력을 지니고 있다.

우리가 내리는 모든 결정에는 동기가 숨어 있는데, 이것은 결코 순수하지 않다. 신중하게 생각하려면 복잡한 동기의 본성과 내용을 이해하고 진솔하게 대면해야 하기 때문에, 복잡한 추론을 할 때 관심이 다른 데로 가서는 안 된다. 우리가 남들의 동기를 분석하듯이, 우리는 우리의 동기를 분석해야 할 의무(의무라기보다 다급한 필요성)가 있다. 로마의 황제 마르쿠스 아우렐리우스Marcus Aurelius는 말한다. "남들이 뭘 하든 가능한 한 마음속에서 되묻는 데에 익숙해져라. '대체 이 사람이 무슨 꿍꿍이로 이러는 것인가?' 그리고 당신 자신부터 살펴라." 내면의 세계에 익숙해지게 되면, 우리는 주변 세상에 하듯 자신이 왜 이런 반응을 보이는지 그 이유를 인식하게 되고, 어떤 상황에서든 적절한 반응을 선택할 수 있는 준비를 하게 된다.

지식만 있는 어른과 지혜로운 어른은 무엇이 다른가

자기 자신을 안다는 것은, 자신이 가진 지식의 한계를 안다는 것이다. 만약 그 한계를 바꿀 수 없다면 그것을 받아들이고, 동기를 분석하는 방식과 같은 방식으로 그것을 분석해야 한다. 얼마나 많은 이가 자신의 한계를 기꺼이 들여다보고 이를 염두에 둘까? 이제부터 다른 요소들은 갖추지 못했을지 모르지만, 너무나도 부러운 특징인 '자신의 한계를 받아들이는 능력'을 바탕으로 커리어에서 큰 성공을 거둔 한 남자의 이야기를 하려고 한다. 그는 현명했으며, 어디서든(심지어 가장 가능성 낮은 곳에서조차) 지혜를 찾아야 한다는 원칙에 따랐고, 이는 모든 이에게 귀감이 됐다. 《탈무드》 중에서 '피르케 아보트Pirke Avoth', 일명 '아버지의 윤리'라는 항목에서, 랍비 벤 조마Ben Zoma는 "누가 지혜로운 자인가?"라는 질문을 던진다. 돌아온 대답은 "모든 이들로부터 배우는 이"였다.

그레이스 뉴헤이번병원의 외과의사 명단을 보면, 그의 이름은

'의학박사 제임스 P. 미뇬느 주니어'라고 올라가 있다. 그러나 나는 그가 정말 가까이 있을 때 빼고는 사람들이 그를 '미뇬느 박사'라고 부르는 것을 한 번도 듣지 못했다. 그의 동료들조차 직접 부를 때를 제외하고는 그를 '제임스'라고 부르지 않았다. 그의 귀에 직접 들어가지 않는 곳에서는, 그는 변함없이 '지미미뇬느'라고 불리었는데(지미도, 미뇬느도, 그렇다고 박사님도 아니었다. 마치 한 단어인 것처럼 한꺼번에 붙여서 빠르게 발음했다), 이 이름은 그의 성급한 성격에 완벽하게 어울리는 것 같았다. 나이가 지긋한 교수조차도 그를 말할 때는 상대가 의대생이든, 병원 이발사든 그 별명을 사용했다. 1950년대 식당 종업원들에게조차도 그는 지미미뇬느였다. 가장 높은 곳에서부터 낮은 곳에 이르기까지, 그는 단지 그였다.

그는 어느 마피아 패밀리의 주치의였다. 지미미뇬느는 뉴헤이번 마피아의 의사였다. 소문에 따르면 뉴잉글랜드 지역의 마피아 집단은 당시 로드아일랜드주에 있는 도시인 프로비던스에 살던 마피아 대부가 운영했는데, 인구 15만 명의 이 작은 도시는 뉴잉글랜드 전역에서도 두 번째로 중요한 범죄 도시였다. 보스턴이나 뱅고어, 브리지포트도 아닌 코네티컷주의 뉴헤이번이 그랬다. 마피아 패밀리의 주치의라는 것은 일종의 영광이었기 때문에, 우리 의대생들은 약간의 경외심을 품고 지미미뇬느를 대했다. 우리는 속사포처럼 빠른 속도로 말을 다다다 내뱉고는 대답할 틈도 없이 순식간에 홱 돌아서서 가버리는 그의 태도에 우스움을 느끼기보다는 깊은 인상을 받았다. 우리는 고급 스트라이프 더블 슈트를 입은 그가 우리에게서 빠르게 멀어지는 모습을 멍하니 바라보며 서 있곤 했다.

지미미뇬느는 모든 동작이 잽쌌다. 그는 매일 아침 유기견 단속반을 피해 달아나는 강아지처럼 민첩한 속도로 입원 환자 회진을 돌았다. 7층에서 내려다보면, 그가 주차장을 바삐 가로질러 번쩍거리는 자신의 캐딜락까지 간 후, 뉴헤이번의 다른 병원으로 황급히 출발하는 모습이 보이곤 했는데, 우리들은 그가 두목의 은밀한 사무실로 가서 마취제 처방전을 갈겨쓸 것이라고 상상했다. 사실 처방전 때문에 그는 뉴헤이번 경찰이나, 그의 활동 반경 내에 있지 않은 사람들과도 문제를 겪었다. 그러나 그가 서둘렀던 진짜 이유는, 병원에서 늘 그를 기다리고 있는 수많은 환자를 보려면 시내를 어서 가로질러 가야 했기 때문이었다. 지미미뇬느는 뉴헤이번에서 가장 환자가 많은 의사였다.

지미미뇬느는 좋은 남자였다. 타고난 상냥함을 갖추고 있는 데다가, 당시 뉴헤이번에 이탈리아 태생 이민자의 수가 상당했던 터라 이탈리아어를 하는 그는 곧 인기 의사가 됐다. 그는 그 누구도, 심지어 돈이 없는 환자라도 치료를 거부하지 않았다. 그는 사악한 이유로 마피아의 의사가 된 것이 아니었다. 그가 그들의 의사가 된 것은, 마피아가 그를 좋아했고 그가 그들은 물론, 치료가 필요한 사람은 누구도 절대로 진료 거부를 하지 않았기 때문이다. 나는 그가 지나치게 많이 마취제 처방을 내리는 것이 부당한 이익을 얻으려는 욕망에서 비롯됐다기보다, 그가 그 누구도(마피아 단원도 포함해) 거절하지 못하는 성격을 타고났기 때문이라고 늘 생각했다. 그 대가로, 마피아는 그가 기소당하지 않도록 도와줄 인맥을 동원했고, 경찰은 자신들이 존경하는 사람을 처벌하기를 주저했다.

지미미뇬느는 언제나 웃었다. 나는 황갈색 피부에 매부리코를 한 그의 얼굴에서 환한 미소가 떠나 있는 모습을 본 적이 없었다. 푸석해도 숱이 많은 검은 머리칼이 좁다란 뒤통수에 얌전히 빗질된 것도 본 적이 없었다. 그는 행복한 블랙잭 딜러처럼 보였다. 지미미뇬느가 그렇게 활짝 웃으며 다닌 이유는 타고난 성격이 밝은 덕도 있었지만, 그가 인턴들과 레지던트들에게 호감을 표현하고 싶어 했기 때문이기도 했다. 내가 그를 알게 된 건 그가 50대 후반이었을 때였다. 그는 30여 년 전에 이탈리아 볼로냐 의과대학교를 졸업하고 의사면허증을 취득했는데, 당시 미국에서 의과대학교에 들어갈 수 없었던 많은 미국 학생이 이 학교에 입학했다. 한때 명문 대학교였던 볼로냐대학교는 당시 꽤 쇠락한 상태였는데, 그 후 다시 예전의 명성을 되찾았다. 아이러니하게도 그가 환자 차트에 처방을 적는 모습을 본 사람은 아무도 없었다.

지미미뇬느는 항상 병원에서 제일 많은 환자를 진료했지만, 사실 그는 환자를 치료한 적이 없었다. 그 방법을 몰랐기 때문이다. 외래 진료실에서 간단히 처리할 수 있는 수준을 넘어서는 의학적 문제들은 그의 능력 밖이었고, 이를 두고 그는 허세를 부리지 않았다. 그 결과 대학병원에 입원한 그의 환자들은 인턴이나 레지던트, 의대 교수들에게서 꽤 세심한 관리를 받았다. 의료진들 모두 지미미뇬느를 좋아했고, 그가 임상적으로 서툴다는 것을 알고 있었기 때문에, 그와 그의 환자들을 위한 친절하면서도 은밀한 돌봄 시스템이 가동됐다. 그 결과 모두가 원원하는 훌륭한 치료가 이뤄졌다.

많은 사람이 지혜를 이루는 여러 요소 중에서 한 사람이 이 세상에 머무는 시간과 그 시간 동안 겪은 경험보다 더 중요한 것은 없다고 생각한다. 지미미뇬느는 당시 내가 알던 그 어떤 의사보다 의료 경험이 많았지만, 동시에 그는 가장 재능이 없는 의사이기도 했다. 그는 진료실에서 상당히 많은 환자를 보았고, 그들이 병원에서 어떻게 치료받는지 수없이 보았지만, 그것을 깊이 생각하지 못했다. 그는 의대생 수준의 의학적 지식조차 얻지 못했다. 그는 기본 지식이 부족했다. 게다가 반추하지 않는 태도 때문에, 그는 매일 눈앞에서 스쳐 지나가는 것들을 활용하지 못했다. 그는 자신을 발전시키는 일에 무감각했다. 우리 의과대학교의 어떤 교수는 이렇게 말했다. "만약 훌륭한 의사가 되기 위해 시간과 경험이 가장 중요하다면, 지미미뇬느가 우리 주에서 최고의 임상의가 됐을지도 모릅니다. 그러나 진료 및 치료라는 관점에서 보면, 그는 최악의 의사에 속할 것입니다."

그러나 지미미뇬느는 지혜를 떠올릴 때 우리가 자주 간과하는 자질만은 풍족했다. 그는 임상 치료를 거의 알지 못했다. 하지만 그의 강점은 자기 인식이었다. 그는 자신의 한계를 깨닫고 그런 자각을 이용해 그에게 자신을 의탁한 환자들을 성공적으로 치료했다. 그는 자기가 할 수 있는 것만 했다. 그의 능력이 미치지 못한 부분은 더욱 능력 있는 의사에게 맡겨 치료받는 모습을 지켜봤다. 그 때문에 그의 환자는 늘 최고의 치료를 받았다. 결과적으로 보면 그는 현명했던 셈이다. 그 누가 지미미뇬느를 나쁜 의사였다고 말할 수 있을까? 그 누가 그를 중요한 사실을 배우지 못한 사람이라고 말할 수 있을까?

나는 우리가 모든 측면에서 완벽한 자기 인식에 도달할 수 있는 것처럼 글을 쓰고 있다. 그러나 사실은 약간 다르다. 지혜와 마찬가지로, 자기 인식도 계속 다가갈 수만 있을 뿐 완벽하게 얻을 수 있는 것은 아니다. 자기반성, 합리화하지 않는 정직성, 자신의 도덕성의 미심쩍은 부분까지도 인정할 수 있는 능력을 발휘해 원하는 목표에 좀 더 가까이 다가갈 수 있을 뿐이다.

지혜가 궁극적인 진실을 찾는 것을 포함하더라도, 사실 궁극적인 진실이란 없고, 오로지 우리의 지각만 있을 뿐이라는 깨달음만이라도 가지고 지혜를 추구해야 한다. 모호함과 모순, 불확실성, 심지어 실수 등에도 편안해지는 것이 지혜의 시작이다. 불확실성과 예측 불가능성, 한정된 정보에도 불구하고, 우리가 제 역할을 다하고 제대로 된 결정을 내린다는 것은 지혜가 기본적으로 인간의 조건, 즉 우리 삶의 조건에 숨겨져 있음을 인정하는 것이다. 지혜를 다루려면 유연성이 필요하다. 그리고 이런 유연성 역시 지혜의 한 요소다. 한 걸음 물러나 판단을 지속해서 재평가하고, 수정하고, 부정확함과 실수를 기꺼이 인정하는 것. 이런 것들이 지혜의 단단함을 시험한다.

지혜는 목적이 있다. 그 목적은 행동이다. 이 말은 때로는 우리가 내리는 결정이 완벽하지 못한 결과를 나을지도 모른다는 사실을 알면서도 행동해야 한다는 것을 의미한다. 불완전한 정보에도 불구하고 행동하는 것이 지혜를 이용해야 하는 일반적인 상황이다. 지혜가 아무리 좋은 결과를 낳더라도, 각각의 선택은 그 자체로 그림자가 있다. 이것은 마치 아무리 좋은 특효약이라도 복용하면 부작용이 일어날 수 있음을 반드시 고려해야 하는 것과 마찬가지다. 지혜가 직면한 가장 어려운 시험은 매번 결정을 내릴 때마다 비용-편익 비율cost-benefit ratio*을 분석해야 한다는 사실이다. 가장 현명한 결정이라도 불완전함을 피할 수 없다는 사실을 알지만, 이 사실 때문에 절대로 의사 결정이 마비되어서는 안 된다. 또 결정을 실행에 옮길 때 이 사실 때문에 주저해서도 안 된다. 지혜로운 자는 완벽하지 않은 지식에도 불구하고 행동한다. 이는 불완전한 해결책의 가능성이 주어진 상황에서도 마찬가지다.

그래서 지혜로운 자들은 그들이 내린 선택의 결과를 예측할 수 있는 능력을 가진 특징이 있다. 선견지명은 과거의 폭넓고 다양한 경험이 필요하지만, 그보다 훨씬 중요한 것은 그 경험을 해석하고, 의미를 찾으려고 과거를 파헤칠 수 있는 능력이다. 과거를 깊이 파헤치는 자들은 그들의 과거를 통해 자신이 되풀이할 실수나 오판 등을 미리 알고 준비할 수 있다. 이렇게 과거를 현재, 그리고 미래와 연결 지어 보는 일이(이런 일은 나이 든 사람들에게 잘 어울린다) 언제나 미래에 대한 정확한 예측을 보장하는 것은 아니다. 그러나 어떤 결정을 내리든 가장 가능성 높은 미래를 상상할 수 있다.

즉 '직관'이 가능해진다. 직관이란 마음속에서 진행 중인 지속적인 정보 처리 과정을 단번에 수확하는 걸 의미하는데, 이때 마음이

---

* 현재 가치로 환산한 총 편익을 현재 가치로 환산한 총 비용으로 나눈 값.

란 뇌가 하는 사고의 수준보다는 낮다. 소위 지혜로운 자들의 직관이란 그들이 힘겹게 얻은 것이고, 오랜 경험을 총합할 때 나온다. 직관은 두뇌의 기억장치 속에 저장돼 있는 패턴과 우선순위라는 일련의 시스템 속으로 이런 경험을 입력하는 능력이다. 이런 직관은 필요할 때 언제든 출력되려고 대기 중이다. 우리는 기억으로 만들어졌다. 삶의 어느 순간이든, 우리 삶의 체계와 환경은 우리가 그때까지 살면서 내린 모든 결정에 근거한다. 지혜로운 자는 그런 결정에 잇따르는 행동에 대한 윤리적·개인적 책임을 진다.

지혜로운 자는 좋은 일과 나쁜 일, 성공과 실패에서 똑같이 배운다. 그들은 역경과 비극의 시간을 거치며 살아가고, 그런 시간이 가르쳐주는 교훈을 얻기 위해 자신을 이용한다. 비극적인 상황에서 지혜롭지 못한 자는 오로지 손해만 본다. 반면, 지혜로운 자는 의미를 찾는다. 사실 거의 모든 사람이 큰 행운보다는 비극에서 훨씬 더 많은 것을 배운다. 우리는 큰 행운을 그저 단순한 행운으로 치부해버리기 때문에, 우리가 우리의 의지를 발휘했던 것은 무엇인지, 미래에 비슷한 일이 닥쳤을 때 유용하게 작용할지도 모를 요소는 무엇인지 멈춰 서서 따져볼 생각을 하지 않는다. 하지만 4장 도입부에 적은 미리엄 개블러의 철학('문제를 한참 들여다보면, 무엇을 해야 할지 보인다')을 지금 떠올려보라.

지혜로운 자는 이 모든 것을 고려하며 이 세상을 있는 그대로 바라본다. 그들은 원하는 목적 몇 가지를 충족하려고 인위적으로 시나리오를 짜지 않는다. 지혜롭다는 것은 자기기만을 포기하는 것이며, 사물을 자기 자신까지 포함해 있는 그대로 보는 것이다. 또 한편으로는 있는 그대로 바라보면서도 낙관주의를 간직하는 것이다. 지혜로운 자는 몽상가이자 행동가이며, 이상주의자이자 현실주의자이며, 지금 여기 이 땅에 두 다리를 단단히 붙이고 선 공상가다.

세상을 있는 그대로 보려면 객관성과 초연함이 필요하지만, 그렇다고 해서 이것이 초탈을 의미하는 것은 아니다. 결정을 내릴 때는 욕구, 감정, 정서를 반드시 고려해야 하지만, 그런 것들이 판단에 영향을 끼쳐서는 안 된다. 다시 말하면, 판단과 지식에 대한 접근은 반드시 한 발 뒤로 물러나 관조적이어야 하고, 개인적 관심과 자아를 초월해야 하며, 단순히 인도주의에 그치지 않고, 우주적인 것이 목표가 돼야 한다. 지혜로운 자를 자극하는 것은 우주 안에서 자신이 차지하는 위치가 아니라, 인간이 가지는 조건이다.

지혜를 얻을 수 있는 방법

인간의 조건이라는 개념은 인류 전체의 일반적 상태라기보다 개인의 상태를 말한다. 따라서 지혜로운 자의 궁극적인 관심은 우선 개인의 안녕이 돼야 하며, 그다음에 가족, 단체, 그리고 그들 역시 일원으로 속한 사회로 확대돼야 한다.

한 인간에 대한 책임은 초연함이라는 태도와 맞닿아 있지 않다. 다른 이에게 관심을 두고, 친근함을 느낄 때 책임이 태동하기 때문이다. 개인적인 감정을 느끼지 않고서는 개인 혹은 다수에 대한 책임감 또한 느낄 수 없다. 책임감은 애착에서 한 단계 더 나아간 헌신을 포함한다.

지금 내가 여기에서 전하려는 내용을 가장 잘 구체화하는 말은 한마디로 '돌봄'이다. 돌봄은 타인, 더 넓게는 인류와 연결되어 있다는 감각에서 나온다. 이는 인류의 절대선이 개인의 선과 밀접한 관계가 있다는 인식에서 비롯된다. 돌봄은 때론 우리가 경이롭게 타고난 속성 같다. 궁극적으로 모든 이를 이롭게 한다는 큰 명제 안에서 한 사람의 노력은 그 한계를 초월한다.

성 바오로St. Paul는 〈고린도전서〉 13장에서 호소력 있는 말로 이를 정확하게 설명했다. 그는 아가페agapé, 즉 사랑이 믿음과 소망보다 제일이라고 했다. 아가페는 경이로운 사랑의 한 종류를 말한다. 불가타 성서*의 저자는 이를 적절히 라틴어로 번역했는데, 그것이 바로 '카리타스caritas'로, 이 말은 사사로운 사리사욕을 제쳐놓는 '돌보는 사랑'이라 정의된다. 성 바오로의 놀라운 말은 이 책의 앞부분과 지금 이 장에 언급되고 있는 내용을 잘 보여주고 있다. "그런즉 믿음, 소망, 사랑caritas. 이 세 가지는 항상 있을 것인데, 그중에 제일은 사랑이라." 사랑이 없는 곳에는 지혜도 없다.

만약 한 개인에게든 타인에게든 다른 이에게든 사랑이 없다면, 지혜는 살아남을 수 없다. 우리 중 타고나길, 혹은 어린 시절 교육으로 지혜를 가지게 되는 사람은 아무도 없다. 혹시 있다 해도 지루한 일상과 종종 냉소할 수밖에 없는 인생이라는 현실을 거치면서 이를 계속 간직할 수 있는 사람은 없다. 몇몇 사람들은 타인에 대한 배려를 쉽지도 않고, 알아보기도 힘든 길을 향해 가는, 이론상으로나 가

---

* 4세기 후반에 만들어진 성서, 라틴어로 번역됐다.

능한 덕목으로 본다. 그러나 우리보다 앞서 살았던 수많은 사람은 그 길을 가려고 애써왔다. 이 장의 초반에 언급했던, 어린 나이에 이미 지혜를 얻은 몇몇 사람 중의 한 명으로는 영국의 시인 퍼시 셸리 Percy Shelley를 들 수 있다. 그는 스물일곱 살의 나이에 '도덕적 상상력'이라 불리는 자질을 곰곰이 고민한 후, 〈시의 옹호A Defense of Poetry〉라는 에세이에서 이를 달성하는 법을 언급했다.

> 도덕심의 가장 큰 비밀은 사랑이다. 혹은 도덕심은 우리의 본성을 떠나 타인의 생각이나 행동 속에 존재하는 아름다움을 우리 자신과 밀접하게 연관시키는 것이다. 정말로 선해지기 위해, 인간은 반드시 집약적이고 종합적으로 상상해야 한다. 반드시 자기 자신을 남들의 위치에 놓아야만 한다. 인류의 고통과 기쁨이 반드시 그만의 것이 돼야 한다. 도덕적 선을 향한 위대한 도구는 상상력이다.

자기 자신을 '남들의 위치에 놓는 것'이 바로 '카리타스'로 향하는 길이다. 이는 여행할 만한 가치를 지닌다. 요즘은 이를 '공감'이라고도 부르는데, 그 이상의 것을 의미할 수도 있다. 카리타스란 다른 이의 눈과 감정을 통해 세상을 보고 느끼는 것은 물론, 우리 자신을 그런 식으로 보며 상상하는 것을 의미하기도 한다. 다른 이의 눈으로 자신을 관찰하고 반추해 보는 것 말이다. 이는 가장 가까운 이들의 높은 기대치에 부응해 살고, 그렇게 하면서 카리타스와 성숙한 반성, 원칙을 지키는 생활에 더욱 다가가는 것을 의미한다. 지혜로우려면 인간은 우선 선해야 한다.

이런 복잡한 특성을 다룰 때는 평정심이 필요하다. 이것은 침착함이라는 후천적인 재능으로, 1889년 캐나다의 의사 윌리엄 오슬러 William Osler는 "어떤 상황에서도 태연한 것, 폭풍 속에서의 고요함, 심각한 위기의 순간에 번뜩이는 명쾌한 판단력"이라고 정의했다. 그는 또 "단호함과 용기인 동시에 '우리가 따르며 사는 인간의 마음'을 무디게 하지 않는 것…이는 얼마나 얻기 힘든 것인가, 또 실패할 때든 성공할 때든 이 얼마나 필요한 것인가!"라고 말했다.

진정한 평정심은 사실 너무나 얻기 힘들어서, 이는 우리 대부분의(아마 우리의) 능력 밖이다. 게다가 이는 완벽하게 달성된다기보다, 어느 정도만 획득할 수 있다. 스트레스를 받는 상황에서 우리는 누구나 많든 적든 동요하게 된다. 스트레스를 느끼지 않으려면 인간은 초인적인 화신이 돼야 한다. 그러므로 우리에게 침착함보다 더욱 필요한 것은 스트레스를 다루는 법이다. 우리가 불안한 존재라는 점을 인정하고, 스트레스가 우리가 처한 특별한 상황의 자연스러운 파생물임을 이해한다면, 이를 인정하고 받아들이게 된다. 그래서 우리는 스트레스를 받는 것이 부적절하다는 생각을 덜하게 된다. 그 결과 불안감이 우리에게 미치는 영향력이 줄어든다. 이는 종종 생각을 명료하게 할 때 도움이 되므로 우리는 직면한 어려움을 벗어나는 길을 찾을 수도 있다.

외과의로서 긴 커리어를 이어오는 동안, 나는 서너 번 정도 수술실에서 떨고 있는(제정신을 잃은) 나 자신을 마주했다. 모두 다 예상하지 못한 고혈압 동맥 출혈로 환자가 급작스레 생명의 위협을 받는 상황이 발생한 경우였는데, 나는 그런 일이 일어날 가능성에 완전히 무방비한 상태였다. 외과의는 자주 과다 출혈이 발생하는 상황을 맞이하지만, 내가 이런 상황에 공포를 느끼는 경우는 내 실수 때문에 출혈이 발생했을 때다. 지나치게 절개를 서둘렀다거나, 서툴거나 무능한 솜씨 때문에 그렇게 됐다고 생각할 때 말이다. 이런 상황이 벌어졌을 때 나를 구해준 것은(그리고 환자를 구해준 것은) 수년간에 걸쳐 받은 레지던트 훈련이었다. 레지던트 시절, 내가 가장 존경하던 스승들조차 때로 이런 문제를 겪는 것을 봤기 때문에, 그런 일이 내게 벌어졌을 때 나는 극심한 자책에 빠지는 대신 자신을 바로 용서할 감정적 수단을 찾을 수 있었다. 자책감은 내 손이 초래한 절망적인 어려움에서 벗어나려고 필요한 조치를 즉각적으로 취하는 데 방해가 된다. 내 최고의 멘토들도 그런 문제를 겪었기 때문에, 나도 나 자신을 마냥 비난할 수는 없었다.

   수년간 수술을 해오면서, 나는 평정심이 나를 떠나려 할 때 그것을 되찾을 다양한 방법을 터득하게 됐다. 우리에게 도움이 되는 교훈은 많이 있다. 불안감은 극심한 스트레스를 받는 상황에서 좋은 결정을 내리려면 절실히 필요한 차분함을 위협한다. 내게는 썰렁한 유머조차 도움이 됐다. 해결되지 않을 것 같은 복잡한 상황을 맞이하면, 나는 잠시 수술을 멈추고, 시선을 돌려 수술팀을 바라본다. 그러고는 짓궂게 눈을 반짝이며 우스개로 말한다. "우리가 잘 해낼 수 있을 것 같나?" 이는 내가 진심으로 우려하고 있다면 그런 말을 할 수 없으리라고 생각하는 레지던트와 간호사들에게 은밀하게 기댄 속임수였다. 그들의 흥겨운 반응은 분위기를 언제나 밝게 했고, 팀의 결속을 다졌으며, 내가 다시금 자신감을 가지고 수술에 임하도록 해줬다.

수술 어시스턴트와 간호사가 시술 자체에 지나치게 긴장하고 있다고 느끼거나, 혹은 곧 죽음으로 끝날 것 같은 재앙을 앞에 두고 극도로 긴장했다고 느낄 때면, 나는 또 다른 속임수를 사용했다. 그들의 긴장감이 내 침착함에까지 영향을 끼칠 것 같을 때, 나는 이렇게 말하곤 했다. "제군들, 이런 수술을 할 때면 말이야, 난 꼭 수술복을 세탁소에 보내네. 그런데 세탁소에서도 이 피를 다 빼진 못하더군. 그래도 아주 신경을 써주긴 하네." 이 말은 팀원들이 느끼기에 지금까지는 공포심이 당연하다고 생각하게 해줬던 듯하다. 동시에 집도의인 내가 농담을 할 정도로 느긋한 모습 때문에 팀원들에게 수술이 잘 될 것이라는 느낌을 주기에 충분했다.

이 모든 속임수를(그중 내가 개발해 낸 것은 딱히 없었다) 쓰는 근원적인 이유는 긴장감을 해소하고, 냉철한 사고에 필요한 평정심을 되찾기 위해서였다. 어떤 결정은 불가능하다든가, 어떤 행동은 상황을 마비시키거나 악화시킬 것이라는 생각은 하지 않았다. 자신조차 동요하는 상황이라도, 얼어붙은 분위기를 바꾸려고 무언가를 하는 것은 이성적인 사고를 가로막는 공황 상태를 조금이라도 날려버리는 힘을 발휘한다. 공황 상태는 전염이 된다. 그러나 마찬가지로 차분한 분위기도 전염이 된다.

나는 여기에서 지극히 예민한 상황들을 다루었지만, 비슷한 종류의 사고는 스트레스 지수가 상당한 어느 상황에서든 적용된다. 이런 상황에서는 판단과 지혜에 꼭 필요한 객관성이 위협을 받는다.

우리는 불안을 피할 수 없다고 순순히 인정하는 것만으로도 상황을 복잡하게 하는 자기 비난을 제거할 수 있다. 또 이런 인정은 불안한 상황에 놓인 모든 사람을 느긋하게 해준다. 자신에 대한 비난을 날려버리고, 불안한 게 당연하다고 인정하는 것은 침착함을 향한 최고의 길이 될 수도 있다.

지혜의 여러 특징이 그렇듯이, 평정심 또한 나이가 들면 좀 더 쉽게 얻어지는 것처럼 보인다. 수많은 연구에 따르면, 정신건강이라는 측면에서, 감정적인 반응을 효과적으로 통제하는 모습은 젊은이보다 나이 든 사람들에게서 훨씬 많이 관찰된다고 한다. 나이 든 사람들은 자신들의 아들, 딸보다 분노나 조바심, 억울함을 비롯한 부정적인 감정에 덜 휘둘리기 때문에, 조금 더 균형 잡힌 태도로 문제에 접근할 수 있는 능력을 지녔다. 그뿐 아니라, 달갑지 않은 기분이 들더라도 그런 감정을 훨씬 능숙하게 다룬다. 성숙한 마음의 특징인 자제심은 성숙한 세월과 함께 자란다.

나이 든다는 것은 비생산적이거나 해로운 것들을 여과하거나 피하거나 혹은 제거하는 법을 배우는 시간이 될 수도 있다. 몽테뉴는 "아리스토텔레스학파의 현인은 감정을 없앤 사람이 아니라 감정을 절제하는 사람이다"라고 말했다. 나이가 들수록, 내가 옳다고 주장하는 일은 덜 중요해지는 것 같다. 또 우리의 기호와 잘 맞지 않거나, 기대에 차지 않는 사람들의 의견이나 성격에 일일이 불쾌함을 표현하는 일도 덜 중요해지는 것 같다. 오슬러는 다음과 같이 적었다. "온화한 평정심을 지키기 위한 첫 번째 자질은 우리와 어울려 사는 사람들에게 너무 많이 기대하지 않는 것이다. 지식은 오고,

가는 것이지만, 지혜는 항상 머물러 있는 것이다." 조바심이 덜해지면, 우리를 곧장 분노로 이끄는 좌절감도 덜해진다. 분노는 특히 나이 든 사람들 사이에서 덜 일어나고, 덜 폭발적이며, 덜 오래 지속된다. 니체는 이렇게 적었다. "지혜가 얼마나 성장했는지는 화를 내는 횟수가 얼마나 줄었는지로 정확히 측정할 수 있다." 성급함과 공격성, 무슨 대가를 치르더라도 이기려고 하는 걷잡을 수 없는 욕구들은 지혜를 가로막는다. 또 최적의 판단으로 최고의 결실을 거두려고 할 때 반드시 필요한 명확한 설득을 하지 못하게 한다.

최적의 판단을 내리기 위해 평정심보다 더 중요한 것이 없더라도, 평정심은 그저 수동적인 평온한 상태와는 다르다는 것을 기억해야 한다. 수동적인 평온함은 나이 든 사람들이 경계하며 스스로 막아야 하는 것이다. 예를 들어, 미리엄 개블러가 인생의 오후에 자신이 받은 보상이라고 생각하는 만족감에 감탄하지 않을 사람은 거의 없을 테지만, 부적절한 경우 만족감은 지혜의 적이 될 수도 있다. 마음의 완벽한 평화란 존재하지 않으며, 우리도 그것을 원해서는 안 된다. 완벽한 평화란 때론 위험할 정도로 무위無爲에 빠져드는 것과 비슷하다. 지혜에는 아이러니하게도 어느 정도 건설적인 불만이 필요하다.

이렇게 불만족을 부추기는 힘을 저명한 신학자인 랍비 아브라함 조슈아 헤셸Abraham Joshua Heschel은 가장 추앙받는 종교 철학서인 《사람은 혼자가 아니다Man Is Not Alone》에서 한 장에 걸쳐 썼다. 헤셸은 특히 불만족이라는 고질적인 상태의 중요성을 말한다. 그는 다음과 같이 주장한다. "인간은 반드시 자신이 가진 것을 만족해야 하지만, 절대로 자신의 현재 모습에 만족해서는 안 된다."

자기만족, 자기 충족은 숨 쉬는 영혼이라면 반드시 깨닫고 밖으로 나와야 할 할 굴욕적인 신화에 불과하다. 창조적인 모든 것은 끝없는 불만이라는 씨앗에서 나온다. 창조성은 도덕적 발전이 가능한 관습, 제재, 나이와 인종에 따른 행동 양식에 대한 인간의 불만족에서 비롯되기 때문이다. 만족이 끝날 때 새로운 통찰력이 시작된다.

지혜라는 측면에서 보면, 불만을 드러내고 표현할 때는 자제해야 한다. 불만을 자제하지 않으면 불평을 많이 하고, 호전적으로 굴며, 지혜의 또 다른 적인 독선에 빠질 수도 있다. 현명한 자는 중용을 따라 여행한다. 그들은 목표로 향하는 긴 길을 따라 서 있는 수많은 이정표처럼 펼쳐진 '겸손'이라는 경고문 앞에서 자신을 자제한다. 성경의 《예레미야》에는 다음과 같이 써 있다. "신께서 이같이 말씀하시되 지혜로운 자는 그 지혜를 자랑치 말라."

잘난 체하거나 독선적인 태도는 융통성을 발휘하지 못한다. 또 계속해서 지혜를 구할 때 중요한 개방성을 가로막는다. 지혜를 찾으려면 겸손이 필요하다. 변화에 열려 있는 개방성은 일시적인 것에 열광하는 위험성을 동반한다. 변화를 감당하는 능력은 진화하는 한 사회의 문화 속에서 일시적인 것과 지속적인 것을 구별하는 능력이다. 이는 나이가 들면서 자연스럽게 축적하는 좋은 능력이다. 대부분의 나이 든 사람은 변화가 일시적이라는 사실을 안다. 지혜로운 자는 일시성과 영속성의 차이에 민감하며, 그 둘을 구별하는 데 도움이 되는 실마리를 찾아낸다.

지혜로운 자는 남들이 겉만 번지르르한 시류에 성급하게 올라탈 때 자제심을 발휘해 땅에 발을 붙이고 단단히 서 있는다. 지혜로운 자는 변화에 열려 있기 때문에 젊은 시절에도 낡은 방식이라는 생각이 들면 그것을 기꺼이 버릴 수 있다. 영국의 시인 알렉산더 포프 Alexander Pope는 지혜를 얻으려는 사람들을 위한 이행시에서 다음과 같이 적었다.

새로운 것을 시도하는 첫 번째 사람이 되지도 말고
오래된 것을 제쳐두는 마지막 사람이 되지도 말라.

진정한 지혜는 이 문맥 속에 담겨 있다. 지혜는 모든 것을 초월하지만, 동시에 시간과 장소, 분위기, 환경의 산물이기도 하다. 여기서 우리는 적응성에 대한 개념을 되짚어볼 수 있다. 어떤 상황에서는 현명한 것이 다른 상황에서는 어리석을 수도 있다. 지혜로운 자는 본디 바위처럼 굳게 기댈 수 있는 존재로 여겨지지만, 오로지 그의 사고가 유연할 때만 우리가 의지할 수 있으며, 그때 지혜로운 자의 판단도 견고해진다.

우리 중 그 누구도 지혜를 지니고 태어나는 사람은 없다. 〈잠언〉에서는 다음처럼 말한다. "지혜가 제일이니 지혜를 얻으라." 그렇다면 어떻게 지혜를 얻을 것인가? 소설가 마르셀 프루스트 Marcel Proust는 이 문제를 언급했다. "우리는 지혜를 타고 나지 않는다. 우리는 우리를 대신해 주지도 않고, 면제해 주지도 않는 긴 여행을 한 후에 직접 지혜를 찾아야 한다." 이 말은 다음 질문으로 이어질 수 있다. "그렇다면 어떻게 지혜를 찾아야 하는가?" 인간은 지혜가 없으면 얻지 못하는 지식, 평정심, 자제심, 초연함, 사랑caritas, 공정함, 선견지명을 비롯한 그 밖의 모든 자질에 어떻게 도달해야 하는가?

지혜란 무엇인가

지혜가 불완전하다는 사실은, 헤셀이 우리에게 조언했던 것처럼, 우리가 지혜를 추구해야 하는 동기가 된다. 계획을 절대로 달성할 수 없다고 해서 그것을 외면해야 할 이유는 없다. 《탈무드》의 현자, 랍비 타르폰Tarphon은 애초부터 완벽하게 달성하는 게 불가능한 임무를 수행하기를 머뭇거리는 자는 그 누구라도 질책한 것으로 알려져 있다. 가장 빈번히 인용되는 그의 훈계는 유대교 경전 《피르케이 아보트Pirkei Avot》에 적혀 있다. "하루는 짧고, 일은 많고, 일꾼들은 게으른데, 품삯은 넉넉하고, 집주인은 채근하네. 일은 끝마치지 않아도 좋지만, 그 누구도 멋대로 그만둘 수는 없네."

지혜를 추구하는 힘겨운 일을 우리는 마음대로 그만둘 수 없다. 하지만 절대로 품삯이 넉넉하다는 사실을 잊어서는 안 된다. 보상은 대단하다. 그 여정이 인간에게 주어진 수명보다 훨씬 더 오랜 시간이 걸린다는 것은 사실이다. 그러나 명심해야 할 것은 이런 여정에서 얻어지는 이득은(그리고 의무는) 모두 나이 든 자들과 함께한다는 점이다. 지혜로워지려면 인간은 그동안 쭉 삶을 살아왔어야 한다. 물론 일부 사람들은(심지어 그들이 젊은이라도) 살면서 남들보다 더욱 많은 지혜를 얻을 수도 있지만 말이다.

그러나 지혜는 변화를 수용하는 태도를 절대로 잃지 않고 계속해서 내면의 발전을 하는 사람들에게만 나이가 들면서 늘어난다. 이렇게 되려면 인간이란 절대로 무엇도 충분히 알 수 없다는 믿음과 더불어, 겸손과 탐구심 가득한 마음도 필요하다. 지혜는 끊임없는 회의懷疑, 의심, 우리가 내린 결론에 대한 지속적인 질문, 죽는 날까지 더 나은 내가 되겠다는 결심이 필요하다.

평정심도 지혜이고, 사랑도 지혜이며, 자비도 지혜이기 때문에, 지혜에는 이 모든 것이 반드시 필요하다. 이 모두는 인생의 어느 단계에서든 찾아볼 수 있는데, 동시에 특정 단계에서 강화될 수도 있다. 오래된 습관은 더욱더 견고해진다. 평정심, 사랑, 자비, 습관 등이 넘칠 경우 경고등이 반짝인다. 이 모두에는 균형감이 필요하다. 이들을 확장하고 자제하는 사이에 균형이 존재한다. 고대 그리스인들은 이를 중용이라 했는데, 이것도 역시 지혜다.

변화에 열려 있으면서 계속해서 자신의 철학을 발전시키는 것, 이 불변성 안에 지혜가 존재한다. 즉, 신뢰할 수 있는 지식과 진실이 으뜸이라고 주장하되, 절대적 진실이란 없기 때문에 모든 지식에 반드시 질문을 던져야 한다는 사실을 아는 것이다. 언제나 회의적이되, 절대로 냉소적이지는 않아야 한다. 자기 자신의 지식과 판단에 자신감을 느끼되, 그것들이 완벽함과는 거리가 멀다는 사실을 인정해야 한다. 자기 자신을 알되, 그런 통찰력을 왜곡할 수 있는 편견과 불안감이 있음을 수긍해야 한다. 우리가 지혜롭다고 믿는 인물을 의식적·무의식적으로 따르되, 누구나 실수할 수 있다는 사실을 인정해야 한다. 다른 사람들에 대한 개인적인 감정과 사랑(카리타스)을 느끼되, 공정하고 객관적일 수 있도록 넉넉한 초연함을 가져야 한다. 자기 자신의 욕구를 초월하되, 세상을 관찰하는 프리즘으로써 그런 욕구에 대한 지각을 이용해야 한다. 반성하되, 결정과 행동에 충실해야 한다. 이상주의적이되, 현실에 발을 붙이고 서 있어야 한다. 마음의 평화를 세우되, 필요한 개혁의 엔진에 연료를 주입할 수 있도록 충분히 불만을 품어야 한다. 문화적 변화를 수용하되, 그런 변화는 오로지 일시적일 뿐이라는 사실을 알아야 한다. 시간을 초월해 생각하되, 그 시대를 살아야 한다. 사회와 시대의 가치를 고려하되, 자신은 그것에 얽매이지 않아야 한다. 최고의 것을 보여달라고 남들에게 호소하되, 그들이 내놓을 수 있는 능력 이상의 것은 기대하지 않아야 한다. 더 나은 내일이라는 비전을 간직하되, 오늘이라는 현실 속에 살아야 한다.

　이 모든 것을 갖춰도, 겸손 없이는 지혜도 없다. 겸손은 지혜만으로는 절대로 충분하지 않다는 사실, 헤셀의 '끝없는 불만의 씨', 지혜를 추구하는 일은 절대로 느슨해지지도 멈추지도 않는다는 사실을 재확인해 준다. T. S. 엘리엇은 자신이 바랐던 것보다 겸손함을 훨씬 더 적게 가졌던 것 같다. 그의 불멸의 시 〈이스트 코커 East Coker〉에서 시인은 자신이 확신하는 겸손을 다음과 같이 표현했다.

우리가 얻길 바라는 유일한 지혜는
겸손의 지혜, 겸손은 끝이 없네.

 자신을 향한 지속적인 재평가 없이는 지혜도 없다. 우리가 어떻게 지내왔는지, 우리가 누구인지, 나이에 얽매이지 않을 때 우리는 어떤 모습이 될 수 있는지, 그 모든 것들은 계속 성찰해야 한다. 이런 것들이 결여된 채 존재하는 지혜는 없다. 플라톤이 끝까지 물러서지 않고 우리에게 한 번 더 상기했던 것은 바로 "성찰하지 않는 삶은 살 가치가 없다"라는 사실이었다. 망설이지 않고 내면을 들여다보는 삶은 우리가 밖을 내다볼 때 보이는 모든 것을 이해할 수 있도록 해주는 열쇠가 된다.

나이 듦은 젊음에 못지않은 기회,
단지 다른 옷을 입었을 뿐이라네.
땅거미가 자취를 감추면
하늘은 낮에 보이지 않던 별들로 가득 차지.
- 헨리 워즈워스 롱펠러

10.
창의성

창의성은 인생의 새로운 정열이다

> 죽음이 찾아왔을 때 내가 양배추를 심고 있는 모습을 보여주고 싶다. 죽음을 걱정하거나, 마무리하지 못한 정원 일을 걱정하는 모습은 보여주고 싶지 않다.
>
> —미셸 드 몽테뉴, 《수상록》

젊음의 샘이라는 것은 없다. 하지만 우리는 이보다 훨씬 뛰어나고 현실적인, 새로운 종류의 풍성한 샘을 가질 수 있다. 이들은 우리가 나이가 들면서 불어난 우리의 물줄기를 풍성하게 해주는 수원이다. 흐르는 강물처럼, 나이 듦은 우리가 어렸을 때부터 지금까지 우리에게 존재했던 모든 것을 품은 연속체다. 서서히 성숙해지는 우리라는 물줄기 속으로 들어온 모든 것을 품은 연속체 말이다. 자기 확신과 낙관주의, 생산성, 타인에 대한 사랑, 외모에 대한 자신감. 이 모든 것은 삶의 질을 높이는 철학이다. 이들 대부분은 우리 스스로 만들어낼 수 있는 수원水源이다. 우리가 에너지를 쏟아부어 경험과 지혜라는 수맥을 넓고 깊게 파면 팔수록 풍성하게 흐르게 된다.

이런 자질은 시간이 흐르면 더욱 중요해지기 때문에, 우리는 젊었을 때부터 이런 물줄기를 생각하고, 그 원천을 풍성하게 만들 방법을 계속해서 찾아야 한다. 우리의 삶을 이루는 흐름이 유전이나 양육, 질병, 환경 때문에 혹시나 우리가 바라는 방향과 달라져도, 우리는 그 길을 따라가며 발견한 새로운 것들을 통해 계속 배울 수 있으며, 그 원천 속으로 깊이 파고들어 가볼 수도 있다. 그렇게 신선한 물이 계속해서 유입되며, 마침내 우리는 끊임없이 앞으로 나아가게 된다.

우리 삶에 원기를 가져다줄 새로운 지류를 찾는 일은 언제 해도 절대로 늦는 법이 없다. 처음에는 이런 일이 어렵고 지루해 보여도, 절대로 포기해서는 안 된다. 랍비 타르폰이 가르쳐준 대로 끈기에 대한 보상은 풍성하다. 인생의 어느 때에든 이런 노력은 풍성한 보상을 안겨준다. 60대, 70대로 접어들면 우리는 신중하게 발걸음을 내디뎌야 한다. 나이가 들수록 삶을 강하게 하는 원천을 찾아 나서는 우리의 선택권이 점차 줄어들기 때문이다. 인생의 오후에 그런 탐험은 선택이 아니라 필수다.

이런 탐험의 수확은 놀라울지도 모른다. 중년이 되면 이미 우리의 관심을 끌 만한 길들은 이미 지나온 뒤라고 믿어버리는데, 그럼에도 예측하지 못한 것을 발견할 수도 있기 때문이다. 나이가 주는 보상 중에, 우리가 스스로 찾아낸 예상치 못한 발견보다 더 만족스러운 것은 거의 없다. 미국의 시인 헨리 워즈워스 롱펠로Henry Wadsworth Longfellow가 졸업 후 50년 만에 보드윈대학교로 돌아왔을 때, 그는 동창들을 위해서 시 〈모리투리 살루타무스Morituri Salutamus〉를 썼다. 이 시의 마지막 행은 인생의 오후에 나타날지도 모를 새로운 샘의 원천을 찾는 일을 결코 멈추지 않는 이들이 느끼는 조용한 자신감을 표현한다. 나 또한 그런 자신감을 느꼈다.

> 나이 듦은 젊음에 못지않은 기회,
> 단지 다른 옷을 입었을 뿐이라네.
> 땅거미가 자취를 감추면
> 하늘은 낮에 보이지 않던 별들로 가득 차지.

이제 70대 후반에 접어든 나는 나 자신을 포함해 수많은 나이 든 사람들이 극심한 스트레스를 받는 상황(이를테면 목숨을 위협하는 질환을 겪는 시기)부터 가정과 가족의 포근함을 다시금 느끼는 고요한 상황까지, 수많은 세월을 보내는 것을 지켜봤다. 그 결과, 나는 지혜를 추구하는 것 이외에도, 인생의 오후에 축복을 느끼려면 반드시 동행해야 할 세 친구가 있다는 사실을 확신하게 됐다(각각의 중요도는 다소 차이가 나긴 한다). 물론 젊어서 일찍 이를 발견하면 좋겠지만, 살면서 언제든지 다시 찾을 수 있다. 그 세 친구는 다음과 같다. 다른 이들을 배려하고 유대감을 갖는 것, 건강하게 움직일 수 있도록 신체 능력을 유지하는 것, 창의성을 갖는 것. 이 세 친구는 저마다의 노력이 필요하지만, 이들은 우리에게 그만큼 노력을 들인 만큼 크나큰 보상을 준다.

창의성이 무엇인지 이 책에서 직접 설명하지 않았지만, 이 개념은 실상 지금까지 언급한 모든 것과 뒤엉켜 있다. 이 책에서 만난 여러 사람의 인생을 다양한 방식으로 채워온 창의성을 한번 생각해보자. 창의성은 이전부터 해왔던 일들의 연속 선상에서 생기거나, 때로는 창의성 그 자체로 나타날 수도 있고, 창의성의 원천을 파고들어갈 때 아예 새롭게 등장하기도 한다.

르네 라 포레스트리René La Forestrie는 가장 창의성이 부족할 것 같은 장소인 노인용 공공시설에 사는 생기 없는 이들에게 창의성을 불러일으킨 사람이다. 나이 든 사람의 삶에 폭넓은 경험을 지닌 심리학자인 그는 창의성이 나이 든 이들의 삶에 정열을 다시 불붙게 하고, 예전에는 상상하지 못한 보상을 가져다주는 원기의 열쇠라는 걸 보여줬다.

1994년 내가 그를 만났을 때, 라 포레스트리는 샤를푸아병원의 심리학과장으로 일하고 있었다. 이 병원은 노인용 병상 2,000개를 갖춘 국영시설로, 파리 외곽인 이브리 쉬르 센느에 위치한다. 오랜 관찰의 결과, 그는 일정 수준의 창의성은 누구나 타고난다고 확신했고, 병원에 사는 이들에게 창의성을 독려하는 분위기를 만들겠다고 마음먹었다. 나이 든 사람들은 예로부터 사회와 보호자로부터 어린애 취급을 당해왔기 때문에 이런 목표를 달성할 가능성은 거의 없어 보였다. 그러나 그는 창의성은 나이가 들었다고 없어지는 것이 아니며, 되려 젊은이보다 훨씬 창의적이 될 수도 있기에, 그들이 예전에 경험하지 못했더라도 미술이라는 수단을 통해 충분히 자기 자신을 표현할 수 있다고 믿었다. 이러한 가정을 전제로 그는 이들의 창의성을 불러일으킬 프로그램을 도입했다.

이 프로그램의 목적은 잠든 창의성을 발견하고 이를 자유롭게 발산하는 것이었다. 라 포레스트리는 나이 든 사람들이 젊은 시절과 중년 시절에는 평범한 일상을 보내느라, 부모로서 바쁘게 사느라 드러내지 못했거나, 최근에는 그들 자신과 다른 사람들이 나이 든 사람을 보는 부정적인 태도 때문에 가려졌던 창의성을 마음껏 드러내도록 도왔다. 샤를푸아병원이 국영시설이었기 때문에 이곳 환자들은 배우지 못한 자들에서부터 박사 학위를 가진 사람들까지 다양했다. 비록 그전에는 잘 몰라서 하고 싶은 말이 전혀 없는 것 같은 상황이었더라도, 사람에게는 말하기 위한 배출구가 필요하다는 것이 라 포레스트리의 주장이었다.

　그는 파리의 화가들을 몇 명 초대하는 것부터 시작했다. 예술의 도시 파리에 부족함 없이 어울리는 뛰어난 사람들이었다. 화가들은 이 프로그램에서 원하는 이들에게 무료 봉사를 했다. 모두를 수용할 수 있는 공간을 용도 변경해서 화실을 조성했다. 참가자들 중 과거에 미술을 전혀 공부하지 않았던 이들의 반응이 특히 만족스러웠다. 이들은 그림을 그릴 화실의 열쇠를 가지고, 밤이든 낮이든 작업실에 들어갔다. 나이 먹은 초심자들과 함께 작업하면서, 전문가들은 그들 속에 감춰진 성향과 감정, 때론 스스로도 존재하는지 몰랐던 재능까지 끄집어냈다. 가장 중요한 것은 창의성을 발휘하고 싶은 충동이 이들 모두에게서 발견되었다는 사실이다. 자신의 내부에서 새로운 열정을 발견한 참가자들이 누구보다도 가장 놀랐다.

　내가 1994년 병원을 방문했을 당시, 이 프로그램은 약 15년 동안 지속되고 있었다. 구름 낀 어느 겨울 오후에 라 포레스트리와 한 화실에 선 나는 그동안 쌓인 그림 수천 점을 보며 입을 떡 벌리고 말았다. 화실의 한쪽 구석에서는 푸른 스카프를 두른 여든 살의 한 여인이 조용히 작업하고 있었다. 그는 작품에 완전히 빠져서 색상을 혼합하느라 정신이 없었기 때문에, 열 발자국 정도밖에 떨어지지 않은 곳에서 우리가 조용히 속삭이는 것조차 들리지 않는 듯해 보였다. 내가 본 몇몇 그림은 뒤늦게 재능을 발견한 사람들이 있었다는 걸 보여줬지만, 대부분은 그렇지 않았다. 그러나 저마다의 표현력과 색상과 형태를 갖춘, 다소 큰 캔버스에 그려진 작품들은 구경꾼인 내게 상당한 의미가 있었다. 저마다의 감정의 깊이와 예술적 감성이 또렷이 느껴졌기에, 나는 지금까지도 당시의 생생한 느낌을 잊을 수 없다.

라 포레스트리는 노년을 "L'age de créer", 즉 '창조성의 나이'라고 부른다. 그러나 그는 그것을 거꾸로 해서 '나이의 창조성'이라고도 부르기도 한다. 그는 자신의 프로그램에서 이 개념을 명확하게 설명하고 있는데, 그러니까 화가의 관점에서는 일이 나이 든 사람들이 자발적으로 갇히는 관점을 벗어날 수 있게 하고, 스스로 자율적이게 하고, 독립적인 사람이 되게 한다는 것이다. 새롭게 태어난 화가들은 자만심이나 허영심 없이 자신을 보는 새로운 관점을 발견해 냈다고 그는 말한다. 창조성과의 조우는 그들 안에 강력하고도 새로운 무엇인가를 해방시켰을 뿐만 아니라, 나이 들어가는 시간을 변화시켰다.

창의성의 수원은 어디에서나 발견된다. 그것들은 가장 기대하지 않은 시기에서조차 예상 밖의 모습으로 나타난다. 우리는 창조성이 나타나기를 마냥 기다려서는 안 되고, 적극적으로 찾아 나서야 한다. 그런 다음 우리의 삶이 그것에 달려 있는 것처럼(사실 그렇기도 하다) 수원을 돌봐야 한다. 우리는 목적의식을 품고 가능한 모든 기회를 받아들이고, 우리 자신을 진심으로 그 안에 내던져야 한다. 그 무엇도 우리가 작업에 완전히 몰입할 때 얻는 만족감을 대신해 주지 못하기 때문이다. '그 순간'의 중요함 말고는 아무것도 느끼지 못하는 만족감 말이다.

우리는 순간을 살고, 시간을 살며, 하루를 산다. 이것이 세상이 돌아가는 이치다. 우리가 미래를 계획해도, 우리가 처한 모든 상황이 과거부터 해온 모든 것의 결과라 해도, 우리 인생의 실제 생활은 1세기 전 윌리엄 오슬러가 '매일의 칸막이day-tight compartments'라고 부른 것들 속에서 일어난다. 1913년 예일대학교 학생들의 모임에서 그는 사상가 칼라일Carlyle의 말을 인용했다. 칼라일은 "우리가 해야 할 일은 멀리에 어렴풋이 놓여 있는 것을 보는 것이 아니라, 가까이에 분명히 놓인 것을 실천하는 것이다"라고 했다. 나이가 몇 살이든, 우리는 현재를 적극적으로 살아야 한다. 그는 때론 산에 올라가야만 눈앞에 펼쳐진 모든 것을 볼 수 있는 지혜를 가질 수 있다고 역설했다. 미래의 희망에 대해 계획을 세우되, 앞에 놓여 있는 시간에 다가가려면 현재의 일에 집중해야 한다. "이 시간 하는 일에 몰입하는 것은 마침내 이룰 성공을 위한 최고의 보증서다." 오슬러는 사람은 하루를 손에 쥐고 있기에, 이런 식으로 자신의 것으로 만들어야 한다고 충고했다. "미래는 현재다. 한 사람의 구원의 날은 현재다. 앞을 내다본다는 생각 없이 진지하게, 열정적으로 사는 삶, 오늘의 삶은 미래를 위한 유일한 보험이다. 당신의 지평선의 한계를 24시간 주기로 제한하라."

우리에게는 성취감이 필요하다

오슬러는 무언가에 전념하면 삶에 더 집중할 수 있고, 이를 통해 창조성의 열매인 만족감에 가까이 다가갈 수 있다는 사실을 깨달았다. 우리가 목적의식을 품고 목표를 달성하려고 자신을 내던질 때 쏟는 에너지는 우리 내면에서 생성되는 에너지와 정비례한다. 이 에너지는 우리가 당당히 자부심을 느껴도 되는 창의성에 의해 만들어진다. 자부심은 에너지의 한 형태다. 이것은 무언가를 창조할 때 생겨난다. 이들은 어떤 일을 해내려고 결연히 집중할 때 나타난다. 우리는 자부심 때문에 성취의 기쁨을 느낀다. 성취의 기쁨은 우리가 하는 일에 달린 것이 아니라, 우리가 그 일을 할 때 느끼는 위엄과 우아함, 결연함에서 비롯된다. 나이와 상관없이 인간은 언제나 성취감이 필요하다. 하지만 특히 정신없이 벌고 쓰는 젊은 시절을 지나 인생의 오후가 다가올 때, 자부심은 우리의 감각에 반드시 존재해야 한다. 우리는 칸막이처럼 구분된 매일매일을 살면서도 오로지 현재에 파묻힐 때 성취감을 가장 잘 느낄 수 있다. 그래서 윌리엄 오슬러가 자신의 연설을 에세이로 출간했을 때, 자신의 철학인 '삶의 한 방식'을 제목으로 붙인 것이다.

우리가 할 일은 오늘 하루만 생각하며 사는 것이다. 그러나 이런 선택은 저 산 정상에 올라야만 보이는 산 아래 풍경 같은 우리 삶의 일부일 뿐이다. 산 정상에 올라야만 우리가 그동안 초점을 맞추고 살아온 것들이 모두, 총체적으로 보인다. 우리가 어떻게 살아왔고, 현재 어떤 모습이며, 앞으로 어떤 모습이 되고 싶은지가 훤히 들어온다. 그러나 현실이라고 할 수 있는 저 아래 평원이 아니라, 산 정상에서 희박한 공기를 너무 자주 들이마시게 되면 현기증을 느끼고 비현실적 감정에 빠져들고 만다. 하지만 우리가 미래를 계획하려고 과거와 현재를 이용하고, 매일매일을 잘 살고 있는지 확인하고, 모든 시냅스가 신경전달물질과 원활한 작용을 하려면, 역시 산 정상에서 아래를 바라보는 광활한 시야가 필요하다.

내가 이런 은유를 들어 결국 말하려는 것은, 인생의 오후를 생산적으로 살고, 이 시간에 그동안 살아온 삶의 보상을 받으려면 그저 미리 계획하는 수밖에 없다는 사실이다. 인생의 모든 단계는 다음 단계, 혹은 그 너머를 위한 준비다. 그러나 장기 요양 보험에 들거나 비상금을 마련해 놓는 것을 빼고, 우리는 나이 듦을 거의 준비하지 않는다. 사실 몇몇 사람은 마치 그것이 가능하다는 듯, 은퇴란 그전까지 해왔던 모든 것을 버릴 시기라고 착각하기도 한다. 그들은 기대에 가득 차 태양 가득한 곳으로 도피하지만, 결국 그곳에서 불만을 느끼며 권태감을 덜어낼 방법을 찾게 된다.

인생의 오후에는 그동안 살면서 쌓은 지반에 단단하게 자리를 잡아야 한다. 이미 시간이 우리를 덮치고 난 후에 최선을 다하는 것으로는 충분하지 않다. 우리가 자랄 때 어른이 무엇인지 생각하고, 우리의 마음을 훈육하고 몸을 단련하면서 다가올 어른의 책임에 대비했던 것처럼, 중년부터는 반드시 나이 드는 법을 연구해야 한다. 나이 든다는 것은 그 자체로 예술의 한 형태이며, 창의성의 전형이다.

인생의 오후에는 앞선 세월보다 훨씬 더 많은 지혜가 필요하다. 젊었을 때 우리가 그랬던 것처럼, 나이 들어서도 반드시 창의적일 수 있다는 확신을 품고, 타인의 삶에 도움을 줄 수 있다고 믿어야 한다. 지혜는 예술과 마찬가지로 이해하고 준비하며 조율해야 한다. 지혜는 나이 든 우리의 자화상을 새롭게 그려준다. 또 우리를 우아함과 선량함으로 빛나게 한다. 우리는 몸에서 새로 일어나는 변화가 무엇인지 반드시 깨달아야 한다. 현인들은 매일, 기회가 생길 때마다 자신을 해석하려고 했다. 모든 예술 행위처럼, 이런 일을 완성하려면 부단한 각성과 선견지명, 조율이 필요하다. 그리고 이 모두는 우리에게 성취감, 방대한 기쁨, 만족을 가져다 준다.

이 책을 읽는 당신은 여든 살을 거뜬히 넘길 것이고, 몇몇은 그 이상도 훌쩍 넘길 것이다. 만약 그런 가능성에 아무런 준비를 하지 않았거나 신중히 생각조차 해보지 않았다면, 이제 시작할 시간이 됐다. 나는 중년의 나이가 되면 으레 하는 경제적 준비나, 철저한 건강검진과 같은 실질적인 일들을 해야 한다고 말하는 것이 아니다. 내 말은 세계관을 키우라는 것이다. 이 말은 앞으로 다가올 세월을 그저 맞이하는 것이 아니라 환영하라는 의미다. 오슬러의 말을 다소 다른 맥락에서 적용한 나만의 삶의 방식이라 할 수 있다. 나이 든 현자 중 한 사람인 로버트 버틀러Robert Butler가 말한 것처럼 "베이비붐 세대는 이전 사람들이 살던 노후의 전형적인 모습을 바꾸는 세대가 될 것이고, 그런 변화에 도움을 주는 세대가 될 것"이다. 나이 든 사람들은 저마다 산 정상에 올라 그곳에 서서 모든 방향을 조망하고, 자기 자신과 후대를 위해 행동해야 할 책임을 지니고 있다. 이 책은 몸에 좋은 음식을 먹고 장수하는 오키나와 사람들을 흉내 내라고 말을 하는 것이 아니다. 물론 분명히 이런 일들은 우리에게 좋은 일이지만 말이다. 이 책은 마음과 영혼을 말하고 있다. 우리는 어쨌든 인생의 오후를 위해 연금을 모은다. 그렇다면 영혼을 키우고 지식과 지혜를 모으면서 정서적으로 대비하는 것도 좋지 않을까? 몸이 쇠약해지는 것을 다급히 막아야 하는 일이 생기기 전에 미리 규칙적으로 운동하고 건강하게 식사하면서 신체적으로 대비하는 것도 좋지 않을까? 삶의 모든 단계에 수없이 많은 보상을 가져다 줄 카리타스, 즉 사랑을 키우는 것도 좋지 않을까? 잘 운용된 연금처럼, 우리가 넣은 납입금은 수령금에 정비례하며, 이자 또한 계속 불어날 것이다.

우리가 계획했던 것보다 조금 더 일찍 '커리어가 우리의 정체성'이라는 편협한 생각에서 우리를 떼어놓으면 안 될 이유가 뭐가 있을까? 사람이란 흔히 직업으로 정체성이 규정된다고 하지만, 이것이 우리를 비추는 유일한 거울이 되도록 해서는 안 된다. 이상적인 관점에서 보면, 균형은 처음부터 맞아떨어져야 하지만, 세상일이 늘 그런 것은 아니다. 중년이었던 우리는 스스로 느끼지도 못할 정도로 서서히 인생의 오후로 접어들기 때문에, 우리가 진정 어떤 사람인지를 보여주는 총체적인 인간성이 삶에서 드러나게 해야 한다. 총체적인 인간성은 카리타스, 즉 사랑으로 드러나야 한다. 사회에서 우리의 커리어가 줄어들거나 느닷없이 멈추기 전부터 우리는 이런 것들을 서서히 우리 바깥으로 표현하고, 준비해야 한다.

그동안 내가 관찰해 온 것에 따르면, 우리는 인생의 40년, 50년을 일터와 사회에서 타인에게 존경받는 자리에 오르려고 자신을 끼워 맞춘다. 또 존경하는 이들을 따라 하며, 남들처럼 되려고 수많은 노력을 퍼붓는다. 우리를 휘감고 있는 허영이나 거짓된 가치에 휘둘리지만 않는다면, 이런 일들은 유익하다. 이것은 우리가 사는 세상을 이해하고, 세속적인 성공의 방식을 이해하는 길이기 때문이다. 그뿐 아니라, 이는 지혜를 얻으려면 가장 중요한 지식과 경험을 한데 모으는 방법이기도 하다. 우리는 살면서 지속해서 세상과 타인을 관찰하면서 우리가 추구하는 가치에 가장 잘 어울리는 부분을 의식적·무의식적으로 발견해 나간다. 그리고 이들을 흡수한다. 열심히 커리어에 몰두하는 동안에는, 그 일 때문에 그어진 경계선을 다소 엄격하게 지켜야 한다. 그러나 일단 일과 우리 자신을 분리하는 그 순간부터, 우리는 자신만의 독특한 방식을 통해 성숙해지며 점차 자유로워지게 된다.

이런 방법을 잘 해내면 마침내 나이에서 해방될 수 있다. 평생 열중해 온 모든 일과 타인과 세상에 쏟은 관심들은 삶의 절정, 즉 성취를 맛볼 수 있게 해주는 도구가 된다. 삶을 잘 살아왔을수록, 자신만의 독특한 개성과 축적된 지혜가 주는 보상은 더욱 커질 것이다. 레오나르도 다빈치가 《코덱스 아틀란티쿠스Codex Atlanticus》에 적은 대로, "인생의 오후에는 풍요로운 삶을 위한 지혜가 준비되어 있다는 것을 알고 있다면, 당신은 젊었을 때부터 노력할 것이다. 그럼 당신의 오후는 그 자양분이 부족하지 않을 것이다."

감사의 말

'감사의 말'에 배우자나 연인, 혹은 가장 친한 친구(혹은 이 셋이 모두 동일한 한 사람일 수도 있다)의 이름을 마치 클라이맥스처럼 맨 끝까지 아껴두는 것은 모든 책의 비공식적인 관행이다.

그러나 나는 대단히 성질 급한 여성과 결혼했다. 아내는 중대한 문제에 부딪히면 좌절하거나 흔들리거나 의지를 상실하지 않는다. 하지만 레스토랑에서 기다려야 한다든가, 교통이 정체됐다든가, 전화 연결이 어려운 자동화 시스템을 이용해야 하는 일처럼 사소한 문제 앞에서는 기다리는 일을 짜증낸다. 여기에서는 내 직권으로 다른 누구보다 아내를 맨 앞에 둘 수 있기 때문에, 나는 〈마태복음〉에 적힌 보기('나중 된 자로서 먼저 되고 먼저 된 자로서 나중 되리라')에 따라 그 관행을 뒤엎으려 한다. 아내는 내 삶, 내 글과 관련해 지금껏 만나본 사람 중 가장 통찰력 있는 사람이다. 만약 도덕적 상상력을 설명하는 내 논제가 옳다면(나는 그렇다고 확신한다), 나는 그의 눈 속에 비친 내 모습을 들여다보는 오랜 습관을 통해 훨씬 나은 사람이 됐다고 말할 수 있으리라. 그리고 지혜가 사랑에서 비롯되는 강인함과 함께 성장하는 것이 사실이라면(나는 분명 그렇다고 확신한다), 나는 내가 가장 현명한 사람이라고 주장할 수 있을 것이다. 이 책에 명쾌한 구석이 있다면, 그건 바로 세라 피터슨의 굳건한 지식에서 비롯된 것이다.

이 책은 편집자인 로버트 루이스에게도 큰 신세를 지고 있다. 수년간 나는 그와 내가 함께 책을 작업할 날이 언젠가 올 것이라는 희망을 품고 있었고, 마침내 그날이 왔다. 우리 둘의 협업이 어느 정도 보람 있을 것이라고 예상은 했지만, 실제는 그 기대를 훌쩍 뛰어넘었다. 그는 명쾌하고도 예리하게 이 책의 방향을 잡아줬고, 내게 그를 친구라 부를 수 있는 영광을 줬다.

우정을 이야기하면, 글렌 하틀리를 빼놓을 수 없다. 그는 15년 전 어느 목요일 오후 뜬금없이 내게 전화를 걸어왔고, 그날부터 우리의 우정은 시작됐다. 그와 린 츄는 내 가장 든든한 응원자이자, 동시에 가장 꼬장꼬장한 출판 에이전트이기도 하다. 그들의 응원을 받는다는 것은 작가로서 이해받는다는 뜻이며, 인간의 경험을 설명하려고 노력하는 사람으로서 인정받는다는 뜻이다.

거의 35년간, 비토리오 페레로의 개인적·도덕적 철학은 내 변함없는 안내자이자, 세계관의 귀감이 돼줬다. 우리의 관계는 친구 이상으로, 형제보다도 더 가깝다. 우리의 사고방식은 서로 얽혀 있다. 비록 그가 내게 주는 것에 비하면 내가 그에게 주는 것은 보잘것없지만 말이다.

지난 몇 년간 박차를 가해오긴 했지만, 사실 이 책은 한 세기의 4분의 3이라는 시간을 거쳐 지속해서 발전해 왔다. 여기에 적힌 생각과 아이디어는 내 마음속에서 그런 것들이 형성되고 있는 줄 스스로 지각하지 못했던 몇십 년 전부터 시작됐다. 수많은 사람이 생각과 아이디어가 발달하는 단계에 상당한 기여했지만, 내가 감사를 표할 수 있는 사람들은 내가 실제로 글을 쓰는 동안 만나게 된 사람들뿐이다. 이 작은 지면에 모두 다 적을 수 없을 정도로 많은 분이 선뜻 나서서 진솔한 도움을 줬다. 그분들은 여러 가지 문제를 다양한 시각에서 바라보도록 해줬다. 그들이 제안하거나 질문을 던지지 않았더라면 전혀 생각하지 못했을 문제들을 탐구하도록 해줬다.

예일대학교 동창인 레오 쿠니는 노인병학 및 노인학뿐만 아니라 인간의 영혼과 몸을 돌보는 모든 영역에서 권위와 이성을 발휘해 길잡이가 돼줬다. 그는 시간과 조언은 물론 그의 좋은 품성까지도 넉넉히 내줬다. 우리가 같이 한 시간은 이 책의 모든 이야기에 통찰력을 발휘했다.

〈통찰력: 과학 저널〉의 에디터이자 MIT의 〈테크놀로지 리뷰〉의 초대 에디터인 제이슨 폰틴은 이 책의 7장과 8장에 해당하는 글을 쓰라고 제안했다. 내가 내 안에 방대하게 흩어져 있는 나이 듦에 대한 생각을 정리할 때가 왔다는 것을 직관적으로 알았다고 해도, 그가 나를 채근하지 않았다면 이 글을 쓰기 힘들었을 것이다. 그는 이 책의 소제목을 정할 때도 도움을 줬다. 이렇게 완성된 작품이 나오기까지 그는 인간 촉매제가 돼주었고, 보호자 역할도 겸해줬다.

이런 종류의 책은 사실상 숙련된 조력자들의 도움 없이는 집필하는 것이 불가능하다. 나는 눈부신 학문적 커리어를 꽃피우기 직전의 젊은이가 나와 함께해 주는 축복을 받았다. 그는 이 프로젝트는 물론, 내가 최근 몇 년간 주도한 다른 프로젝트에도 무조건 헌신해 왔다. 이 글을 쓰는 동안 크리스티나 페파드의 직관과 근면성, 지성은 여러 면에서 도움을 줬다. 내가 그에게 진 빚은 내가 그를 알게 돼 받은 기쁨까지 더해져 넘칠 지경이다.

친구들 중에 나와 만나 '나이 듦'이 무엇인지 열정적으로 토론하고, 원고의 전부나 일부를 꼼꼼히 읽고 의견을 주거나, 혹은 내 생각이 독자들에게 올바로 전달될 수 있도록 도움을 줄 때 잠시라도 주저한 사람은 단 한 명도 없었다. 그들 모두 존경해 마지않기 때문에, 여기에 그 이름을 적는다. 코르넬리아와 마이클 베시 부부, 샘 리트징거, 존 마스코트, 도카스 맥클토크, 로버트 매시, 퍼트리샤 패퍼, 제임스 포닛, 캐스린 퀸 피터슨, 린 트래버스가 바로 그들이다.

이 모든 분이 내게 해준 일을 가슴 깊이 감사한다. 이 책을 쓰면서 내가 이분들에게 한층 가까이 다가갈 수 있었기 때문에 더욱 고마움을 표하고 싶다.

- 뉴헤이번에서
셔윈 눌랜드